本专著系2017年陕西省社会科学基金项目"丝路沿线阿拉伯古典舆地文献诸国志研究"的研究成果,项目批准号:2017K020。

中世纪阿拉伯古典舆地文献《诸国志》新考

唐雪梅　著

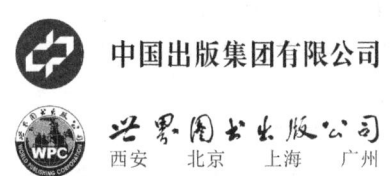

西安　北京　上海　广州

图书在版编目(CIP)数据

中世纪阿拉伯古典舆地文献《诸国志》新考／唐雪梅著.—西安：世界图书出版西安有限公司,2024.1
ISBN 978-7-5232-1084-0

Ⅰ.①中… Ⅱ.①唐… Ⅲ.①历史地理—古籍—研究—世界—中世纪 Ⅳ.①K916

中国国家版本馆 CIP 数据核字（2024）第 042116 号

书　　名	中世纪阿拉伯古典舆地文献《诸国志》新考
	ZHONGSHIJI ALABO GUDIAN YUDI WENXIAN《ZHUGUOZHI》XINKAO
作　　者	唐雪梅
责任编辑	赵芷艺
出版发行	世界图书出版西安有限公司
地　　址	西安市雁塔区曲江新区汇新路 355 号
邮　　编	710061
电　　话	029-87214941　029-87233647（市场营销部）
	029-87234767（总编室）
网　　址	http://www.wpcxa.com
邮　　箱	xast@wpcxa.com
经　　销	新华书店
印　　刷	陕西龙山海天艺术印务有限公司
开　　本	787mm×1092mm　1/16
印　　张	13.75
字　　数	200 千字
版　　次	2024 年 1 月第 1 版
印　　次	2024 年 1 月第 1 次印刷
国际书号	ISBN 978-7-5232-1084-0
定　　价	48.00 元

版权所有　翻印必究
（如有印装错误,请与出版社联系）

前 言

公元9世纪至14世纪,在阿拉伯哈里发政权统治下,涌现出了一大批著名的旅行家和地理学家,该时期的地理学家以远行游记或其他途径广泛收集资料,撰写了有关国家、城市、山川、河流、道路、驿法尔萨赫、边疆、地域、物产和风俗等方面的著作。如果对该时期著名的地理学家写作的阿拉伯地理学方面的作品按照时间顺序进行梳理的话,会发现其中有一些作品已在中国被翻译并刊印出版(虽然西方在有关阿拉伯地理学方面的研究西方早于我们,但他们的出版成果略为逊色)。目前在中国已经出版的阿拉伯地理学文献有:伊本·胡尔达兹比赫(Ibn-Hurdazbuh)(820—893)的《道里邦国志》(Al-Masālik wa'l-Mamālik,宋岘译,中华书局,1991年版)和马斯欧德(Al-Maswood)(?—957)的《黄金草原》(Mruji al-Zahabi,耿昇译,青海人民出版社,1998年版)。

西方人早在19世纪就开始了对阿拉伯地理学文献的翻译研究工作。正如我国史学家许序雅在其论文《阿拉伯—伊斯兰舆地学与历史学》中提到:"阿拉伯古典时期的大部分地理著作均由荷兰东方学者德·胡耶

(M. J. de Goeje)(1836—1909)于1870—1894年期间在荷兰莱顿校勘付印,结集为《阿拉伯舆地丛书》(简称 BGA)。①

当我们按照时间顺序对该时期的地理学家及其作品进行梳理时,发现雅古比(Al-Yaqubi)(?—897)是中世纪诸多地理学家的前辈。雅古比是中世纪地理学家、历史学家,其研究涉及各地的地名区域、人种、风土人情和物产资源等。其作品《诸国志》是中世纪阿拉伯哈里发政权宽松浓厚的学术氛围下产生的诸多地理学作品之一,也是对丝路沿线国家、城市、河流、物产、风俗以及人种等研究的佐证之一,为后期地理学作品的出现奠定了基础。

与雅古比同时代的还有伊本·胡尔达兹比赫(Ibn-Hurdazbuh)(820—893),其著作为《道里邦国志》(Al-Masālik wa'l-Mamālik,宋岘译,中华书局,1991年版);还有被世人称为"阿拉伯希罗多德"的马斯欧德(Al-Maswood)(?—957),其作品为《黄金草原》(Mruji al-Zahabi,耿昇译,青海人民出版社,1998年版);还有10世纪后期的地理学家马格达西

---

① 该丛书共有八卷,几乎都有法语译本和英译本,个别有汉译本,具体目录如下:(1)伊斯塔赫里《道里邦国志》(Al-Masālik wa'l-Mamālik,阿拉伯文,下同),1870年。(2)伊本·豪卡勒的诸地形胜(Kitāb Surat al-Ard),1873年。(3)马格达西的诸国知识的最好分类(Ahsan at-Taqāsim fi Marifat al-Aqālim),1877年。(4)伊本·法格哈·哈玛德尼诸国志,(Kitāb al-Buldān)或诸国纪事(Kitāb Akhbar al-Buldān),1885年。(5)伊本·胡尔达兹比赫的道里邦国志(Al-Masālik wa'l-Mamālik),1889年;附法译本1967年;有宋岘中译本,中华书局,1991年。(6)伊本·鲁斯塔的珍品集(Kitāb al-Alāk an-nafisa,1892年。(7)雅古比的诸国志,(Kitāb al-Buldān),1892年。(8)马斯欧德的箴规篇(Kitāb at-Tanbih wa'l-Ishrāf,1894年。

(Al-Maqdasi)(947—990),其著作为《诸国知识的最好分类》(Ahsan at-Taqāsim fi Marifat al-Aqālim);11世纪的地理学家、数学家,同时又是天文学家白鲁尼(Al-Biruni)(973 – 1048),其作品为《印度地理》(Tārikh al-Hind);12世纪地理学家伊德里斯(Al-Idreesi)(1100 – 1165),其作品为《世界地理志》(Rowdu al-onsi wa nuzhat an-nafsi);13世纪的地理学家雅古特·哈玛维(Yaqut al-Hamawi)(1178-1229),其作品为《地名辞典》(Muajam al-Buldān)以及14世纪地理学家艾布·菲达(Abu al-Fidae)(1273 – 1331),其作品为《地理辞典》(Tagweemu al-Buldān)等。经考证发现,雅古比被认为是其后所有阿拉伯地理学家在地理学和史学研究方面的导师,其作品对之后许多地理学家的作品产生过重大影响。

《诸国志》是作者雅古比于公元891年在埃及完成的作品,全书共162页。作者以巴格达为中心,依次记述了从巴格达、库法、巴士拉等城市分别延伸到中亚的阿塞拜疆、撒马尔罕、阿拉伯半岛纳季德地区等地域的产生、命名、人种、边界、道路、山谷、河流、风俗习惯、物产、农业等诸多内容。书中内容并非整齐划一地排列,而是类似游记般天马行空,自由展开介绍。不得不承认,部分内容过于啰嗦,譬如,书中用大量篇幅冗言赘述了各时期帝王将相的封地情况。因此,本书只对可考证之处做了叙述,无法考证之处均不作为论述的重点。

本书以《诸国志》所涵盖的可考证内容进行记述与研究,将书中所涉及的"一带一路"沿线国家或地区的基本情况,如物产、河流、道路等进行了考证论述,突出阐述《诸国志》所涵盖的主要内容,使更多人了解阿拉伯古典书籍对地域、区域、民俗、物产、人口、河流等记述的方式,以飨阿拉伯语学子深入了解中世纪阿拉伯地理学的发展状况，了解此方面的优秀学者和集大成者及其著书立传的风格与特点，更深层次地感悟雅古比及其作品的魅力，从而真正做到"学古不泥古"，有更多创新与突破，以期为中阿友好交流尽绵薄之力。

唐雪梅

于西安外国语大学

2022 年 7 月

目录
Contents

第一章 中世纪阿拉伯地理学发展概况 …………………… 1

 第一节 中世纪阿拉伯地理学的产生 ……………………… 1

 第二节 中世纪阿拉伯地理学发展状况 …………………… 3

第二章 中世纪著名阿拉伯地理学家生平、作品和撰写特点 … 19

 第一节 著名阿拉伯地理学家生平和作品 ………………… 19

 第二节 中世纪阿拉伯地理学家作品撰写特点综述 ……… 23

第三章 雅古比生平、作品和影响 ………………………… 28

 第一节 雅古比生平和作品 ………………………………… 28

 第二节 雅古比作品溯源 …………………………………… 30

 第三节 《诸国志》作品影响和对中国的记载 …………… 31

第四章 雅古比《诸国志》撰写风格与国家、城市渊源新考 … 33

第五章 《诸国志》中库法和巴士拉渊源记述与新考 …… 83

 第一节 《诸国志》中的库法 ……………………………… 83

 第二节 《诸国志》中的巴士拉 …………………………… 85

第六章　雅古比《诸国志》撰写风格新考

第一节　总体游历逐一介绍 …………………………………… 89

第二节　城市内部描写周密烦琐 ……………………………… 92

第三节　部分阐述脱离主旨 …………………………………… 101

第四节　《诸国志》中丝路沿线部分国家和城市状况新考 …… 105

第七章　《诸国志》部分地区名称与渊源新考

第一节　中亚地区重要城市与地区新考 ……………………… 136

第二节　《诸国志》中麦加和麦地那新考 …………………… 144

第三节　《诸国志》中也门沿海地区城市和早期的阿拉伯部落 … 146

第四节　《诸国志》中记述的重要物产和矿产 ……………… 200

后　记 …………………………………………………………… 208

参考文献 ………………………………………………………… 209

第一章　中世纪阿拉伯地理学发展概况

第一节　中世纪阿拉伯地理学的产生

对早期的阿拉伯人而言,了解地理方面的知识是为了了解"大地的形象"和"大地的区域"。自古以来,逐水草而居,过着游牧生活的阿拉伯人对地理和天文方面的知识并不陌生——在沙漠中通过痕迹寻找走失的骆驼,找到各个部落的准确位置,了解沙漠水源和动植物的所在区域;通过观察星象来关注日月星辰的变化,或是决定是否要远行等。早期对地理环境的了解是为了服务于日常的出行和贸易,而这些简约朴素的地理知识在伊斯兰教唯一的根本经典《古兰经》出现后得以升华,《古兰经》中所记载的有关日月山川、地形地貌方面的知识,极大地拓宽了阿拉伯人的认知视野。

在阿拉伯语中,地理学为:علم الجغرافية 是 Geography(地理学)的音译,最早使用该词的是中世纪阿拉伯地理学家的马斯欧德①(912—954),他将该名词解释为"大地的区域",并在作品《雅致的信札》中第一次使用了该

---

① 马斯欧德,又译为"马苏第",出生于巴格达,祖籍在今天沙特阿拉伯王国境内的汉志地区,是描述地理学的代表人物之一,被誉为"阿拉伯的希罗多德";他一生大部分时间在旅行中度过,足迹遍布亚洲各国,将自己多年旅行生涯中的见闻记录在四卷本的《黄金草原和珠玑宝藏》(又名《黄金草原》)一书中。一生著有作品三十余部,留存于世的仅有《黄金草原》和《提醒与监督》。

名词。但中世纪的阿拉伯地理学家或地理研究者并没有使用该词来给自己的地理研究作品命名,更多的是通过旅行游记的形式,多用阿语رحل一词意为"旅行"或"游记"。由于早期阿拉伯人的实践经验和他们具备的朴素的天文学知识,伴随着后期阿拔斯王朝大力支持的"百年翻译运动",阿拉伯人从希腊思想中学习了"方法、规程和求知欲"。① 进而众多学科分支产生,地理学以独立学科出现,并取得了重大发展。毋庸置疑,阿拉伯人首先吸收了希腊文明的成果,特别是地理学先驱——托勒密的成就。由于他们的优良习惯,他们很快超越了自己的老师。②

中世纪更多的阿拉伯旅行家们"只是把地理学当作是最接近天文学的一门精密学问,并没有把它看作是具有现代意义上的定义明确、范围确定、有专门内涵和特定对象的学科。"有关阿拉伯地理方面的知识逐渐开始以学科的形式出现,地形、地貌、国家、城市、河流、物产和风俗等方面的地理知识和见闻记述均被归到了地理学方面的研究中。许序雅在《阿拉伯伊斯兰舆地学和历史学》一文中把中古阿拉伯伊斯兰地理学分为描述地理学和精确地理学两大分支,提到"阿拉伯的描述地理学作品以他们的内容之丰富、材料之博杂而令人赞叹。"③而阿拉伯人在地理学的名称上从来没有一个统一的表述 Geography 一词有时指自然地理学,有时被当作'经纬度学'或'诸城定点学';一般描述地理学通常被称作'道里邦

---

① [英]阿汉密尔顿·阿·基布:《阿拉伯文学史》,陆孝修等译,人民文学出版社,1980,第79页。

② 马丁·普莱斯纳:《科学论文》,《伊斯兰古迹(第二册)》,第154页;古斯塔夫·鲁布斯:《阿拉伯文明》第468页。

③ 许序雅:《阿拉伯—伊斯兰舆地学与历史学》,《史学理论研究》1996年第4期。

国志'。"①因此,阿拉伯地理学以地理学家的旅行游记为主,通过旅行收集所行之地的地理、国家、城市、道路、人种、气候等内容并将其进行科学的记录,内容大多翔实可靠。因此,阿拉伯古典地理文学侧重于人文地理资料的汇编②。该时期的雅古比被誉为地理学方面以及其后地理学家们的导师;伊本·胡尔达兹比赫的著作《道里邦国志》被视作是该领域的典范之作。

中世纪的九、十世纪被称为"阿拉伯地理学的古典时期",该时期的地理文献学根据不同特征分为两个派别:巴黑里派和伊拉克派。巴黑里派因追随地理学家艾布·宰德·巴黑里尔成为该派别的名称,该派的主要特点是叙述阿拉伯帝国的地理,把每一个省区单独描写;伊拉克学派主要以当时阿拨斯王朝的首府巴格达和具有中心地位的麦加为两个中心点,进行逐渐的扩展研究,继而描写当时所能到达的整个世界的区域。

第二节　中世纪阿拉伯地理学发展状况

公元8世纪中叶到9世纪中叶,阿拨斯王朝(750—1258)的政治、经济和文化达到鼎盛时期。在这一时期,印度文化、希腊文化、波斯文化、阿拉伯伊斯兰文化广泛传播,不同的文化思想之间相互借鉴、相互渗透,对人们的思想意识产生了巨大的影响。美国东方学者希提在其著作《阿拉伯通史》中提道:"阿拉伯人所建立的不仅是一个帝国,而且是一种文化。他们继承了幼发拉底河、底格里斯河流域、尼罗河流域、地中海东岸上盛

---

① [古阿拉伯]伊本·胡尔达兹卜:《道里邦国志》,宋岘译,中华书局,1991,第2页。

② 郭筠:《中世纪阿拉伯地理学研究》,山东大学出版社,2016,第47页。

极一时的文明,又吸收且同化了希腊—罗马文化的主要特征。后来,他们把其中许多文化影响传到中世纪的欧洲,遂唤醒了西方世界,而使欧洲走上了近代文艺复兴的道路。"该文化影响了欧洲乃至人类历史的发展,阿拉伯地理学同样受到了阿拉伯伊斯兰文化的影响。地理学们家的"这些书籍从多方面吸收资料,例如,阿拉伯半岛的古代游牧人即所谓的贝都因人传唱的诗篇、8世纪以来阿拉伯辞书字典中的地名条目、伊斯兰教圣训、波斯地理文献、希腊和印度地质报告,特别是希腊绘制的地图、印度的天文测量等,都是阿拉伯地理著作的取材资源。"①

该时期的阿拉伯地理学家习惯用同一名称为自己的地理学作品命名,正如10世纪地理学家伊本·法格哈·哈玛德尼(Ibn-Faqihal-Hamadhani)和雅古比都为自己的作品使用了相同的命名,即《诸国志》(Kitab al-Buldan)。在该时期,地理学经历了以下阶段:

第一阶段是8—9世纪,以翻译和整理古希腊罗马的地理著作,特别是托勒密的著作为特点。托勒密的地图成为阿拉伯人绘制地图的依据。

第二阶段是9—10世纪,在继承古希腊罗马地理学的基础上,阿拉伯人写了大量的地理著作,如9世纪学者花剌子密以托勒密的《地理学》为范本,写了《地形学》一书。该书成为后来一系列著作的依据,并激发了人们进行地理学研究的兴趣。这一时期,随着伊斯兰教的传播和阿拉伯帝国版图的扩大,阿拉伯商人和旅行家到远方贸易和旅行,扩展了人们的视野,积累了丰富的地理知识。阿拉伯旅行家们的足迹东到中国沿海,西到大西洋沿岸,南到非洲大陆,北到里海之滨。其中重要著述有:伊本·库达特拔编著的丛书《道路与国家志》(约846年),对于研究历史地理很

---

① 张广达:《出土文书与穆斯林地理著作对于研究中亚历史地理的意义(下)》,《新疆大学学报(哲学人文社会科学版)》1984年第1期。

有价值；雅古比编著的《诸国志》(891年)，详述了地势和经济；马苏第的著作《黄金草原和宝石宝藏》(或称《黄金草原》)，记述了气候、海洋、陆地、风向、潮汐的规律、日月星宿的运行、山川河流的变化、国家、区域以及人种等，是该时期阿拉伯地理学的代表作。

第三阶段是11—14世纪。这一时期最著名的旅行家是伊本·白图泰，他到过斯里兰卡、孟加拉国、中国以及非洲内陆等地，著有珍贵的地理学著作《伊本·白图泰游记》。这一时期除旅行家的地理著作外，一个主要特点是系统地总结以前的成果，其代表人物是伊德里西。他所编绘的地图和撰写的著作集中反映了阿拉伯古代地理学的成就。

伴随着历史学、天文学、海洋学等不同学科的发展，地理学在哈里发曼苏尔(707—775)①时期开始发展起来。9世纪下半叶，阿拉伯地理学进入一个崭新的阶段，这主要归因于在"百年翻译运动"中，来自波斯、印度、希腊和罗马等地大量的哲学、数学、天文学和地理学等方面的著作被翻译成阿拉伯语。在第三任哈里发哈伦拉希德(786—809)时期，鉴于哈里发励精图治、重视教育、奖励学术，吸纳各地的诗人、文豪、学者，不受民族和宗教信仰的限制，给予各类学者宽松的学术自由和极高的礼遇，各类作品的翻译达到高潮，地理学家们受托勒密《地理学》等作品之影响，编纂出《地形学》②《诸地形胜》(伊本·豪卡尔著)等作品，为阿拉伯地理学

---

①曼苏尔：阿拔斯王朝第二任哈里发，在位时间：754—775年，巴格达城的建造者。"巴格达"是古波斯语，意为"神的花园"，曼苏尔称之为"和平城"，人们将其称为"曼苏尔城"。曼苏尔匠心独具，将巴格达城建为圆形，故又称为"团城"。他亲自主持巴格达城的建造，招聘十万建筑师和工人，历时4年，耗资1800万第纳尔，于766年初步竣工。阿拉伯古典文学名著《一千零一夜》中所描绘的富丽堂皇的宫廷府邸、奇妙惊险的瑰异故事，使得巴格达成为世人向往的名都。

②《地形学》，中世纪阿拉伯数学家花剌子密的数学地理学作品。

家的科学研究奠定了基础,他们在结合本民族古老文化以及学习外来民族文化精髓的基础之上,以自己的亲身经历对所游历各国的地形、地貌、城市、人种、山脉、河流、城市、物产、民风、地税、边界距离等进行记录,更好地描述了当时的世界,在认识自然地理现象和形成过程方面有一定的成就。例如:巴尔基收集了阿拉伯旅游者们所写的有关气候方面的资料,编成第一本《世界气候图集》;马斯欧德讲到水汽从水面蒸发和凝结成云;麦格迪西认识到气候不仅按纬度变化,也有东西方向的不同,提出把世界划分成14个气候区;比鲁尼在《印度志》一书中阐述了喜马拉雅山以南冲积物中的磨圆石是在湍急溪水里滚动磨圆的、山前沉积物颗料粗细的分布与距离山地的远近相关等;萨法提出了宇宙循环理论,认为自然界是不断变化的,耕地能变成沙漠,沙漠能变成耕地,草原会变成海洋,海洋能变成草原或山地等。古代阿拉伯地理学保持和发展了古希腊的"大地是球形的"等地理认知,还保存了托勒密等人的地理著作,此后这些思想和著作被文艺复兴的欧洲重新接受,对近代地理学的出现产生重要影响。除了这些研究以外,在确定地球周长、经线、纬线、绘制地图和编纂地理百科全书等研究方面,阿拉伯地理学家有了更多的发现和创新。

1. 确定地球的球状、周长、经线和纬线

"军事扩张和对外交往的需要,推动了地理学的研究;农业的兴旺和海上航行的繁荣,推动了天文地理的发展;政治体制和典章制度的确立,促进了历史地理学的深入发展;农田水利的兴办和国家税收制度的完善,导致了数理地理学的出现。"[①]

随着地理学知识的不断丰富和发展,阿拉伯地理学家有了最早的创

[①] 黄运发:《略论阿拉伯伊斯兰文化的成因、成就和世界影响》,《西北大学学报》,1993年第2期。

新发现,即对地球的球状认知。当时的希腊人曾认为大地是个平铺的圆饼,周围有海洋环绕。被尊称为"古希腊地理学之父"的埃拉托色尼(公元前275—公元前194年)以地球是圆饼这一认知为基础绘制了地图。柏拉图(公元前427—公元前347年)第一个提出了地球为球状的观点,但并没有得到当时人们的支持。公元547年,古罗马地理之父科斯马斯写道:"世界像个车轮,周围有来自四面八方的海洋……"当时以拉克塔尼尤斯为首的早期的希腊神父们,坚定地拒绝这一观点,他们认为大地是平面状的,大地的背面,人不能居住,否则会从宇宙中掉下来。①

伊本·胡尔达兹比说:"地球像球一样圆,像蛋内的蛋黄那样被安置。"②伊本·如斯泰说:"宇宙如同球状,它是圆的、空心的;同样,地球也像球状,是圆的、实心的。"③《罕世璎珞》的作者,著名的文学家伊本·阿卜杜·拉比④用几句诗歌,反驳了天文学家艾布·欧拜德⑤的观点。当时天文学家艾布·欧拜德认为地球是圆的,而伊本·阿卜杜·拉比却

---

① 古斯塔夫·鲁布斯:《阿拉伯文明》,第468页。

② 伊本·胡尔达兹比:《路标》,第4页。伊本·胡尔达兹比,全名艾布·卡西姆·欧拜杜拉·本·艾哈迈德·本·胡尔达兹比(820—885)。历史学家、地理学家。参见赛法迪:《名人录(第十九册)》,第229页。

③ 伊本·如斯泰:《珍品》,第8页。伊本·如斯泰,全名艾布·阿里·艾哈迈德·本·欧迈尔(卒于912年),艾斯法哈尼的地理学家。参见宰尔克里:《人物志(第一册)》,第185页。

④ 伊本·阿卜杜·拉比,(860—940),科尔多瓦人,文学家。参见宰尔克里:《人物志(第一册)》,第207页。

⑤ 艾布·欧拜达,全名艾布·欧拜达·穆斯林·本·艾哈迈德(卒于伊历295年),法学家、圣训学家、天文学家,了解星球的运转和规则,精通数学、星象、语法、语言、诗律、法学、传记和辩论。参见马格利:《安达卢西亚的芬芳(第三册)》,第374页。

不同意这个看法,他说道:

艾布·欧拜德啊!

你所述之言只是他人的问题。

你非要摆脱我们这个群体不可,

你从未否认那些脱离人群者的理论。

你说万物在冥冥宇宙的中心,

宇宙注定他们的生死命运。

地球像一个球状的点,

上下均被苍穹团团围绕。

南方是夏天而北方是冬,

南北列国此间生。

十二月、元月的萨那和科尔多瓦真寒冷,

九月未到就生火。

这是公元九世纪阿拉伯地理学者们的理论,也是安达卢西亚从事天文学的前辈们的理论。尽管这些科学发现理论异常奇怪,但当时的人们并未反对,这也体现了人们对不同国度因地理位置的不同而存在气候差异的朴素认知。

地理学家谢里夫·伊德里斯说:"地球像球状,是圆形的,海洋静静地与地球相连,从不分离。地球和海洋在太空的中间,像鸡蛋中间的蛋黄一样,从四面被大气层环绕。"①

---

① 谢里夫·易德立斯:《令人神往的穿越地平线之旅》,第7页。谢里夫·伊德里斯(1099—1154)将世界划为7个地区,又将每个地区划分为11个部分,在一个银球上绘制出一幅全面的世界地图,在世界历史上是首次。他在著作《令人神往的穿越地平线之旅》中收录了其绘制的彩色的地球全图,图上有纵深线和横向弧线。

第一章 中世纪阿拉伯地理学发展概况

除此之外,在公元十三世纪,有三位阿拉伯地理学家首先提出地球面对太阳昼夜自转一次可能性运动,他们分别是:阿里·本·欧麦尔·艾力·卡媞比①、安达卢西亚的古图布丁·史热兹和叙利亚的艾布·发尔吉·阿里。有关这三位科学家,撒尔顿说:"的确,这三位科学家在十三世纪科学家的研究并没有付之东流,它是影响哥白尼公元1543年理论研究的原因之一。"②

中世纪地理学在哈里发麦蒙③时期得到长足发展,麦蒙是第一位发起尝试测量地球周长活动的人,他被认为是地理学得以发展和繁荣的奠基人,而这一时期也被认为是真正地理学的开始。

当哈里发发起测量地球周长的号召时,有天文学家和地理学家两组人参与:以辛德·本·阿里④为首的一组,另一组是由阿里·本·尔萨·欧斯图尔俩比⑤为首(一说其中一位小组队长是白尼·穆萨·本·沙克尔)。两组达成一致,分别去地球圆周东西方最大圆点所在的两个不同

---

① 阿里·本·欧麦尔·艾力·卡媞比(1203—1277),逻辑学家、哲学家,著有《光学》和《眼睛的奥秘》。

② 撒尔顿:《科学史前言(第一册)》,第46页。

③ 麦蒙(786—833)阿拔斯王朝第七任哈里发,是阿拉伯文化与文明鼎盛的推动者,830年在巴格达创立了举世闻名的"智慧宫",成为最受世人称道的文化壮举。"智慧宫"是阿拉伯伊斯兰文化史上第一所国家级的综合性学术研究机构,包括图书馆、科学院、翻译局和天文台,在这里,译者将古希腊、印度、波斯的著名哲学和自然科学的百余部著作翻译成阿拉伯语;对过去的译著重新进行校对、整理和注释。智慧宫是中世纪阿拉伯"科学的源泉、智慧的宝库、学者的殿堂"。

④ 杏德·本·阿里,全名艾布·塔义布·信德·本·阿里,星相学家、数学家和天文学家。他曾侍奉阿拔斯王朝哈里发麦蒙。参见萨法迪:《名人录(第十五册)》,第242页。

⑤ 阿里·本·尔萨·欧斯图尔俩比,著名的天文学家和数学家,公元九世纪生活在巴格达。他也是哈里发麦蒙派去测量赤道周长的学者之一。

地方,然后测量经线(达到360条经线)的数量。伊本·赫勒卡说:"每个小组选择地表的宽阔之地,还有山峦集中之地,把北极星当作一个固定点,然后测量线、北极星和大地之间的角度,然后往北走,那一角度增加;每个小组再测量山峦之间的距离,用绑在木桩上的绳子测量地球的距离。"①

麦蒙取两组测量结果的平均值结果大约为56.66英里,这与当代科学发现的56.93英里相接近;这次测量的地球圆周达到20.400英里,大约为41248公里,这一数值也与当代人造卫星所测量的40070公里很接近,两者的测量误差仅为3%!② 可见,托勒密、马尔努斯③和花剌子密的《地理学》《地理学纠正》和《地形学》作品为阿拉伯地理学的发展奠定了基础。

在地理学知识不断发展和成熟的过程中,阿拉伯地理学家的地理知识和考证资料日趋丰富,他们纠正了托勒密确定的经线和纬线存在的错误。在这些错误中,托勒密对地中海长度以及对地球上陆地面积的测量有些言过其实;当南亚和南非连在一起时,他认为印度洋和太平洋是湖泊。同样,他对锡兰岛面积的确定也不符合实际,并错误地统计了里海和阿拉伯海湾的面积,阿拉伯地理学家对这些错误都做了纠正。在至少五

---

①伊本·赫勒卡:《沃夫亚图利艾阿亚尼(第五册)》,第162页。伊本·赫勒卡(1211—1282),历史学家和百科学家。曾任埃及和大马士革的法官。其著作有《伟人录》。参见伊本·厄玛德:《伟人的生活片段(第五册)》,第371—374页。

②尤哈尼·斐里尔兹:《光学宝藏》,第25页。

③马尔努斯,即马尔努斯·索沃尔,因出生在地中海沿岸的索沃尔城而得名,他生活在大约公元1世纪末2世纪初,是托勒密的同学;马尔努斯最著名的作品有《地理学纠正》。

个世纪里,科学家和航海家们,他们丢弃了中世纪①时期的影响,给予了地球地理全貌总体的最后描述。正如托勒密确定的许多城市的地理位置与现实的根本不符;对地中海长度的确定,其误差达到400法尔萨赫(1法尔萨赫=6.24公里)。我们可以对比希腊人和阿拉伯人对各个地方的测定,足以彰显在阿拉伯人的手中,地理学所达到的进步程度。②

阿拉伯地理学家为了求得在地球的不同地方相同的祈祷时间,科学家艾布·阿里·麦尔凯西(卒于1262年)确定经线和纬线,比鲁尼应用数学原理定律,将地球假设为平面化,也就是将经、纬线和地图平面化或相反,这使地图的绘制更容易了。③

2. 绘制地图

中世纪阿拉伯地理学家有关地图的绘制"参考了托勒密的《地理志》和《天文大全》,该作品多次从拉丁文或叙利亚文译成阿拉伯文。花剌子密、伊本·胡尔达兹卜、麦斯欧德等人都参考托勒密的著作和世界地图。"④哈里发麦蒙时,花剌子密和其他69位学者在麦蒙德的支持与鼓励下制成自伊斯兰教创立以来第一张关于天地的地图。生活在10世纪前半期的麦斯欧德曾参考过该地图。在12世纪享有盛名的阿拉伯地理学家和绘图者是艾布·阿卜杜拉·穆罕默德·伊德里斯(1100—1166),其著作《世界地理志》(又译为《云游者的娱乐》),该著作内容丰富,不仅总结了托勒密和麦斯欧德等前辈学者的主要学说;综合了希腊、罗马、阿拉伯历史等;记录了当时世界区域的划分、气候区、各国地理位置、山川河流、交通要道和政治经济状况等,还附有70多幅各类地图。1592年,该

---

① 古斯塔夫·鲁布斯:《阿拉伯文明》,第390—393页。
② 同上书,第468页。
③ 阿卜杜·热合曼·哈米德:《阿拉伯地理学家》,第459页。
④ 《伊斯兰百科全书(第2版)》,Djughrafiya 条;另参见 Dunlop 一书,第169页。

书被译为拉丁文在罗马出版,当时欧洲人视之为权威之作。

威廉·杜兰特在评价易德立斯绘制的地图时说:"这些地图是中世纪地图绘画学中,最伟大的产物。在这之前,还未有过比这更完整、更精细、更详细的地图。易德立斯与其他阿拉伯学者一样,肯定了地球的球状,他认为这是不可争辩的事实。"①

3. 编纂百科全书

在该时期,随着文献资料的不断丰富,出现了地理百科全书,其中有雅古特·哈默威(1179—1229)的《地名辞典》②。对此,威廉·杜兰特说:"这本书是庞大的地理百科,其中包含了中世纪众所周知的所有地理知识,没有缺少这些知识的任何方面,而且附加了很多天文、自然、考古学、人文地理和历史等方面的内容。除此之外,其中还肯定了城市间的距离和其重要性,以及城市中伟人的生活和工作。我们无法知道,是否有人比这位伟大的科学家更爱地球。"③古斯塔夫·鲁布斯说:"我们所拥有的,阿拉伯人地理学方面的书籍极其重要,这些书是欧洲很多世纪以来在这一学科领域的研究基础。"④鲁布斯又说:"我所出版的伊德里斯的地图是最新颖的,它包括了尼罗河和许多赤道河流的源头,这些是欧洲最近才发现的。它肯定地说明了,阿拉伯人的非洲地理知识比长期人们所猜测的更伟大。"⑤

在阿拉伯地理学的发展过程中,穆斯林曾先于其他民族对世界进行

---

① 威廉·杜兰特:《文明的故事(第十三册)》,第358页。
② 《地名辞典》中收集了世界各国的地名,包括丰富的历史和天文知识,被认为是中世纪地理和历史学科的百科全书。
③ 威廉·杜兰特:《文明的故事(第十三册)》,第359页。
④ 同上书,第469页。
⑤ 同上书,第470页。

了探索,特别是那些被误以为归属于西方学者的探索和发现,事实上都是由穆斯林学者完成。其中最为重要的就有穆斯林学者对美洲大陆、处于南极的第六洲和经西班牙通往印度的道路探索和发现。

4. 地理新发现

中世纪的阿拉伯人在海洋探索方面曾长期处于领先地位,其中最为重要的是阿拉伯哈里发时期的地理学家对美洲大陆的探索和发现,后来这一发现被归属于克里斯托弗·哥伦布①(1492年)。

自从阿拉伯哈里发时期地理学家公布地球是球状体,并通过天文学和数学证据证明了这一点时,在他们的著作中,就指出了地球的另一面必定存在着还未曾发现人烟的岛屿。这一理论证明了地球的一面完全是陆地,而另一面被水覆盖着的说法是不合理的,因为这将导致地球失衡和运转体系紊乱;比鲁尼就是第一位在其著作中指出这一点的科学家。

基于这一理论,当时的地理学家开始了探索地理的冒险,并将这些探索发现记录在自己的手稿中,如麦斯欧迪②的著作《黄金草原和珠玑宝藏》和伊德里斯的著作《世界地理志》又译为《云游者的娱乐》等。

语言历史学家埃尼斯塔斯·科尔玛里③也支持这一观点,他认为中

---

①克里斯托弗·哥伦布(1451—1506),意大利著名航海家,被认为是新大陆的发现者(南美洲大陆)、巴哈马群岛和加勒比海的几个岛屿,由于病重而卒于西班牙。

②麦斯欧迪,全名艾布·哈桑·阿里·本·侯赛因·本·阿里(卒于957年),历史学家、航海家和探索者,巴格达人,定居并卒于埃及。参见萨法迪:《名人录(第二十一册)》,第6—7页;宰尔克里:《人物志(第四册)》,第277页。

③埃尼斯塔斯·科尔玛里,原名加百列·约瑟夫·安瓦德(1866—1947/伊历1283—1366),阿拉伯文学、语言、哲学、历史学家。祖籍黎巴嫩,生于巴格达。参见宰尔克里:《人物志(第二册)》,第25页。

世纪的阿拉伯人在哥伦布之前,就已经从里斯本到达了美洲大陆,这是由于他们掌握了对大西洋暖流的知识,他说:"阿拉伯人所有民族之前就了解了这一水流及特性,也了解它是从墨西哥向爱尔兰和反方向的运动规律。"①

对于阿拉伯人发现美洲大陆的考证资料要数德国东方学者保罗·卡勒②在伊斯坦布尔(托普卡佩萨拉)图书馆发现的地图,该地图经过国际科学(机构)历时多年的仔细审查之后,于1929年公之于世并震惊了世界。这个地图的绘制者就是穆斯林地理学家比利·勒斯③,其全名穆罕尹丁·本·穆罕默德·勒斯,他曾是那一时期,在航海领域占统治地位的奥斯曼舰队的舰长之一。这份地图实际上分为几份单独的地图,它标明了大西洋的东部海域,即西班牙和西非的海岸线,至于其西部,你会对美洲的海岸、岛屿、港口、动物一目了然,上面还标明了其赤身牧羊的土著(印第安人)。

东方学者克拉奇库维斯基,在其著作《阿拉伯地理文学史》中对该地图进行分析并认为:勒斯所绘制的地图肯定是以哥伦布的地图为蓝本,或许哥伦布的地图,是由于土耳其舰队于1499年战胜威尼斯舰队,俘虏其船只④之后又落入了勒斯之手。但这一解释遭到了许多研究者的反对,

---

① 埃尼斯塔斯·科尔玛里,阿拉伯人先西方人了解了南美洲大陆,该论文发表于《拾零》杂志,第106期。欧卡德在其著作《阿拉伯人对文明的影响》,第47页。

② 保罗·卡勒(1875—1964),著名德国东方学家,曾在马尔堡和柏林大学学习东方语言,被委任为在罗马尼亚和开罗基督新教的神父。

③ 比利·勒斯,全名穆罕尹丁·本·穆罕默德·勒斯(1470—1555/伊历877—962),曾是1500年冒开海战中的舰长。他所绘制的世界地图后来被公认为是最精确的地图,其最著名的作品是:《航海书》。

④ 克拉奇库维斯基:《阿拉伯地理文学史(第2册)》,第562页。

因为该地图对许多地方的详细记载是哥伦布所不知道和没有发现的。

尽管如此,这些研究者并没有提出证据,来揭示这份神秘地图的秘密。值得一提的是,多家巴西报纸在1952年刊登了南非共和国威特沃特斯兰德大学,社会考古学教授盖俄利兹①博士的一则声明,他指出阿拉伯人实际先于哥伦布几百年前就发现了美洲。② 上述历时六年的研究是基于对巴西格拉纳达洲所发现的人类骨骼研究而得出的结论。③

美国国家航空航天局的科学家们,在对勒斯的地图放大几倍之后,重新进行分块研究。第二次让科学家们震惊的是,穆罕尹丁·勒斯在其地图中,已绘出了处于南极的第六洲——南极洲,这比后人发现它之前还要早两个多世纪;更令人称奇的是,穆罕尹丁·勒斯还在其地图中,描述了南极洲直至1952年才被发现的山川与峡谷!

作家埃里克·冯·邓在其著作 Chariots of the gods(众神之双轮敞篷马车)中指出:穆赫尹丁·勒斯的地图被转交给身为美国多所大学的地理地图教授马里里·阿灵顿,在其经过认真、仔细研究和审查之后,这位教授宣布这份地图中包含了关于美洲所有的地理实况,但他对该地图中出现的某些错误或某些不精确的地方表示怀疑。于是,他向美国舰队的地理学家们寻求援助。再次研究之后,他们证明勒斯的地图精确地描绘了几个洲内部地形(即地理面貌特征),还标明了其中的山峦、河流、山谷和平原!

1957年,各大天文台和美国海军陆战队的地理学家们,潜心对勒斯的地图进行了进一步的研究,再通过先进仪器进行研究之后,他们发现对第六洲——南极洲的描绘准确无误,甚至还标注了现代还未发现的一些

---

① 盖俄利兹,南非共和国威特沃特斯兰德大学社会考古学教授。
② 阿卜杜·拉哈曼·哈密德:《阿拉伯地理学家人物志》,第225页。
③ 邵基·艾布·赫里里:《伊斯兰阿拉伯文明》,第500页。

地区。美国国家航空航天局对这份地图的继续研究结果证明,该地图与航天飞船在经过南极洲地区的上空时,对地球所拍摄的照片完全吻合,这些照片所覆盖的 5000 英里的面积与勒斯在其地图中所绘制的非常相似。①

有关经西班牙通往印度,阿拉伯人描述了大西洋与印度洋是相连的,这也先于达·伽马②。克拉奇库维斯基指出,阿拉伯航海家进行了与达·伽马(1420 年)同样的航行,但是是以相反的方向,即从印度洋的某个港口出发,环绕非洲,直至到达大西洋摩洛哥的港口,这要比达·伽马早 27 年③。达·伽马在回忆录中提到,他在航行中所遇到的阿拉伯航海家们都带有为船只导航的先进指南针、观测仪器和航海图,他曾借助于它们,把阿拉伯航海家们的一些地图寄给了国王曼纽尔。他还说道:一位来自玛琳达,名叫卡纳的阿拉伯航海家,率领着船只从玛琳达出发到达了印度的加尔各答。另一资料显示达·伽马的船只领航者是阿拉伯地理航海家指南针的制造者伊本·马吉德④。

无论是麦斯欧迪还是伊德里斯的地图都显然说明了印度洋与大西洋是环绕非洲而相连接的;在这些地区,阿拉伯船只曾往返于印度和西非之间。⑤

---

① 艾哈迈德·邵基·凡杰尔,伊斯兰科学,网法尔萨赫链接,http://www.islamset.com/arabic/asc/fangry1.

② 达·伽马(约 1469—1525),葡萄牙航海家、探险家。绕好望角到印度航海路线的开拓者。卒于印度。

③ 克拉奇库维斯基:《阿拉伯地理文学史(第二册)》,第 563 页。

④ 伊本·马吉德,全名艾哈迈德·本·马吉德·本·穆罕默德·纳季德(?—1498),有海洋雄狮之称,是阿拉伯伟大的舰长之一,也是阿拉伯航海及其历史学的著名学者之一。参见宰尔克里:《人物志(第一册)》,第 200 页。

⑤ 参见侯赛因·穆安尼斯:《伊斯兰历史上的大西洋》,第 12 页。

第一章 中世纪阿拉伯地理学发展概况

因此,在中世纪出现了许多著名的且在地理学领域卓有成就的地理学家和地理学作品,"对于统计阿拉伯最重要的地理学家及其著作,则需要很长的篇幅,艾布·菲达①一人就提到了六十位在他之前所出现的地理学家,如:雅古比(Al-Yaqubi)的《诸国志》(Kitāb al-Buldān)》、伊本·胡尔达兹比赫(Ibn-Hurdazbuh)(820—893)的《道里邦国志》(Al-Masālik wa'l-Mamālik,宋岘译,中华书局,1991年版);被世人称为"阿拉伯希罗多德"的马斯欧德(Al-Maswood)(?—957)的《黄金草原》(Mruji al-Zahabi)(耿昇译,青海人民出版社,1998年版);10世纪后期地理学家马格达西(Al-Maqdasi)(947—990)的《诸国知识的最好分类》(Ahsan at-Taqāsim fi Marifat al-Aqālim);11世纪地理学家、数学家,同时又是天文学家比鲁尼(Al-Biruni)(973—1048)的《印度地理》(Tārikh al-Hind);12世纪地理学家伊德里斯(Al-Idreesi)(1100—1165)的《世界地理志》(Rowdu al-onsi wa nuzhat an-nafsi);13世纪地理学家雅古特·哈玛维(Yaqut al-Hamawi)(1178—1229)的《地名辞典》(Muajam al-Buldān)以及14世纪地理学家艾布·菲达(Abu al-Fidae)(1273—1331)的《地理辞典》(Tagweemu al-Buldān)等。

九至十世纪期间是阿拉伯、波斯地理文献发展最具特色的时期,学界把这个时期称为阿拉伯地理学的古典时期。该时期的地理文献"按照一定的体例,即按照区域划分,以道路里程为脉络的人文地理资料汇编。"②

---

①艾布·菲达,全名伊斯玛依·本·阿里·麦哈姆德·本·沙汉莎(1273—1331/伊历672—732),哈马国王,地理历史学家,精通环境学。参见萨法迪:《名人录(第九册)》,第104页;宰尔克里:《人物志(第一册)》,第319页。

②张广达:《出土文书与穆斯林地理著作对于研究中亚历史地理的意义(下)》,《新疆大学学报(哲学人文社会科学版)》1984年第1期。

地理学家阿尔弗雷德·赫特纳认为:"所谓阿拉伯地理学,即用阿拉伯文写的穆罕默德教文化范围中的地理学,其代表者绝不是真正的阿拉伯人,乃是波斯人、毛尔人和西班牙人等。"①可以说,中世纪以阿拔斯王朝为代表的哈里发政权下,不同民族的人民用智慧共同缔造了历史、地理、医学、数学、天文学等领域的文化与文明,成为阿拉伯—伊斯兰文化的重要组成部分。

---

① [德]阿尔弗雷德·赫特纳:《地理学》,王兰生译,商务印书馆,2009,第52页。

第二章 中世纪著名阿拉伯地理学家生平、作品和撰写特点

第一节 著名阿拉伯地理学家生平和作品

中世纪阿拉伯地理学领域出现的地理学家不胜枚举,仅《阿拉伯地理文学史》中介绍的阿拉伯地理学家就有 125 位之多,不同阶段的地理学家均有自己在地理学方面的建树,其中最突出的有麦斯欧迪、比鲁尼、伊德里斯、雅古特·哈玛维和雅古比等。在此,受篇幅所限,仅介绍其中前四位,雅古比的相关研究将在下一章中进行详述。

1. 马斯欧德(? —公元 956 年)

艾布·哈桑·阿里·马斯欧德,中世纪阿拔斯王朝著名的地理学家、历史学家和旅行家,被称为"阿拉伯的希罗多德"。出生于巴格达,卒于开罗。自青年时期就开始游历求学,一生大部分时间都花费在游学中,先后游历过波斯、中亚、印度、锡兰(今斯里兰卡)、经马来群岛至中国沿海地区,回程时经印度洋至东非的桑吉巴尔;并游历阿拉伯沙姆地区和中亚阿塞拜疆等地;由于精通波斯、希腊、罗马和古叙利亚等语言,为游学历程的撰写和记载提供了更多便利。他在经过多年对游历之地历史、地理、宗教、民风民俗的亲自考察后,著书立传,作品颇丰且题材丰富,编写了包含历史、文学和哲学等题材在内的作品约三十册,保留至今的只有《黄金草

原与珠矶宝藏》（Mruji al-Zahabi）（简称《黄金草原》）和《提醒与监督》（Tabih wl-Ishraf）。

《黄金草原》全名《黄金草原和珠玑宝藏》（共四卷），是用纪传体写成，是作者以个人亲身游历和对大量史料考证的基础上，对阿拉伯帝国建立之前的印度、希腊、罗马和波斯等国的历史、地理、天文、政治、经济、社会、文化、气候、民俗、礼仪、风土人情等进行记述，集历史、地理和游记为一体，内容翔实真实，纷繁庞杂。该作品第一卷对包括中国在内的东西方国家的历史进行概述；后三卷对阿拉伯帝国的兴衰进行记述。作品是作者亲身游历体验的结果，更是作者收集、补充他人旅行资料以及借鉴与梳理前人在地理学领域的文献，其内容、数据真实可靠，既有历史话题，又有经验总结和对历史事件的分析，更有对前人作品的批判性吸收。

2. 比鲁尼（公元973—1048）

比鲁尼，中世纪杰出的阿拉伯天文学家、史学家和地理学家，被誉为"百科式的学者""各种文化交流的使者"，集天文、地理和数学之大成者。生于波斯的花拉子模郊区，是"伊斯兰教在自然科学的领域中最富于创造性且学识最渊博的学者，"①对地理、历史、天文、数学和医学均有深厚造诣；除了阿拉伯语外，还通晓波斯语、古叙利亚语、梵语、希腊语和突厥语。1017年，受到当时两代哈里发马哈茂德和麦斯欧迪的赏识，在宫廷供职并从事天文、地理等方面的研究。

比鲁尼一生著述颇丰，著有《麦斯欧迪天文学和占星术原理》《印度志》《麦斯欧迪法律书》《占星学入门解答》《古代遗迹》和《药学》等。其

---

① [美]希提：《阿拉伯通史（上册）》，马坚译，商务印书馆，1995，第348页。

中,天文巨著《麦斯欧迪天文学和占星术原理》对希腊、印度、阿拉伯天文学理论做出了科学、系统的总结,论证了地球自转绕太阳运行的学说,并确定了测定地球半径的新方法。《麦斯欧迪法律书》是一本集数学、天文学和地理学大成的百科全书式的书籍。牛津图书馆留存该书的古老摹本,编号为516;巴黎国民图书馆中的版本编号为6740;蒂宾根大学图书馆的版本编号为1613;开罗埃及书籍出版社的版本编号为266。①《印度志》中详细记述了印度的自然地理、历史、宗教、哲学、天文学、法律等,为古代印度的研究提供了重要参考。《古代遗迹》中记述了各地区人们使用的历法和纪元,受到历代天文学家的重视。与此同时,比鲁尼在作品中对阿拉伯天文、地理学术语的使用也丰富了阿拉伯语在此方面的术语词汇。由于比鲁尼在天文学和地理学领域的杰出成就,《科学史导论》的作者比利时科学史学家乔治·萨顿(1884—1956)将比鲁尼在世的那段时间称作"比鲁尼时代。"

同样,比鲁尼被认为是地形学方面最为优秀的科学家,这主要体现在他对印度某一平原如何形成的分析和解释,他说:"在这一平原,曾有一处海盆,被沉积物不断填充,并最终致使成为平原。"同时,比鲁尼观察了河流沉积物,特别是每当它接近河口(直流交汇处)时的变化;他发现沉积物在河流的源头体积较大,越接近河口就变得越细小、光滑;"巨大的石头接近于山岳和河流湍急之处;而离山岳越远和河流越缓和的地方,石头就会越小,以至于在河口和海口处变为沙石……他们的陆地(平原),其实在古时候是海洋,由于被洪流的负载物所填充②(而形成了今天的平原)。"③

---

① 郭筠:《中世纪阿拉伯地理学研究》,山东大学出版社,2016,第56页。
② 参见伊本·曼祖尔:《阿拉伯语言(第六册)》,第190页。
③ 比鲁尼:《对印度的勘察》,第80页。

3. 伊德立斯

艾布·阿卜杜拉·穆罕默德·伊德立斯,于公元1099年出生于今西班牙东南直布罗陀海峡附近的西卜达。幼年时在当时的文化中心之一科尔多瓦求学,博学多才,精通历史学、地理学、医学等不同学科。青年时代游历各国,东至埃及,西至希腊、法国和大不列颠等国,在西方颇有盛名,曾应西西里岛国王罗吉尔二世邀请,在当时的宫廷从事学术研究,直至1154年离世。他认为:"地球像球状,是圆形的,海洋静静地与地球相连,从不分离。地球和海洋在太空的中间,像鸡蛋中间的蛋黄一样,从四面被大气层环绕。"①伊德立斯在地理学方面的重要贡献在于用466两的白银制作了一个地球仪和盘形世界地图,球面上刻出了主要的气候地带。对此,威廉·杜兰特在评价伊德立斯绘制的地图时说:"这些地图是中世纪地图绘画学中,最伟大的产物。在这之前,还未有过比这更完整、更精细、更详细的地图。伊德立斯与其他学者一样,肯定了地球的球状,他认为这是不可争辩的事实。"②鲁布斯进一步说:"我所出版的伊德立斯地图是最新颖的,它包括了尼罗河和许多赤道河流的源头,这些都是欧洲后期才发现的,这肯定了阿拉伯人对于非洲的地理知识要比长期人们所猜测的更加伟大。"③

伊德立斯还编写了《世界地志》,在该作品中,他把当时已知的世界自赤道至极远的地方分为7个纬度,各地带又与纬度成正交的许多线分为11个部分,该作品译为拉丁文后,被当时的欧洲人认为是地理学权威之作。

---

①易德立斯:《渴望者冲破天际的旅行》,第7页。
②威廉·杜兰特:《文明的故事(第十三册)》,第358页。
③同上书,第470页。

4. 雅古特·哈玛维

雅古特·哈玛维,中世纪著名的地理学家、文学史家。1179年生于小亚细亚,原生家庭为希腊人,幼年曾为奴,后信仰伊斯兰教,自幼勤奋好学,热爱文学。曾赴阿拉伯腹地伊拉克、叙利亚等地经商。中年被释放,自立并赴各地游历考查,获取第一手资料,潜心钻研学术研究。1224年,在伊拉克的摩苏尔完成了地理学巨著《地名辞典》,1228年完成了该书的最后编纂工作,于1229年离世。《地名辞典》内容丰富,文笔生动,按照字母顺序将地名进行收录,涵盖了地理学、历史学、人物志和自然科学等方面的内容,该书内容之广泛,正如威廉·杜兰特说:"这部书是庞大的地理百科全书,其中包含了中世纪众所周知的所有地理知识,对于这些知识的任何方面,这部书无任何遗漏;不但如此,这部书还添加了许多天文、生态、考古、人文地理和历史等学科方面的新内容。除此之外,书中还确定了城市间的距离、肯定了它的重要性,并且提及了各城市中伟人们的生活与工作等。我们不知道是否有人比这位伟大的科学家更爱地球呢?!"①古斯塔夫·鲁布斯说:"我们所拥有的——阿拉伯人在地理学方面的书籍是极其重要的——这些书是欧洲很多世纪以来在这一学科领域中的研究基础。"②

第二节 中世纪阿拉伯地理学家作品撰写特点综述

中世纪是阿拉伯伊斯兰文化发展的顶峰,历史、天文、地理等不同学科发展达到高潮时期。该时期的"阿拉伯舆地文献扩大了历史研究的职

---

① 威廉·杜兰特:《文明的故事(第十三册)》,第359页。
② 同上,第469页。

能,把经济、行政管理、商业贸易、民族分布和迁徙、山川物产、风土人情、社会习俗、文化交流等列入了记述范畴,把历史记述的对象推及人类生活的各个方面,使历史记述成为宗教和教育的写作体例-记叙体。伊斯兰舆地学者用这种体例,记录了许多正史著作不曾记载的史实和资料,引导人们去认知伊斯兰世界和异教世界,了解大千世界的各个层面的知识。"①因此,该时期地理学家的作品多是历史、地理、文化和文学等知识的融合,作品中不乏对游历地区国家、城市、村落、人种等历史或民族类内容的翔实介绍,更不乏记叙河流、山脉、城市与城市之间的距离、国家与国家之间的路程等有关地理方面的知识。读者不会认为是在阅读一本枯燥乏味的作品,因为其内容涉猎范围既宽泛又博杂。历史、地理和人文等内容的有机结合缔造了一部部宝贵的人文地理资料汇编,该时期许多著名的学者既是数学家又是地理学家和历史学家,如花剌子密,还有地理学家和数学家比鲁尼、地理学家和历史学家雅古比和历史学家马斯欧德等。

该时期的阿拉伯地理学家们"将沿途所见所闻所闻、各地风情习俗、地理概况详加记载,导致了一种新的体裁—历史地理著作的出现。马斯欧德的《黄金草原》便是这种体裁的典型范例。"②

除了上述的地理学家撰写作品的特点以外,该时期阿拉伯地理学家的大部分作品撰写还有以下的共性特点:

1. 实地考察、记述翔实可靠

阿拉伯地理学家受到伊斯兰文化思想之影响,正如伊斯兰教鼓励人们去旅行,了解大地、天地万物的变化,通过在大地上行走,自己的观察和

---

①许序雅:《阿拉伯-伊斯兰舆地学与历史学》,《史学理论研究》,1996年第4期。

②赵军利:《中世纪阿拉伯历史研究方法》,《史学理论研究》,1992年第4期。

亲身体验来感悟人生的真谛。当时的阿拉伯地理学家不满足于各类故事的口耳相传,而是用自己的亲身经历去寻找答案,了解各地。他们所到每一处地方,更是学习善问。正如希提说:"从沙漠里来的征服者,并没有把什么科学遗产和文化传统带到他们所征服的国家去。他们在叙利亚、埃及、伊拉克和波斯,坐在他们所征服的人民的讲座下,当他们的学生。他们证明了自己是何等好学的好学生!"地理学家雅古比在作品《诸国志》序言中自述道:"我在青年时就努力想了解不同国家的信息,地区与地区之间的距离。因我在中年时就游历各国,当我看到那些国家的人时,我就向他打听有关该国家和城市的一切,他向我提到他的住处和所在地,我向他询问那个地区的状况,问他那里种什么,那里的居民是阿拉伯人还是非阿拉伯人,人们都喝些什么,甚至还向他打听他们的口音、宗教和统治者,以及那个地方有多远,附近还有哪些地方,我询问我确信的诚实的人,他告诉我的一些事情,我会自己去游历,以此来证实他所告知我一切的正确性。我向一群群的人们提问,直到全面了解他们是东方人还是西方人。"马斯欧德在游历呼罗珊地区时看到很多奇闻逸事,然后辗转去波斯,于公元915年到达波斯,看到波斯东部的居民们,这些居民们手头收藏了许多历代先辈之传记作品。① 在作品《黄金草原》中,马斯欧德记录了自己亲眼看见和实地考察的经验,以翔实可信的记述,为地理学、历史学、文学、民族学和边疆学等研究留下了宝贵且有重要价值的参考文献。

2. 资料来源广泛

该时期的地理学作品均表现出取材广泛,内容涉猎范围广博。有来自沙漠文化背景下阿拉伯古典诗歌中赞美的地区、人种和物种;有来自伊

---

① 马斯欧德:《黄金草原》,第12页。

斯兰文化核心《古兰经》和《圣训》中有关天文学和地理学方面的宝贵信息;还有来自阿拔斯王朝时期以希腊、罗马、波斯和印度为代表的外来文化带来的地理知识。正如许序雅评价道:"这一方面表现在他们所注目的世界极为广阔,另一方面表现在他们所记内容极为广博、驳杂。他们的视野上溯远古,下至古代,涉及地域包括除北极之外的整个欧洲,除西伯利亚之外的亚洲,南到撒哈拉沙漠以南的非洲,天文、地理、海洋、陆地无所不及。他们所记述的世界大大超过了希腊人所知道的世界范围,也超过了当时中国人所认知的世界。"①正如前面提到的穆罕默德·伊德里斯在其著作《世界地理志》中不仅总结了托勒密和马斯欧德等前辈学者的主要学说;综合了希腊、罗马、阿拉伯历史等;记录了当时世界区域的划分、气候区、各国地理位置、山川河流、交通要道和政治经济状况等。同样,地理学家伊本·胡尔达兹比赫的《道里邦国志》更是一部地理学领域的百科全书,其内容之丰富,资料之详尽无人匹敌。该作品不仅涉及官方的资料,还包括地理趣闻,详述了幅员辽阔的阿拔斯王朝的几乎完整的信息,甚至涵盖了当时地区间距离与贸易的密切关系以及邮政往来信息。②"在这些学者的身上,希腊的影响随处可见;他们的历史观、对世界的认识、对社会发展的认识,在其舆地文献中也可见到。因此,我们不能武断地说伊斯兰史学的产生和发展是自发的、独立的,基本未受古代希腊、罗马史学家的影响。"③

---

①许序雅:《阿拉伯-伊斯兰舆地学与历史学》,《史学理论研究》,1996年第4期。

②郭筠:《中世纪阿拉伯地理学研究》,山东大学出版社,2016,第74页。

③赵军利:《中世纪阿拉伯历史研究方法》,《史学理论研究》,1992年第4期。

3. 游历区域广阔

该时期的地理学作品中不仅内容丰富,且地理学家所游历的区域并不限于当时阿拔斯王朝的首府巴格达,而是以巴格达或伊拉克为中心,继而向东、南、西、北四方延伸扩展,在游历伊拉克境内的巴士拉、库法等重要城市的街道和建筑、泛舟在底格里斯河、幼发拉底河等不同河流、了解当地人口以及税收之后,向北进入土耳其直至阿塞拜疆等国;向南走向阿拉伯半岛腹地的麦加、麦地那等城市,继续向南进入也门和阿曼,了解这些地方的城市、村落等;向东进入伊朗(波斯);或从伊拉克向西北进入叙利亚,从叙利亚向南进入约旦,向西进入埃及,从埃及一直向西进入利比亚、突尼斯、阿尔及利亚和摩洛哥;再从摩洛哥进入西班牙南(部安达卢西亚)的格拉纳达等地,所游历地区几乎涵盖了当时阿拔斯王朝所统治的整个西亚和北非的区域。正如雅古比在《诸国志》中依次记述了巴格达、萨马拉、伊朗、土兰、北非,接着记述库法、巴斯拉(巴士拉),还描述了印度、中国和拜占庭帝国(这一节已佚)以及埃及、努比亚和马格里布等地。①

---

① 《伊斯兰百科全书(第 2 版)》,Djughrafiya 条;另参见 *Dunlop*,第 1152 页。

第三章 雅古比生平、作品和影响

第一节 雅古比生平和作品

雅古比(Al-Yaqubi)(？—897)全名为艾哈迈德·本·雅古比·伊斯哈格·本·贾法尔,以雅古比而著名,是公元9世纪阿拉伯第二大帝国阿拔斯王朝(750—1258)的著名地理学家、史学家,生于巴格达,家境殷实,其祖辈和父辈均曾在阿拔斯王朝(750—1258)宫廷任职,他青年时期离开巴格达前往亚美尼亚,在当时执政的塔黑尔王朝游学,从该王朝学者那里获取了有关历史、地理和文化方面的第一手准确资料,是当时阿拉伯地理学研究领域"伊拉克"派的代表人物之一。

雅古比自青年时期就游历各国,先后到过波斯、印度、阿拉伯半岛、沙姆地区(今叙利亚、约旦、巴勒斯坦和黎巴嫩)、埃及、马格里布和安达卢西亚地区。其丰富的实地考察经历与阅历使得雅古比掌握的有关地理学和历史学方面的资料真实可靠,成为其后许多地理学家和历史学家著书立传的引证资料,从而使得雅古比成为在地理学和史学研究方面的领袖,被推崇为其后地理学家们的导师,其作品也为其后不同地理学家作品的诞生奠定了基础,给予了指导。雅古比的具体生辰日期已无从考证,但关于其亡故之日历史学家却有不同的说辞,经考证,最准确的时间是卒于公元897年。

据考证,雅古比以其广博的知识与丰富的亲身体验影响了许多著名的地理学家,曾受其影响的著名地理学家和作品有:伊斯塔赫里的《道里邦国志》(Kitāb al-Masālik wa'l-Mamālik)、伊本·豪卡勒的《诸地形胜》(Kitāb Surat al-ard)、伊本·法格哈·哈玛德尼的《诸国志》(Kitāb al-Buldān)或《诸国纪事》(Kitāb Akhbar al-Buldān)。这些作品中有关诸国信息的研究大多受益于雅古比,与他同时期的伊本·胡尔达兹比(Ibn-Hurdazbuh)和10世纪地理学家伊本·法格哈·哈玛德尼(Ibn-Faqihal-Hamadhani)更是将自己的地理学著作命名与雅古比的作品使用同一名称即:《道里邦国志》(Kitāb al-Masālik wa'l-Mamālik)和《诸国志》(Kitāb al-Buldan)。

雅古比一生著述颇丰,著名的作品有:《托黑尔·本·哈桑的开拓与贡献》(Kitāb fi-futuhati-wo-Inzhazati Tuaheir ben Hasan)、《非洲开拓史》(Tarihe futuhati Africa)、《拜占庭帝国地理》(Geography al-Inburaturi al-Baizantuiyi)、《诸国志》(Kitāb al-Buldan)、《道里邦国志》(Kitāb Masālik wa'l-Mamālik)等,其中《诸国志》(Kitāb al-Buldan)和《世界史概要》(TaIreehu Yaqubi)是他在地理学和史学研究方面的精湛之作。

对此,费琅指出:"在大部分情况下,阿拉伯地理学家们是原封不动地抄袭先驱们所提供的材料,伊本·白图泰引自伊本·朱柏尔的段落对于我坚持自己的看法更具有说服力。事实上,对于本书所研究的地区,无论是引用原文,也无论是抄袭来的内容,阿拉伯地理学家们的相互抄袭是最常见的现象。"[1]可见中世纪阿拉伯地理学家习惯用同一名称为自己的地理学作品命名。

现存已知的雅古比的《诸国志》是由德·胡耶于1870—1894年期间

---

[1] 费琅:《阿拉伯波斯突厥人东方文献辑注》,耿昇、穆根来译,中华书局,1989,第20页。

在荷兰莱顿校勘付印,结集为《阿拉伯舆地丛书》之一。据考证,《诸国志》一书最早是由荷兰莱顿东方学者 G. H. A Juynboll（1834—1887）于 1861 年校勘完成,是该文献最早的校勘本。经对比,这两个版本内容一致并无差异,只是德·胡耶校勘本其阿拉伯文字体较清晰,该作品于 1967 年由荷兰莱顿博睿学术出版社出版,其阿拉伯文纸质版现存于南京大学图书馆。

第二节　雅古比作品溯源

《诸国志》是雅古比在地理学领域最为著名的舆地文献,于 891 年在埃及写成。该作品是作者个人亲身体验的汇集,以其内容的真实可靠而被认为是中世纪阿拉伯地理学领域最古老的文献。正如作者在《诸国志》序言中自述道:"我在青年时就努力想了解不同国家的信息,地区与地区之间的距离。因我在中年时就游历各国,当我看到那些国家的人时,我就向他人打听有关该国家和城市的一切,我向他询问那个地区的状况,问他那里种什么,那里的居民是阿拉伯人还是非阿拉伯人,人们都喝些什么,甚至还向他打听当地人的口音、宗教和统治者,以及那个地方有多远,附近还有哪些地方,我询问我确信的诚实的人,他告诉我的一些事情,我会自己去游历,以此来证实他所告知我一切的正确性。我向一群群的人们提问,直到全面了解他们是东方人还是西方人。我在(我的书中)记录他们告知我的一切,讲述他们的故事,还谈及哪位哈里发或埃米尔征服和统治了一个个的地区和城市,以及当地的土地税和国家财力的增加程度。我花很长时间写下这些,编著这本书。我把每条属于该地区的信息和我从各地人们打听而来的确切的信息补充到我的书中。"

《诸国志》是依据文献资料和旅行者的口碑材料写成,重点在于记述统计资料、税收和地形地貌上。书中依次记述了巴格达、萨马拉、伊朗、土兰（Turan）、北非，接着记述了库法、巴斯拉（巴士拉），还描述了印度、中国和拜占庭帝国（这一节已佚）以及叙利亚、埃及、努比亚和马格里布等地。

但通过对阿拉伯文版《诸国志》的考证发现，在该作品中，作者主要以巴格达为中心，依次记述了从巴格达、库法、巴士拉继而分别延伸到中亚的阿塞拜疆、撒马尔罕、阿拉伯半岛纳季德地区、叙利亚、也门、约旦、巴勒斯坦、埃及、马格里布和安达卢西亚等地，叙述了所在地域城市的产生、命名、山谷、河流、人种、边界、道路、风俗习惯、农业产物以及人们的饮食习惯等诸多内容。

作者用很长的时间编撰这本书，不断增加对不同国家和区域的信息，以便让更多人来了解。虽然深知很多人是无法到达那些国家和地区，但仍然希望对各国相关内容进行记载，作者已经提及了一些城市、部落和山村的名字，以及在城市、地区和塔萨赛吉的每个城市名，还有谁住在那儿，谁占领的，由阿拉伯人的部落管理，外国人种、国与国、城与城之间的距离，谁开拓并统治伊斯兰军队，那段时期的历史、人们的智慧、平原、山峦、陆地、海洋、炎热而寒冷的空气、水以及饮水状况等。作者首先对自己所在的国家首府巴格达及其周边的一切进行了详细的叙述，之后又以巴格达为中心，一边向东、西、南、北各区延伸，一边记述和介绍所见所闻。

第三节 《诸国志》作品影响和对中国的记载

《诸国志》作品中介绍了印度、信德、中国、西藏以及突厥，但介绍的内容相对少，只是简短的一些提及。正如在其第2页中提道："巴格达的每一个商店都有来自世界各地的阿拉伯地方、非阿拉伯地方的商品，又有来自印度、信德、中国、西藏，以及突厥。对于中国，作者这样描述："中国是一个东海的国家,向南倾斜,北部是突厥人,据说中国的名字是由'陶瓷'而来,过去陶瓷对我们来说是稀有的,中国和印度一样是一个辽阔的国家,引进了四弦琴、樟脑、谷穗、康乃馨、肉豆蔻和草药。"西藏有众多城市和大片森林,居民都是身体健硕的游牧和定居民,其空气,水,平原和山脉有其特点。一直以来,那里的人们不论老少都是乐观向上,无忧无虑。那儿有着不计其数的奇珍异果,花朵、草场和河流。那里的人民善良,热情好客,慷慨大方,鼓励人们去娱乐,跳各种舞蹈,直到死都不会有多少忧愁。他们相亲相爱,总是面带微笑。西藏(تبت)这个名称的由来是由于有人在这里稳定(ثبت)下来被赶毛驴的人轻拍(تر)了。然后用ت代替了ث,因为非阿拉伯人的语言中没有ث。传说曾经艾嘎尔努人从也门经过基训河,到达布哈拉,最后到达撒马尔罕,那里一片荒凉,在那里歇脚后向中国的方向前行,一个月后到达了这片水草充足的地方,于是在那里建起了城市,当时有三万人在那里定居,把那里称为西藏。其中有些人打扮成阿拉伯人的样子,他们赛马,非常勇猛,征服了周围的突厥人,后期的每位国王都效仿第一个国王将这里称为西藏。

第四章　雅古比《诸国志》撰写风格与国家、城市渊源新考

很多研究者认为雅古比在其著作《诸国志》中是以巴格达为中心，向东、西、南、北四个方向进行地理方向性的拓展性描述，但对其原文作品进行深度解读后，我们发现他是将巴格达视作自己的立足中心，首先以描写巴格达城为切入点，通过对当时巴格达城的概貌和其渊源的描绘来展示巴格达城的繁华，其中作者仍执笔对伊拉克本身进行描写，包括对伊拉克其他城市如库法、巴士拉以及其周边国家和地区的描写。在该著作中还提到了多个古老国家与城市，不同的香料、河流、泉水、港口、古代遗迹和撒马尔罕等不同地域人民的秉性、民俗等，在后期的章节中将分别论述。

在本章中，我们将着重阐述雅古比对当时的伊拉克及其首都巴格达的描写，他时而好似乘船而行，先将底格里斯河和幼发拉底河沿岸的城市做了介绍，与此同时还提到与不同城市相连的河流分支以及流经海域；时而又似徒步旅行的游客，通过旅行，对个人所到之处，亲身经历和亲眼所见进行了细微详细的介绍。

经过对《诸国志》作品的认真梳理，可以推测出作者是通过五条不同的线路依次游历：他首先从伊拉克的巴格达出发，向北进入摩苏尔，通过摩苏尔进入土耳其，再一直向北进入阿塞拜疆；其二是从巴格达出发向南进入阿拉伯半岛腹地，继而游历麦加、麦地那后向南进入也门和

阿曼;其三是从巴格达出发向西进入约旦、叙利亚等地;向东进入伊朗的伊斯法罕、设拉子,再从伊朗北上进入阿塞拜疆;第四条路线为:从伊拉克向北进入土耳其,在游历土耳其之后,从土耳其向东进入阿塞拜疆;第五条线路为:从伊拉克向西北进入叙利亚、从叙利亚向南进入约旦、向西进入巴勒斯坦、从巴勒斯坦向西南进入埃及。从埃及一直向西进入利比亚、突尼斯、阿尔及利亚和摩洛哥。从其作品阐述的国家和城市沿线来看,雅古比并没有进入北非腹地,而是只沿着地中海边缘地带一路向西,进入摩洛哥的奥吉拉,再进入西班牙南部的格拉纳达、塞维利亚、科尔多瓦和托莱多,后又从托莱多向西进入葡萄牙的里斯本;最后一条线路是作者从沙特阿拉伯半岛的吉达乘船穿红海进入苏丹的边境城市宰绅莱。

一、先总后分叙述

作者在《诸国志》中采用了先总后分的行文结构,即先总体介绍了伊拉克,详细描写了伊拉克的概貌,他是这样描写伊拉克的:"伊拉克,它的长度从提克里特到波斯湾上的阿巴丹,巴格达的宽度是从库法到赫勒,从瓦斯塔到塔伊布附近,从巴士拉到筑巴边界,从提克里特到东边的边界,甚至是超过了祖尔的边界然后环绕赫勒、司勒瓦尼、萨马赖、塔伊布、苏斯的边界,直到筑巴截止,然后到达波斯湾,这是由提克里特到波斯湾,然后回到马格里布边界,从巴迪亚的巴士拉到瓦斯塔,从大干河到瓦斯塔再到库法,或是从大干河到库法再到幼发拉底河,到安法尔,再从安法尔到底格里斯和幼发拉底河之间的提克里特(一座伊拉克边境小城),从波斯湾到提克里特同样弯弯曲曲,至于它们之间的距离,从提克里特到波斯湾是指从东边到莎赫拉,从波斯湾回到马格里布边界再到提克里特。从巴格达到沙米兰需要3天的路程,从沙米兰到提克里特要1天,从巴格达到库法要2天,从库法到噶蒂萨要1天,从巴格达到瓦斯塔要8天,从巴格达到赫勒要9天,从巴格达到萨马赖和司勒瓦尼,从瓦斯塔到巴士拉要8天,从库法到大干河路上的瓦斯塔要9天,从巴士拉到波斯湾要2天。伊拉克的宽度以巴格达为中心,从赫勒到噶蒂萨需要11天,以沙米兰到祖尔要5天,大部分都需要1天的路程,以瓦斯塔的宽度需要2天,从巴士拉到筑巴边界只需要轻轻松松2天的时间。

伊拉克的城市巴士拉是个伟大的城市,不再受波斯的统治,穆斯林奥马尔·本·哈塔卜统治了这里,本·艾子旺在巴士拉定居,所有的部落包围了巴迪亚的西部,在这个城市没有水和河流,据一些当地居民回忆,巴士拉的河流被认为是比拉勒·伊本·阿比修建的,成千上万的河流在巴士拉流淌,据作者的记忆,许多河流在比拉勒·伊本·阿比冻结直到作者看到很多这样的地方,每一条河流的名字都是根据挖掘它的主人或是它的流向或是根据它的长短,宽度所命名的,这里的大部分建筑是用砖建的,这流行于伊拉克的几十座城市,其中有从阿布达斯延伸到阿巴丹内夫的棕榈岛,以及其他的只有河流的地方才有人类,棕榈岛或是其他的地方在没有山的地方,因此巴士拉也不坐落在山上,塔拉哈·本·阿卜杜拉,安萨·本·马利克,哈萨努,伊本·丝琳等巴士拉著名的学者都埋葬在这里,它的河流,以欧柏拉河最为出名,长为4法尔萨赫,在巴士拉和欧巴拉之间,在河的两边有城堡和格罗夫斯连接了两边,这条河流分成很多分支,它们互相交融贯穿,同样它是巴士拉所有河流的集合地,它们来自大海,水回到每一条河流,直到注入棕榈岛和大洋之中。河流的汇集不受限制,如果水退潮的话,水位会下降直到格罗夫斯和棕榈岛都没有水,只剩下些咸水,当水退潮到要塞河边,然后变为了淡水,海水和欧巴拉河没有受到什么影响,在欧巴拉河的中心存在着许多的危险,船只从这里出发,畅游在大海之中,或许在这条小巷中淹没。欧巴拉是一座土地肥沃的小城市,人口密集,它的边界到巴士拉,在底格里斯变为许多的分支,使它们相连,它的长度一直到阿坝达尼河,巴士拉有很多城市,阿坝达尼,欧巴拉,马夫塔哈,麦再乐,在底格里斯的河边,它是很小的临近凯布拉,人口少。①

在巴士拉的边界和少量乡村的地方有很多丛林和干河,在古时候它是一片被捆绑的土地,像是被巴士拉养育,河流将它分开,它们在乡村和河床相互连接,因此流入水淹没了较低的地方,就变成了海洋和干河,至于它的中心,在底格里斯河岸的东部和西部。在桥的两边,坐落着的清真寺是讲述伊斯兰的地方,它是一座在巴迪亚西侧的城市,在长时间的耕种下,它有很多树木,椰枣林和肥沃的田地,空气比巴士拉的清新,没有干河。

至于库法,它是一个靠近巴士拉,空气新鲜,水资源丰富的地方,坐落在幼发拉底河河岸,它的建筑像巴士拉的一样。同样,它也是阿拉伯部落的重要军事部署之地,但是它的土地税和巴士拉不同,因为库法的土地税是贾希利叶时期确立的,而巴士拉的土地税则是在伊斯兰时期存在的。

格迪斯是一座位于巴比伦南部的城市,幼发拉底河贯穿此地,阿拉伯人进入此地开始繁衍生息,因此在此地有了耕田与椰枣树。这里的居民比库法少,空气比库法清新,在这座城市和库法之间有许多河流,它靠近库法和阿曼,已经有许多的不同,士兵守卫在库法的聚集大门,

---

① 雅古比:《诸国志》,荷兰莱顿博睿学术出版社,1861,第23页。

为了建立民族。在这里可以看到很多饲料商店,还有一些墓地遗址,它是一座拥有椰枣树,水,农田的小城市,至于巴格达开始于一片荒漠,时任哈里发曼苏尔占领了它,就在西边建造了城市,使它的周围有许多给它的仆人,农奴,随从们的封地,比如春季封地,军事基地以及其他的一些地方。

哈里发曼苏尔便在巴格达东边建立军营,称之为麦海迪军营。这是最低谷的一段时期,哈里发躺在宫殿里,他的花园从巴格达一直到两法尔萨赫距离远的河边,也就是连接了底格里斯河岸以及哈里发的房子,提高了底格里斯到沙木塞,距离5米远。沙木塞在西侧,延伸到底格里斯及另一个小屋。东部的人称为拱门边,麦海迪在此扎营也就是拱门的第一个门。这也就成了最为关键的市场。从这里到入萨法到宫殿也就接近于大清真寺。麦海迪军营麦海迪曾驻扎在这里与艾卜·朱厄法勒的城市相平行,称为西侧。在巴格达,入萨法和哈里发的房子,这些建筑将与大清真寺相连,在底格里斯的两边有桥相连,从呼罗珊到左边,有5米的距离,剩余的一些建筑,如一些小屋在左边,这里的大部分居民从事商业,哈里发在底格里斯河流域之上所建宫殿并未做地基抬高处理,导致河水从宫殿下方流动,从而打湿建筑。在西侧将易萨河与法浪提分开,在拱门这面有狄米曼,水从阀门中渗出,聚集,变为了河,被称为苏拉特,河从中涌出,西侧的建筑物底格里斯边没有大大小小苏特拉水的地方,另一边在易萨河流入底格里斯的位置结束。从法浪提到底格里斯有很多的船在易萨河中行驶。在苏拉特有很多查封人阻碍船的行驶,船在苏拉特港停留,或是环绕它行驶,等查封人阻碍别的船的时候超过去,在巴格达和库法之间有很多黑网,法朗特河冲破这里。第一条到达巴格达的苏勒苏勒河及苏勒苏勒城市,有许多船只在这里行驶,这里有桥,有很多商队从这里经过。苏勒苏勒是一个小城市，以盛产椰枣而闻名，以农业生产为主体，从巴格达运输果实有3法尔萨赫，在经过2法尔萨赫结束，到达麦里克河，它是一条比苏勒苏勒大的河，也有桥，这条河到达欧麦乐·本·胡拜耶勒的宫殿那里停止，被两条分支中的一条分开，另一条分支流向底格里斯，库萨因量器而著名，然后延伸到法朗特，直到进入苏兰河，这条河流水流量充沛，从法朗特流出，汇入苏兰，然后在库法河道流动，在法朗特的西边，是伊本·哈比勒的宫殿。至于萨迈拉则位于底格里斯河东岸，该城市东部并没有建筑，农业和树林都靠近底格里斯河西岸，萨迈拉是强大的伊斯兰都城的遗址，公元836年，时任哈里发穆哈台绥姆从巴格达迁都至此，建造了漂亮的宫殿和园林，公元九世纪的大清真寺和通天塔等，把城市延底格里斯河扩展至3公里长。

　　至于尼赫鲁，它是一座城市，有尼赫鲁河，它的中心非常小，距离巴格达有4法尔萨赫，延尼赫鲁河流向巴格达低于哈里发的宫殿，到达斯卡福及其他的城市和村庄，如果尼赫鲁流向达斯卡勒，水流变小，然后从达斯卡勒到达呼勒瓦尼的边界，像巴迪亚是独立的城镇，祖尔的边界到提克里斯的边界，至于迈达伊妮则是贾希利叶时期的一座小城市，曾经非常宏伟。这里的人们搬迁到了巴格达，这里距离巴格达需要一天的路程，文中并未对巴格达执更多笔墨来描述它的优异性和大众性，仅仅用三言两语进行了概括。但书中详细记述了伊拉克历史名城——巴比伦，它有先进的伊拉克建筑，这归功于它优越的地理位置，迦南王国及许多其他的王国都曾建都于此，修建许多类似于当时先进时代（埃及）的建筑古迹。在这里，周围有很多小的建筑物，迈达伊妮城坐落在距巴格达一夜路程的底格里斯河东岸，据说它有两个村庄，曾经在波斯帝国统治时期，连接迈达伊妮两岸的是底格里斯河之上的桥。接近库布拉的地方没有大的城市,只有建筑群,每座城市都有行政区,就像胡勒瓦尼,它是一座远离巴士拉、库法和巴格达的不在伊拉克土地上的城市。

希尔是其中最大的一个城市,四面环山,山上有许多果实,伊拉克除了它之外再没有一座四面环山的地方了。这里最高的山脉上经常会积雪,尔哈姆莱茨是一座以椰枣和农业而著名的城市,其城墙是由稀泥铸成,城市内部的大量空地则用于种植农作物。从伊拉克中心到扎巴勒边界,这一沿线有少数建筑,大部分是库尔德人和阿拉伯人搭建的,这些建筑群距离扎巴勒有很长一段距离。

因此,作者在《诸国志》中是以伊拉克①的巴格达②为开始,认为它是世界和地球的中心,首先描写首都巴格达,首要提到巴格达的原因在于它

---

①伊拉克:伊拉克低于纳季德,靠近海。起名为伊拉克就是因为它靠近海,而且其中有花园和树木。(《国家辞典》,第105页)

②巴格达:全世界之母,众国家之后,有四种叫法,两个没有点的د的"بغداد",最后是加点的ذ的"بغداذ",ن结尾的"بغدان",还有"مغدان",是用م代替ب,有阳性和阴性。据说阿拉伯人和非阿拉伯人在"巴格达"这个词的含义方面观点不一致,因为在非阿拉伯语中没有词语同一来源或者派生词很少。一些非阿拉伯人的解释是"一个人的花园",باغ就是花园,داد是这个人的名字;还有人说,باغ是个偶像的名字,据说是偶像赐给东方古波斯国王科斯鲁的礼物,所以就分开念。这个国王他在自己的国家崇拜偶像,所以就说"بغ داد",意思是"神啊,赐予我吧"。据说,باغ是花园,داد的意思是给予,就是赐予科斯鲁的花园,所以就叫"بغ داد"。也有人说,这是关于一个叫"داذویه"是阿拉伯化的波斯人名,因为在一些被征服的城市这位叫(达兹维)"داذویه"的人曾是统治者。也有人说,国王下令给这个城市叫什么名字呢?国王("هلدوه وروز"哈利度乌鲁兹)说:该地"没有和平的",所以传令将其征服;还有一种说法是,被称为"和平之城"是由于底格里斯河流域是和平谷地。(《国家辞典》,第145页)。

是伊拉克的中心,其富足、巨大的建筑物以及丰富的水资源、卫生和空气在当时全世界中是无与伦比的。

在巴格达市居住着形形色色的居民,有各地区①和各市镇的人,也有其他国家搬迁至此的人,他们宁愿放弃自己的家乡而选择这里,就是因为它的富庶与繁华;城市里还有当地的居民居住区域、商店和银行等,可以说这里聚集了当时世界上城市所有的特点。

二、由点带面、依次罗列

雅古比对巴格达的这种认知是中世纪阿拉伯地理学家们的普遍认知,中世纪的阿拉伯地理学家普遍认为伊拉克是地球的中心。因此,雅古比更是这一思想的引领者,他认为巴格达是伊拉克的中心,也是世界的中心。他在《诸国志》第105页中提道:"伊拉克是一个著名的国家,之所以以伊拉克命名主要是由于它是阿拉伯地区最低的地方,因它低于纳季德地区,且靠海。也有人说:伊拉克是靠海边的,起名叫伊拉克是因为它不仅靠海,而且树木繁茂,花园甚多。"作者在书中第32页中写道:"巴格达是世界的中心,地球的肚脐,我提及巴格达,是因为它是伊拉克最大的城市,其地域之广袤,建筑之高大,水资源之丰富,空气之清新是任何一座城市都无法匹敌的。不同地区的人们迁移至此,他们中有城市人和乡村人,有盖萨亚人、达尼亚人(均为阿拉伯人种之一)。在这个城市,汇集了世界各地的商品,底格里斯河和幼发拉底河流经该城市,其便利的海路通道,带来了更多的商机。这里店铺林立,商人众多,还有商业仲裁机构。汇集在这里的商人有来自东方的也有来自马格里布地区的,还有来自信德、中国、吐蕃、土耳其、达拉模、哈扎拉、埃塞俄比亚等地的,这里商业活

---

① الكُوَر:是كورة的复数,意思是城市和地区。(《辞海》,词条:الكور)。

动异常繁荣。""巴格达两侧市场和与它相连接的地方每年的市场销售额达到 1200 万迪尔汗";"我统计了一下,这里的大路和小路共有 6000 多条,大概有 3 万座清真寺和 1 万个浴池。""在各个地方有很多花园,里面有很多甘甜的泉水。"早期的巴格达并不是一个城市,在科斯鲁和波斯人①的时代,它只是一个在巴达维②附近的村庄。第一个开拓并将其建成城市的是阿拔斯王朝第二任哈里发曼苏尔,伊本·阿拔斯最初建立该王朝时初定首都为库法,但因当时库法人比较腐化,后迁都巴格达。第二任哈里发曼苏尔当政之际,因苦于巴格达原本是村落,基础设施不完善,粮食和行李都是通过海路运输,于是就有了修建巴格达的想法,在巴格达建立和平宫,于伊历 145 年动工,耗资一千八百万迪纳尔,修建为易守难攻的"团城"之样,利于子孙后代借助幼发拉底河和底格里斯河以及其他众河流为其带来丰富的物资,为其提供生活之便利。

在巴格达有两大著名河流底格里斯河③和幼发拉底河④流经,为当地

---

① 外国人(الأعاجم)指非阿拉伯人或波斯人和罗马人。

② 巴达维(بادوريا): (الراء والواو有),是巴格达西边乌斯塔县的一个地方。据说,那里有作家、税收管理处、游客、人们之间交往无阶级化,王子、游客、舞者、达官贵人也和普通百姓交往。(《国家辞典》,第 377 页)。

③ 底格里斯河:没有加入 ا 和 ل 冠词,据说(底格里斯 دجلة)是(底伊里底)"دبلا"阿拉伯化的,还有其他两个名字:(兰可鲁滋)"روذ آرنك"和(库达卡达伊勒)"دير كودك"这就是小河的意思,据说底格里斯河的第一个出口是距离其源头阿穆德有两天半的距离,是一个黑暗的山洞,有种说法是说:底格里斯河源自亚美尼亚。(《国家辞典》,第 502 页)

④ 幼发拉底河(الفرات):据说幼发拉底河(الفرات)这个词是阿拉伯化的,它还有另一个名字"أنورذ"因为它靠着幼发拉底河和波斯,这部分波斯人称它为فالاى,幼发拉底河的阿拉伯语意思是"最甜美的水",幼发拉底河的出口在亚美尼亚。(《国家辞典》,第 274 页)

人带来了极为便利的海陆商贸和粮食的运输。为了能够在此互补,每一个商店都有来自阿拉伯各地和非阿拉伯地区的商品,正如作者记述了有"来自印度①、新德②、中国③及其西藏④,还有突厥人⑤,迪力姆⑥,哈扎尔人⑦,埃

---

①印度:位于亚洲,濒临印度洋和阿拉伯海,与巴基斯坦、中国西藏、尼泊尔、不丹、孟加拉国以及缅甸等国接壤。(《国家辞典》,第303页)

②信德(السند):与印度、克尔曼相连。

③中国:是一个东海的国家,向南倾斜,北部是突厥人。据说,中国的名字是由"陶瓷"而来,过去陶瓷对阿拉伯人来说是稀有的。中国就位于突厥和印度之间的东方,是一个辽阔的国家,引进了四弦琴、樟脑、谷穗、康乃馨、肉豆蔻和草药。(《国家辞典》,第500页)

④西藏:有城市和大片森林,居民是强有力的游牧和定居民。西藏有其独特的空气、水、平原和山脉。一直以来那里的人们不论老少都乐观向上,无忧无虑。那儿有不计其数的奇珍异果、花朵、草场和河流。那里的人民善良,和颜悦色,慷慨大方,鼓励娱乐,跳各种舞蹈,他们相亲相爱,总是面带微笑。传说曾经الأقوام从也门经过基训河,到达布哈拉,然后到达撒马尔罕,那里一片荒凉,在那里歇脚后向中国方向前行,一个月后到达这片水草充足的地方,在那里建起了城市,有3万人在那里定居,把那里称为西藏,他们中有些人打扮成阿拉伯人的样子,他们赛马,非常勇猛,征服了周围的突厥人,后来的每一个国王都效仿第一个国王将这里称为西藏。(《国家辞典》,第11页)

⑤突厥人(الترك):是个著名的民族,曾经统治埃及各地。据说,اللان(莱恩人)الشركس(沙勒克斯人)الأزكش(阿滋克沙人)الروس(鲁斯人)都是土突厥人的后代,他们相互融合了。(《国家辞典》,第27页)

⑥迪力姆الديلم:指的是巴格达哈里发设立的外部君王。(《国家辞典》,第421页)

⑦哈扎尔人الخزر,خ和ز都是两个开口动符,在以色列,他们是(伊本·库尔木·伊本·努哈نوح بن كورم بن)的后人,又说是(巴斯拉·伊本·安舒尔·本·萨米·伊本·努哈نوح بن سام بن أشور بن باسل)的后代。

塞俄比亚①以及其他国家的人民。"在作者的眼中,巴格达似乎是赐予地球的赏金,在那里聚集了世界上所需的一切供应,在这座城市里有伊本·哈希姆②,有国王的宫殿和丰富的哲理书籍;这里的水源干净,树木茂密,果实成熟,作物丰育,资源丰富。

巴格达属于亚热带干旱与半干旱气候,因此,这里酷暑时的天气非常炎热,寒冬的天气却会非常冷,而春秋两季则更多是温和的。从秋天进入冬天时气候是混合的,春天进入夏天时也是混合天气,每个季节都是从一种天气到另一种天气的转换,由于气候调节适宜,房屋修葺整齐,饮水甜美,当地人的秉性优美,人们身体健康,面色红润,思想卓越,聪慧,更多的人热爱学术、智慧、文学、商贸;每个人能够掌握一种职业或从事手工制作,学者不仅是了解知识的科学家,不只是能言善辩的人,不只是分析语法的语法学家,也不只是精通医术的医生,不只是会欣赏的歌手,不只是待人和蔼的劳动者,不只是写作的作家,不只是善于言辞的明辩者,不只是跪拜的礼拜者,也不只是虔诚的修行者,演说家或诗人。

有关巴格达城的历史,作者这样记述道:"早期的巴格达③不是一

---

①埃塞俄比亚人الحبشة:曾是一个非常伟大的国度,幅员辽阔,其土地上由于多山和森林的相互交错而使得道路行走较为艰难。如果其王国的国王想要前往外面去查看都要提前修正道路,人们用工具把树砍掉,用火烧掉。他们民众数量众多,没有被非其族类统治过的最强悍的民众,擅长作战和攻坚,在他们的历史中经常征战四方,捕获丢兵弃甲的人,只要不是为了保卫自己民族和马群的都会被杀。

②伊本·哈希姆是阿巴斯人,是阿巴斯哈里发及其后人。

③第一个开拓并将其建成城市的是阿巴斯王朝第二位哈里发曼苏尔,并从哈希米叶城迁都至此。原因是,库发人腐化其军队而为之。据说建该城花费了一千八百万迪纳尔,于伊历145年动工。(《国家辞典》,第543页)

个城市,是在科斯鲁①和波斯人②时代的巴达维③的村庄。这个城市是伊拉克的一个叫马达茵④的城市。它(马达茵)距离巴格达有7法尔萨赫(6.24公里)科斯鲁·阿努细尔旺⑤的宫殿⑥就在此。在成为巴格达之前,那里一直有从希拉河注入底格里斯河的入口,在此入口处还有一座修道院。作者在书中将其称为修道院之角,这是过时的名称,要在这种时候起名字,景教基督徒教主⑦就起了"卡托利克斯"⑧这个名字。"

据考证,在公元622年之前还没有巴格达,当时阿拉伯人特设了巴士

---

①科斯鲁(الأكاسر):单数是(كسرى),是一个波斯国王的名字。

②外国人(الأعاجم)非阿拉伯人或者是指波斯人和罗马人。

③巴达维(بادوريا):(الراء والواو有و和ر),是巴格达西边乌斯塔县的一个地方。据说,那里有作家、税收管理处、游客等不同的人们,人与人的交往都是平等的,王子与普通人可以无差异交往。(《国家辞典》,第377页)

④马达茵:是科斯鲁国王门从萨珊王朝开始的所居之地,直到阿拉伯第二任哈里发欧麦尔·本·哈塔布将其征服。(《国家辞典》,第88页)

⑤阿努细尔旺(انوشروان):是科斯鲁一世,或者叫赫萨鲁·阿努细尔旺(انوشروان خسرو),萨珊国王(531—576)卡瓦德一世之子,对战查士丁尼,攻占了安条克,约555年,他与西突厥联合,击溃嚈哒,570年占领也门,以其改革而著称。

⑥华屋(ايوان):复数是ايوانات或者اواوين是一个宽阔的地方,有三面墙或者宫殿围着,其中就有科斯鲁皇宫。(《国家辞典》,第453页)

⑦景教:或者称为"亚述派",是基督教的支细,遵从君士坦丁的聂斯脱里派,生根于摩苏尔和亚美尼亚,在伊朗、印度、中国等地传播基督教,16世纪迦勒底人加入东正教,1914年一战后渐渐凋零。

⑧卡托利克斯(الجاثليق):希腊词。

拉和库法①，库法是阿拉伯第二任哈里发欧麦尔·本·哈塔布②的总督萨阿德·本·艾比·万葛素·祖哈尔③在公历639年设立，同年还设立了巴士拉市。

---

①库法：伊拉克郊区巴比伦土地上的一个著名地区，被称为"少女的脸颊"。据说，叫作库法是因为它呈圆形，这是根据阿拉伯人所说的：库发都是圆形的沙堆。还有人说，叫作库法是库法聚集了人们，跟他们说"呈沙型"，还有人说，库法就是一块土地，至于设定和特许则是伊历在欧麦尔·本·哈塔布时代，伊历17年巴士拉设立，据说，在巴士拉设计两年后（伊历19年），欧麦尔下令修建库法和巴士拉。

②欧麦尔·本·哈塔布，来自古莱氏部落阿迪家族，生于伊历40年（公元584年），是阿拉伯历史上的第二任哈里发，第一位被称为"信士长官"的人，他善待民众，勇敢果断，带军开疆扩土。早在贾希里叶时代他就已是古莱氏部落的英雄和骄傲，在伊斯兰初期信奉伊斯兰教，欧麦尔曾经在沙姆和希贾兹之间做生意，伊历13年，艾布·伯克尔逝世后，欧麦尔成为哈里发，在他执政时期，征服了沙姆、伊拉克、耶路撒冷、麦地那、埃及和阿拉伯半岛，甚至有人说，在他管理时期，他平定了一万两千多个地区。他首次为阿拉伯人制定了伊历，人们用此来记录大事，他下令建设了库法和巴士拉，是阿拉伯伊斯兰历史上第一位记录官僚，并按照波斯人的方式，论功行赏，分配职位。他在市场上独自巡视，在人们之间进行裁决，他的对手们也都尊重他，如果遇到什么难题，他会召集年轻人进行咨询，集思广益，统一他们的意见和建议。欧麦尔不仅能够吟诗，而且他的演讲和书信极具风采。人们对他品质的评价是"他的品德高贵，就像象牙一样纯洁，他一直对人民负责受到人民爱戴"。公元644年，哈里发欧麦尔被一个基督教的波斯奴隶艾布·鲁厄鲁厄行刺身亡，当时欧麦尔正在礼拜，艾布·鲁厄鲁厄乘其不备，从他的侧边用匕首刺过去，3天之后去世。

③萨阿德·本·艾比·万葛素·马力克·本·瓦赫布·本·阿布笃·麦纳夫·古莱氏·祖哈尔：是穆罕默德的一位舅舅，是祖哈尔家族的人，家人中女孩阿米娜是穆圣（愿主福安之）的母亲，穆罕默德以这些舅亲而自豪。

阿拉伯人通过集体搬迁的方式定居在这两个城市，而定居巴格达更多是通过商业贸易的方式。在伍麦叶王朝执政期间，其实有部分阿拉伯人迁居到巴格达，但因当时的巴格达并不是以城市的模样出现在大众的视野当中，而是以一个村落的形式，直到公元750年阿巴斯王朝建立后，在第二任哈里艾布·贾法尔·曼苏尔的积极倡导与建设下，修建了具备城市规模的巴格达，从而逐渐成为中世纪阿巴斯王朝政治、经济和文化的中心，也是中世纪最著名的文化中心之一，为东方阿拉伯文化的对外传播起到了关键作用。

作者在书中这样描写巴格达："此时的巴格达城以人杰地灵而闻名，人们出类拔萃、理智端庄、思想成熟。巴格达也不像其他的如沙姆地区的一些城市那样有瘟疫般的空气，居住面积狭小或道路崎岖不平。也不像北非埃及那样气候多变、多瘟疫，由于它地处海边（今红海），有害的水蒸气会滋生疾病，霉化食物，高大的亚比斯山（今穆格塔木山）使其干燥、多盐，不利于孕育蔬菜；同样，巴格达也不像亚美尼亚那样，又远又冷，崎岖酷寒；也不像有冻雪山区，崎岖不平；更不会如同希贾兹①地区那样，人们生活窘迫，物产寥寥无几；也不像西藏那样气候恶劣，食物和气候会改变人们的肤色，使他们身材趋于矮小，头发曲卷。所以，当时的人们都认为巴格达是最好的国土，就选择在这里定居。"

关于巴格达城市的建设还有一段故事，作者在书中这样记述："在建

---

① 希贾兹：希贾兹有两种说法，一种是阿拉伯人所说的，一个人被他的驴挡住了，就用绳索死死套住。还有一种说法是，这个人被山挡住了。希贾兹是夹在乌尔和提哈马之间一座山，似乎他阻止了一方到另一方，所以中间的就叫希贾兹。（《国家辞典》，第252页）。

第四章 雅古比《诸国志》撰写风格与国家、城市渊源新考

城之前,阿巴斯王朝的第一任哈里发艾布·阿巴斯已经去世,之后是曼苏尔①继任哈里发,他在库法城和希拉城②之间建立一座城,命名为哈希姆城,他在那里住了一段时间,在他派他的儿子穆罕默德·麦哈迪③去征讨

---

①艾布·贾法尔·曼苏尔:全名阿卜杜拉·伊本·穆罕默德·伊本·阿里·伊本·阿卜杜拉·伊本·阿巴斯·伊本·阿卜·穆特里卜,又名艾布·阿巴斯,阿拔斯王朝首位哈里发之子,中世纪阿拉伯帝国伟大的君主之一。被称为"受爱戴者"或者"建立者"。生于公元722年。他在沙姆和麦地那之间建立希拉城,他还建立了哈希姆城,将它作为统治中心,是阿拉伯伊斯兰历史上首位设置政府部门的人,就一些不清楚的事物都会咨询前朝的伍麦叶人。他为人慷慨,也是首位资产达两百万第尔汗的哈里发,他如同先知穆罕默德和四大哈里发一样右手佩戴戒指,一改穆阿维叶继任后左手戴戒指的行为,当时其后的统治者都模仿穆阿维叶把戒指戴在左手,艾布·阿巴斯担任哈里发后回归了过去的习惯,把戒指戴在右手。但这种习惯维持到了哈里发鲁世德时期又改为了左手,之后的哈里发们也都左手戴了。艾布·阿巴斯被誉为能言善辩,知识渊博和礼仪周全者,他留下了很多名言名句。在他那个时代有很多暴乱,但都被强力镇压下去了。后来,由于身患天花在安巴尔英年早逝。

②希拉城:这个城市距离库法3公里,属于纳杰夫地区,据说法尔斯海与希拉相连,曾是贾希利叶时期阿拉伯历代国王的居住地,后来属纳阿麦部落和他的子孙们所有,他们称它为"白色之地",他们想好好修建它,并说:"它被称为希拉是因为有一个部落首领前往呼罗珊,他让他的士兵到达那个地方后说:'住在这里吧!'"(《国家辞典》,第376页)。

③穆罕默德·麦哈迪:全名穆罕默德·伊本·阿卜杜拉·曼苏尔·伊本·穆罕默德·伊本·阿里·阿巴斯,又名艾布·阿卜杜拉。麦哈迪是伊拉克阿拔斯王朝的哈里发之一,生于公元744年的库里艾赫瓦兹的伊兹吉,公元775年,在他父亲去世后便继任了哈里发,担任哈里发十年零一个月,公元785年打猎时突发癫痫,又说他是被毒死的。他名垂青史,受人爱戴,品行端正,慷慨仁慈。

赛高莱百部落①,他也到了巴格达之地,法尔萨赫在那里问道:"这个地方叫什么名字?"有人告诉他:"巴格达。"他说道:"啊,这就是我爸爸告诉我的地方,我要建设它,并住在这里,把我爸爸也从远方接来住在这里。""在贾希利叶时期和伊斯兰初期的各个领袖都忽视它,现在我来到这里要建好它并统治它,在底格里斯河之东,在幼发拉底河以西,巴格达将成为律法之城。"

当时所有从瓦西兑②、巴士拉、奥布莱③、阿赫瓦兹,法尔斯④,阿曼⑤,

---

①塞高莱百部落:属于以色列人,是百扎尼·伊本·叶菲兹·伊本·努哈的子孙;还据说他们是艾什凯泰兹·伊本·图哈麦·伊本·库麦尔·伊本·叶菲兹的子孙。(《萨巴赫·艾阿莎之书》,第422页)。

②瓦西兑:命名为"中间"一词是因为它位于巴士拉和库法之间,它距离这两个城市中的每一个都有五十里。(《国家辞典》,第400页)。

③奥布莱:命名为此是由于这个地方曾经在奈伯特时期有一个名叫胡芭的喝醉了的女人,她的族人对她说:"胡芭·莱卡,意为"胡芭不在那里",波斯人来到以后便用波斯语命名为胡布莱塔,之后阿拉伯人将之音译为奥布莱。"(《国家辞典》,第98页)。

④法尔斯:一个面积辽阔的省,它与伊拉克的第一个边境史艾乌贾尼,与克尔曼的边境是塞贾尼,与印度洋海岸边境是斯拉夫,与信德边境是穆克拉尼。据说法尔斯是一个地区名,不是人名,这个词不受一般语法规则制约,属阴性,它不是源自阿拉伯语,而是阿拉伯化的波斯语词,称之为:法尔斯。(《国家辞典》,第256页)。

⑤阿曼:位于也门海和印度海海滨的一个阿拉伯省区的名字,阿曼在地理上首先位于汉志以东,它包含了很多小国,这些国家盛产椰枣,农耕发达,但是这个地方很热,经常被称为典型热带,它的大多数居民来自伊百顿部落,他们也从不隐瞒自己的身份。(《国家辞典》,第169页)。

第四章 雅古比《诸国志》撰写风格与国家、城市渊源新考

叶玛麦①，巴林②的人们都去到了底格里斯河沿岸，他们在此开始定居；还有从摩苏尔③，迪亚拉比阿④，阿塞拜疆和亚美尼亚而来的人，都乘船

---

①叶玛麦：这个名字来自鸟的名称，据说是自"野鸽"这个词，它来自家养鸽子，主要生存于野外。据说野鸽是野外的鸽子，在艾布·伯克尔时代的伊历12年，曾经征服了叶玛麦这个地方，杀死了许多伪穆斯林，哈立德·伊本·瓦立德攻占了这里并开垦了它，在叶玛麦和巴林之间有十二天的脚程，它建于纳季德地区，其都城是哈贾尔，据说它过去被称为"兆温"，最后得名"叶玛麦"是由于赛哈姆·伊本·陶斯姆建立了叶玛麦。一些赛伊尔部落的人说："这里曾是陶斯姆和贾底斯的家，曾被称作"兆温"。(《国家辞典》，第505页。)

②巴林：这个词本可以用阿拉伯语语法习惯的主格、宾格和属格来读，但是没有听过用主格来读的，都使用宾属格来读。这个地区包括了巴士拉和阿曼之间印度洋海滨的全部国家，据说它曾是汉志的都城，又说巴林的都城是汉志，也门人也把它算作是他们的另一个故乡，那里水草丰美，地域广阔。(《国家辞典》，第411页)。

③摩苏尔：是伟大的名城，也是阿拉伯伊斯兰历史上的主要城市之一，很少有城市能与它比肩，能像它那般伟大，像它那般声名远播，像它那般地域广阔，它是骑行的旅行家们的驿法尔萨赫，从这里可通往整个阿拉伯疆域的各地，它曾是伊拉克的门户，呼罗珊的钥匙，从它那儿可到达阿塞拜疆，很多人说世界上有三大城，分别是：东方门户尼塞布尔；西边门户大马士革；而摩苏尔是直通上述两个地方，是去尼塞布尔和大马士革的必经之路。人们说："摩苏尔之所以叫摩苏尔是因为它连接了阿拉伯半岛和伊拉克。"还有人说它连接了底格里斯河和幼发拉底河，还有人说它连接了辛贾尔城和哈迪斯城，更有人说它是由于住在那里的一个国王给这个区域命名为摩苏尔的。总的来说，摩苏尔是底格里斯河边的一座古城，它东面是尼尼微，摩苏尔城中有阿拉伯伊斯兰历史上优努斯先知的墓地。(《国家辞典》，第258页)。

④迪亚巴克尔(迪亚拉比阿)：它位于摩苏尔和莱尔斯艾因城之间，通往摩苏尔的比格阿、努赛宾、杜奈萨尔和哈布尔等所有这些城市，在这条路上也有很多其他城市和乡村，可能也包括迪亚伯克尔和迪亚巴克尔，它们都被称为迪亚巴克尔，因为它们都属于"巴克尔"，这个名字很古老，前伊斯兰时期就有阿拉伯人居住在那里了，阿拉伯半岛这个名字包括了所有这些地方。(《国家辞典》，第562页)。

· 49 ·

来到底格里斯河；还有从迪亚米苏尔、拉迦①、沙姆②、塞哈尔③、埃及和马格里布④来的阿拉伯人都乘船而来。其中还有来自伊斯法罕山和呼罗珊的民众，巴格达贮藏丰富的宝藏，前人都有发现这块宝地，他们在这里建造房屋，安居乐业，子孙后代也世代居住在巴格达，巴格达从而成为一座人丁兴旺的城市。在那之后，人们又建造了其他四座城市，以及一座附属城市⑤，但并没有为之命名，之后又建立了马拉蒂亚·摩普绥提亚，在信

---

①拉迦：它原本是河谷的土地，延伸到有水的地带，它周围都是浅滩，据说浅滩就是有柔软泥土的土地，还说浅滩是没有沙子的松软土地。拉迦是位于幼发拉底河边的名城，在它与哈兰之间有三天的路程，它也是半岛国家屈指可数的城市，因为它位于幼发拉底河东边，又被称为"白色的拉迦"。（《国家辞典》，第67页）。

②沙姆：第一种写法الشام中第一个字母标开口符الهمزة也读开口，第二种写法الشام也可以，没有الهمزة，这是语言学家规定的，它可阴可阳。据说，它之所以被称为"沙姆"是由于那里村庄很多，村庄鳞次栉比地排列如同一颗颗的黑痣散布，被称为الشام，还有一种说法是它之所以被称作"沙姆"是由于卡恩阿·伊本·哈姆的部落民众出走时迷路了，他们很绝望，所以就选择一路向北，所以"沙姆"因此得名。还有传说是"沙姆"是以伊本·努哈的名字而命名的，这是因为他是第一个来到沙姆的人，把السين改成الشين发音，为了要改变原本的外域音调。（《国家辞典》，第353页）。

③塞哈尔：即关口，隘口之意，所有距离敌方土地近的地点都被称作"塞哈尔"，这似乎取自单词"الثغرة"，指围墙的豁口，它在很多地方都存在，有沙姆的赛哈尔，它的复数是ثغور，这个名字所指的地区包含很多国家。（《国家辞典》，第93页）。

④马格里布：与"东方"意思相反，是一个面积辽阔的国家，有人说："它的边界城市是米利亚诺，是最北的非洲边界，抵苏士山，在这山之后就是地中海，跨过地中海就进入安达卢西亚半岛，如果向北行进，那么马格里布就是距北最近的地方，陆上距离约为两个月的脚力"。（《国家辞典》，第188页）。

⑤附属城：它的建造与拉迦有关，它们都在幼发拉底河岸，两城之间间隔220米，在附属城有两个城墙，所以两城是相互分离的，它在和平之城的范围内，在它和拉迦城之间有郊区，郊区里有集市。（《国家辞典》，第17页）。

德省建立了曼苏尔城①,吸引了很多工程师、建筑师、农业者、测量员和划分土地之人,而后,这些城市与巴格达相融合,形成了现在恢宏的巴格达城。建造工人、木匠、铁匠、挖掘工都聚在这里,与其他工人一起工作;数以千计的各行各业的人都来到这里赚钱谋生,当时的巴格达②在世界各地都闻名遐迩。与此同时,人们还邀请了占卜师伊本·赛利亚选择了良辰吉日为城市奠基,并在奠基之前固定了基石。巴格达城的完整土坯是腕尺方形土坯,当时的一平方土坯是75厘米乘75厘米,其重量为200磅,被排列整齐的土坯长75厘米,宽37.5厘米,重量为100磅。城市中凿开水井、建水渠,从幼发拉底河支流库哈衣河引水作为灌溉水渠;此外,还被用作饮水、制土坯和泥,城市中建有四扇大门,即库法门、巴士拉门、呼罗珊门和沙姆门。每一扇门到另一扇门之间的距离有500腕尺,每一扇大门由两扇大铁门组成。门口有一群带着旗帜的骑士和持长矛的守卫,旗帜不偏倚,长矛不弯曲,它的墙由骨骼土坯制成,从这种土坯看不到我们所描述的数量和泥土的样子,墙的基本宽度为70腕

---

① 曼苏尔:它是النصر的被动名词,包含了几个地区,有:信德的曼苏尔,它树木茂盛,是一个很大的城市,资源丰富,有一个很大的清真寺,周围是高耸的围墙,还有一个从迈赫兰河发源的海湾。还据说曼苏尔一名来源于曼苏尔·伊本·贾穆胡尔·阿米尔·巴尼·艾米亚这个人。还有说法是曼苏尔得名于曼苏尔·伊本·贾穆胡尔·凯勒比这个人,他建造了曼苏尔城,所以以他名为城名,他后来因反对哈里发哈伦,所以移居到了信德。还有说法是曼苏尔之名得于欧麦尔·伊本·哈菲斯·哈兹拉麦迪·麦哈拉比这个人,他在阿巴斯王朝哈里发曼苏尔时期建造了这个城,所以取名曼苏尔城(今巴格达),迈赫兰河穿过曼苏尔城。人们都饮迈赫兰之水,人们说:"那里很热,而且有很多虫子"。(《国家辞典》,第244页)。

② 今巴格达城。

尺，之后再减少，它的最高处为25腕尺，高出的部分为60腕尺，橋的周围是城墙和分隔墙之间较宽的分割地带，为100腕尺，隔离带为骨骼堡垒，在它之上有圆形的部分，分隔墙外部还有由水泥和砖构成的柱子环绕，高大严密，战壕在柱子后面，里面流淌着库哈衣河水渠的水，战壕下面是大街，城市居民有四个拱形圆顶的骨制通道，每条通道的长度为80腕尺，都是用石膏和砖而砌成。当走进一条临近隔离带的通道时，会看到石头上的雕刻物欢迎人们的到来。骨骼围墙的两条通道也有两扇大铁门，大铁门只有人多时才被打开，四扇门都是如此。当从中庭城墙进去，走在庭院时，其中的窗口用石膏和砖砌成，太阳光能够照射到里面，但雨水无法渗入。

每一扇大门都有四扇小门，每一扇门都是城墙的城门，大的门上面有金色圆屋顶，圆屋顶四周有一些椅子，人们可以坐在这里休憩。登上这些圆屋顶，有些是用石膏和砖建造的，还有一些是用骨骼土坯建造的，他们也建造了圆形拱门，其中一些拱门高于其他的，圆形拱门是用来联系和防御的。

在里面有阶梯可以直接到达大门的圆屋顶，如果人们到庭院里，再到中庭时，还会看到用石膏和砖砌成的圆形拱门，从这扇门出去到最大的庭院里，同样还有四扇相同的窗，庭院中部被命名为金门的宫殿，宫殿的南部是清真寺，在宫殿周围没有建筑物，也没有私人院落和居民住所，只有沙姆大门方向搭建了给卫兵用的房屋和一个凉棚，它延伸到用石膏和砖砌成的柱子那儿，有警察常年坐在那儿值班。人们在这儿可以完成宗教礼仪。在庭院周围还有小孩、服务人员和仆人的住所，还有富人的家园、武器收藏地、书信办公厅、赏赐办公厅、防御办公厅、士兵办公厅、服务办公厅、公共厨房和经费办公厅，从一个窗口到另一个窗口都有小路和大道。

骑士带着旗帜入城,持矛者带着长矛打着旗帜入城,巴格达的城墙用坚固的土坯建造而成,当时只有在巴格达才有这种无比坚固且有韧性的城墙和泥土。

他们建造了九十腕尺的城墙,后来高度逐渐下降到二十五腕尺,它的高度连同阳台总共是六十腕尺那么高,城墙前面还有围绕着的宏伟的矮墙,城墙和矮墙间的距离是一百腕尺。

矮墙上有宏伟的岗楼,岗楼上有圆形的瞭望台,矮墙之外有锯齿状的土坯和岩石围绕,高耸排列,锯齿状的土坯后有壕沟,壕沟中有汲取自运河的水,运河的水主要来自凯尔哈巴河,壕沟之后就是繁华的街市了。

城门有四个走廊,所有走廊都宽大而悠长,每个走廊有八十腕尺,所有走廊都是用泥土和石膏而建造。

如果从矮墙上的一个走廊进入,就会呈现出一个布满岩石的空地,然后是高墙上的走廊,走廊上有两扇宏伟的铁门,两扇门不全关,但只有在大人物的车队到来时才会全部敞开,四个门都是如此。从一个高墙的走廊进入,先是一片空地,是通向用泥土和石膏构成的通道,通道上有很多缺口和空隙用来采光,但是雨水却无法落进。在那里还有门房伙计的居室,四个门中每扇门都有通道,城中高墙上的每扇门都有坚固的、镶金的顶盖,在它周围是厅堂,可以从高处俯视着下面发生的一切,还可以登上这些相互连接的穹顶,这些穹顶有的是用泥土和石膏建造,有的是用土坯建造的。有的走廊很深很长,有的一个高于另一个,在走廊内设有驻扎台和瞭望塔,上面有升往穹顶的升降梯,这些穹顶是在雕有动物的城墙之上的,在升降梯上有关闭着的大门,要出去的人得从壁口出去就可到达一片空地，然后再进入一个深邃宏伟的走廊，这些走廊都是由泥土和石膏筑成的，在走廊的尽头有一扇铁门，人们可以穿过这扇铁门到达一片空地，城堡中共有四个类似的壁口。

在空地的中央有宫殿，宫殿的门被称为金门，宫殿旁有清真寺，再没有其他建筑或房屋。除了沙姆方向的瞭望塔之外，没有修建住宅。旁边还有巨大的凉亭，其柱子是用泥土和石膏建造而成，凉亭下有警察和守卫长驻守。

同时，哈里发曼苏尔的宅第坐落于此，家眷在此生活，附近有他们的仆人的住所和哈里发的国库，还有武器库、书隶府①、赏赐局②、盖印处③、

---

①通信部（书隶府）：这个部门始建于伊斯兰初期，穆罕默德曾经在这里与各个国王和辅士相联系，他们与穆罕默德相通信，穆罕默德写信给各地国王号召他们皈依伊斯兰教，他派遣了许多信使，这其中就派遣了欧麦尔·伊本·艾米亚·都穆尔到埃塞俄比亚国王努贾什那里，派阿卜杜拉·伊本·哈扎高到波斯国王凯斯拉·艾布维兹那里，派遣戴海尔·凯勒比到罗马国王海尔高利那里，派遣哈陶布·伊本·艾比·巴勒泰阿到埃及王玛古高斯那里，派遣塞利陶·伊本·欧麦尔到叶玛亚国王胡扎·伊本·阿里那里，派遣艾俩艾·伊本·哈达拉毛利亚到巴林国王蒙祖尔·伊本·塞维那里。据说，先知穆罕默德曾有三十多个书记官。当阿拔斯王朝在伊拉克建都时期，艾布·阿巴斯就任首位哈里发，任命艾布·苏勒曼·哈俩勒为大臣，在他之后历任哈里发都相继任命官员，所以通信部（又称书隶府）也被编入部门中，部长一边用笔贯彻哈里发的命令，纂写者一边审核这些命令条文。（《萨巴赫·艾阿莎》，第125－127页）。

②赏赐局：负责分发奖赏的部门，奖赏出自农业收成和财政收益，或者是在土地上所征收的税款和人丁税，这个部门类似于财政部。

③盖印处：有戳记就是某物被盖印的，盖印就是所有加盖封章的东西。这个部门专门负责通过所有需要哈里发同意的王室决议。（《卡米勒字典》，词条：严）。

第四章 雅古比《诸国志》撰写风格与国家、城市渊源新考

军部①、物资库②、侍从局③、总膳房、财务部、壁口④连着壁口，四通八达，通往城中的大路和小路，这些路都以将军、领主或居住者的名字命名。

从巴士拉门到库法门有不同的道路，作者在书中记载了这些道路的不同命名，如：警官路、海伊赛姆路、特百高路等，道路两旁有严整的建筑，高大的围墙，庄严而整肃，还有妇女路、赛尔贾斯路、侯赛因路、哈蒂亚路、阿拔斯路、哈兹万尼路、伊本·哈尼法路和德伊高路。

从巴士拉门到呼罗珊门还有守卫路、乃艾米路、苏莱曼路、拉比阿路、姆哈兰路和哈兰路、谢赫·伊本·阿米尔路、姆鲁鲁迪埃路、乌顿哈路、赛高伊尼路、伊本·百里哈·伊本·以萨·曼苏尔路、艾比·艾哈迈德路和窄巷。

从库法门到沙姆门有阿凯路、艾比·高尔路、阿布戴微路、赛米迪阿路、阿俩艾路、奈菲阿路、艾斯俩姆路和姆奈尔路。

还有一些道路是以街道居住中最有权利和地位的主人的名字来命名，正如从沙姆门到呼罗珊门有穆厄宰尼路、戴里姆路、伊斯尔路、高外里利路、哈克姆·伊本·优素福路、赛马阿路和索爱达路，这些路的主人是毛拉·艾比·贾法尔，如今被称为宰叶迪路，当时是以道路主人的名字而命名，还有哈兹万尼路。

---

①军部：这是信士的长官欧麦尔·伊本·哈陶比（真主喜悦他）在其任哈里发期间首创的。它专职于军队事物，负责他们的赏赐与义务。（《萨巴赫·艾阿莎》，第128页）。

②物资库：负责与所有国家物资和宫廷王室供给有关的部门。（《卡米勒字典》，词条:حوج）。

③侍从局：单数是مسح，可供主人打骂的奴隶，主人的财产。（《卡米勒字典》，词条:مسح）。

④壁口：单数是طاق，复数还有طيقا，它是建筑用词，它可以做成如拱门、窗户和其他类似的东西，该词源来自波斯语。（《卡米勒字典》，词条:طوق）。

这些路在壁口之间,壁口在城内和城墙内,在这些道路上,都有不同的集合点,每条道路两侧都有结实的大门,这些路不与哈里发宫室的城墙空地相连,因为空地上的城墙都是环绕道路而建。

城市的郊区被分割成四个部分,每一部分都有一位工程师,每位工程师都会收到定额的工资。人们还可以在郊区进行互市贸易。郊区的四分之一区间连通库法门和巴士拉门,还有穆哈瓦利门①与凯尔哈②,而穆塞布·伊本·祖海尔③,莱比尔·毛拉还有工程师欧麦尔·伊本·乌都海对这些地方的建设都有贡献。

鲁布阿位于库法门和沙姆门之间,是安巴尔路上的一条街道,毗邻哈拉巴·伊本·阿卜杜拉④郊区,该郊区的设计者是阿卜杜拉·伊本·姆赫莱兹工程师。

---

①穆哈瓦利门:明显是حو这一词的派生词,意为"把某物移到另一处",这一地方十分甜美可爱,有很多花园,水果丰盛,集市嘈杂,在它和巴格达之间水源充足。穆哈瓦利门在凯尔哈这一边是一个单独的大中转法尔萨赫,它首先就与凯尔哈相连接。(《国家辞典》,第79页)。

②凯尔哈:该词不是阿拉伯语词就是奈伯特语词,他们说:"我用牛羊把水挑到一个地方然后把水聚集在伊拉克的地方,这里的'凯尔哈'特指伊拉克的凯尔哈。"据说,当曼苏尔建立巴格达城时,他下令在每一个集市门口的城壁间设立集市。(《国家辞典》,第506-509页)。

③穆塞布·伊本·祖海尔:全名穆塞布·伊本·祖海尔·伊本·欧麦尔·都比,生于公元718年,又称艾布·穆斯林,是一位领导者,也是一个勇敢的人,曾在曼苏尔和麦哈迪的警局任职,巴格达的哈里发拉希德曾短暂地任命他为呼罗珊麦哈迪的总督。死于公元791年,葬在亚喀巴的山谷里。

④哈拉巴·伊本·阿卜杜拉:全名哈拉巴·伊本·阿卜杜拉·巴勒海·拉渥迪,是阿拔斯王朝最大的几位成功的领导者之一。曾任警局局长,后任摩苏尔警局局长,他从曼苏尔城调到摩苏尔主要是为了追杀土耳其人,死于公元764年,后来巴格达的哈拉巴区属于他的一个商法尔萨赫,他曾在摩苏尔的低地处建立官室。

第四章 雅古比《诸国志》撰写风格与国家、城市渊源新考

沙姆地区的沙姆街道接到底格里斯尽头的桥,从呼罗珊到底格里斯的这条街道再到巴格以有两个院落,是古特鲁·本·西夏姆和欧姆尔·泰格拉比所有。

庭院中的每家主人都很有能力,他们经常和他们的伙伴在一起,每个郊区都有市场和商店,随着商店的不断扩大,每个郊区形成了一个个集各类贸易为一体的综合市场,每个郊区都有其大街小巷,路间平整的房屋,每条小路或以房屋主人的名字而命名,或以住在此处睿智高贵的人的名字而命名,抑或是住在这个地方的村民族系的名字而命名,他们齐心协力把大街道的宽度扩大到五十腕尺,小路扩大到16腕尺宽,所有的小路上建造了足够多的市场、清真寺、公共浴室和商店。当时所有族长和军队的封地都给商人、老百姓以及本国人居住。

第一个与外界相沟通的人是阿布杜·瓦哈比·本·易卜拉欣·本·穆罕默德·本·阿里·本·阿巴斯①,也就是阿巴斯王朝的建立者,他面对库法方向,在能够倾听到幼发拉底的汩汩水声之地修建了个人的领地②,将其命名为阿布杜·瓦哈比集市,这里有花园和农场,该农场冬夏两季,收成从未间断,每年出产价值一亿迪尔汗的粮食,其规模曾让罗马国王臣服。

作者在书中还记载了有关库法的慈善机构,记述说这儿的慈善机构

---

① 阿布杜·瓦哈卜·本·易卜拉欣·本·穆罕默德·本·阿里·本·阿巴斯,建设阿巴斯的人,勇敢的王者,领导者,他的叔叔曼苏尔在伊历140年和他一起领导七万人到米勒忒亚去,,派遣他和哈桑·本·尕哈塔巴一起,罗马人很惧怕他俩,欧洲人毁坏了米勒忒亚,伊历146年开始去朝觐,于伊历151和152年征战沙伊法,于伊历157年逝于巴格达。

② 索拉河:是穆号瓦勒地区与巴格达的法拉撒赫之间尔萨河的一条河流,它有多条河流分支流向巴格达,经过了阿拔斯拱桥,然后经过萨比巴特拱桥,再流经新拱桥,最后汇入底格里斯河。(《国家辞典》,第453页)

反对贵族,并把库法区右边划分为城区,因此,它可以连接到巴士拉城区,直达装有大灯塔的清真寺。

艾资哈尔·本·扎海尔的家和花园靠近古卜拉,是在萨拉特河上。阿巴斯王朝第二任哈里发曼苏尔的支持者阿比·安巴尔的封地靠近萨哈比封地的河上,他们是古莱氏、安绥尔、赖比阿和也门阿拉伯部落人的后裔。

底格里斯河、幼发拉底的上游和下游的河流之间都有以石膏和坚实的砖制成的拱桥,据说它是当时最古老的拱桥,其构造很先进,从拱桥右边到古卜拉再到易斯哈格·本·尔撒·本·阿里的封地都是蜿蜒曲折的路线,大的街道都处在庭院和萨拉特河之间。

从尔撒·本·阿里①的封地到曼苏尔支持者阿布·撒里·夏米的封地,都是弯曲的拱门,马尔鲁法区与穆豪瓦勒区后期变成了哈米德·本·格哈塔巴·塔伊②的领地。

哈米德郊区的街道上有哈米德及其同族人的院子以及格哈塔巴·本·夏比布③同族人的住所,它连接着法拉希恩的封地,以鲁米伊那的院子

---

①尔撒·本·阿里·阿卜杜拉·本·阿巴斯·哈希米,阿巴斯王朝时的一位学者,巴格达尔撒河、尔撒宫殿、尔撒封地都归于他。于公元702年出生于麦地那,居住在巴格达直到公元780年逝世。他是苏法哈的叔叔。曼苏尔,曾是一位不理朝政的隐士,他也从来不管家务事。拉希德说:尔撒·本·阿里是我们的隐士和智者。

②哈米德·本·格哈塔巴·本·沙比卜·塔伊,勇敢的领导者,公元734年统治埃及,然后统治半岛,在公元739年攻占了阿尔米尼亚,公元743年攻占开普勒,之后成为呼罗珊的埃米尔,他在那儿定居,直到公元776年逝世。

③格哈塔巴·本·沙比卜·塔伊,有勇有谋的一位领导人,是呼罗珊优秀人物中挑选出来的12首领之一,他带领阿比·穆斯利姆军队,在事变中大获全胜,公元749年在一次事变后淹没在幼发拉底河。

命名。然后回到大街道即穆豪瓦勒区的街道,那儿有一个宏大的市场,里面有各类的商品每天都在被交易,它连接着一个古老的盆地,那儿居住着波斯人,然后继续走到了以库那撒①命名的地方,那儿有常见喂养家畜的地方,接着是以卡那撒命名的古老墓地,延伸到尔撒·本·阿里河流,这条河流源自幼发拉底和达把给河,鲁米伊那封地对面是卡尔哈巴河,河上有以鲁米伊那命名的拱桥和种植有枣椰树花园的房子,还有种植巴士拉枣并以巴拉萨②命名的地方。

作者在记述这一切时俨然是以一种身临其境主人翁的口吻进行讲述,对于所到之处及所见之物都娓娓道来。正如他在文中说到:"我们回到古老的拱桥,在通过拱桥之前可以俯瞰阿比·瓦拉达·库沙尔·本·叶马那的封地,还可以俯瞰市场,里面有剩下的商品和货物,该市场以阿比·瓦拉达命名,是一个小集市,该集市通往卡尔赫区,在阿比·瓦拉达·库沙尔·本·叶马封地的背面是哈比本·本·拉格巴尼·胡姆斯的封地,那儿有伊本·拉格巴尼清真寺和安巴尔伊尼·库塔卜·迪瓦尼·赫拉吉清真寺,在通过古老的拱桥前,正对库法区大街道的是法官迪瓦尼·赫拉吉的封地。

接着是拉巴瓦·卡尔马尼及其同族人的封地,直通到巴士拉区著名的麦地那区,它是萨拉特河和底格里斯河的掌管者,它对面是新的拱桥,上面有一个大市场,里面有各类商品进行交易,接着是以生产兵器而著名的瓦达哈郊区,那儿的市场里还有很多证券人员,同时也有上百家证券商店。

在巴格达西边有一个村落叫作沙尔吉亚,那里有东巴士拉区的东部清真寺,之所以叫它这个名字是因为它是曼苏尔城东部,而不是因为它在

---

① 库纳赛:是库法的一个地方。(《国家辞典》,第546页)。
② 布拉舍宫:这座宫殿位于巴格达。(《国家辞典》,第432页)

东边,该村落曾经很小,常被人们忽略,马哈迪清真寺建于此,之后成为巴格达的一个村落,它附近则是贾尔法·本·贾尔法·曼苏尔的住所。"

在就近城区封地、领地的描述之后,作者开始叙述主要街道,提及街道的商人、小贩兜售的主要商品,以及市场的主要情况等。在"闻名遐迩的主干街道上排列着各种各样的商店,商人与商人也不混杂,所兜售的商品种类独立,均不混杂,市场上的人们穿着没有混杂的纯色服饰,其中有阿拉伯人、军人、商人、达官贵人;市场上的手艺人的职业与其他产业的人也不混杂,市场上都是单独独立进行贸易的。""赖比阿封地①后面是商人和来自各个国家的混杂人居住的地方,每条路以其居住者主人的名字而命名。其中,卡拉赫是一个大的集贸市场,其物资来自从瓦达哈宫②,商品直接兜售到周三市场③。"在巴格达各阶层都有其特定的从业说明,相互之间不混杂,正如每个人都有一份与其他阶层的人不同的职业。

从库法区到沙姆区是苏莱曼·本·穆贾里德④的领地,但是他仅管辖该地区的四分之一,这儿还有瓦达哈和阿米尔·本·伊斯玛仪·穆萨拉的封地,接着是哈桑·本·格哈塔巴⑤的领地,哈桑及其家人的家位于

---

①赖比阿封地:曾是一个村庄的居民农场,分别由内部和外部封地组成,是赖比阿·本·尤努斯·哈吉卜·曼苏尔的封地。(《国家辞典》,第428页)。

②瓦达哈宫殿是巴格达附近的一个宫殿,瓦达哈·本·沙巴建造了该宫殿,他是哈里发曼苏尔的追随者之一。(《国家辞典》,第414页)

③周三市场:巴格达的一个市场,是卡勒瓦兹人建立的一个市场,哈里发曼苏尔规定每个月周三延长开放时间,所以命名为"周三市场"。(《国家辞典》,第322页)。

④苏莱曼·本·穆哈里德是哈里发曼苏尔的支持者之一。(《国家辞典》,第29页)。

⑤哈桑·本·格哈塔巴·塔伊生于公元716年,阿巴斯王朝初期一位英勇无畏的领导者,公元797年逝于巴格达。

第四章 雅古比《诸国志》撰写风格与国家、城市渊源新考

以哈桑命名的小路上的一条街道,再接着是花剌子密领地①,其主人是哈里斯·本·拉格德·花剌子密。

哈里斯的封地在小路上,然后是法官鲁卡布的追随者的封地,紧接着是作家穆罕默德·本·阿卜杜拉·本·塔哈尔买的封地,它在阿格法斯小路上,然后是哈桑·本·贾尔法拉特的封地,他的领地在阿格法斯小路和格沙里那路的交会处。

延安巴里路的街道有很多封地,封地均以其主人的名字而命名,各个封地彼此相连成为一个整体,房屋、小路与大市场相连,封地之间可以进行买卖,有以库法命名的小路,还有阿拉伯将领的家园,如撒拉玛·本·萨姆阿尼·布哈里及其同族人的封地,布哈里清真寺和绿色灯塔也在那儿,哈立德·本·瓦利德②的封地,后来成为阿比·萨利德·叶海亚·本·阿布杜·拉赫玛尼的封地,他是拉希德③时代哈拉吉诗集的作者,以阿比·萨里哈闻名。

---

①属于花剌子密郊区:连接西部的古尔斯郊区,来自曼苏尔军队的花剌子密人曾住在那儿。(《国家辞典》,第28页)

②哈立德·本·瓦利德·本·穆格亚拉·玛赫祖米·古莱氏,英勇的阿拉伯将领,以演讲精湛和英勇善战而著名,曾是贾希利叶时期古莱氏部落贵族之一,后信奉伊斯兰教,亲临早期阿拉伯开拓战役,逝于叙利亚的胡姆斯,也有说逝于麦地那。

③拉希德:他是哈伦·本·穆罕默德(马赫迪)本·曼苏尔·阿巴斯,伊拉克第五任哈里发贾尔法的父亲,也是最著名的哈里发之一,出生于公元766年,他父亲是当地的埃米尔,也是呼罗珊区的埃米尔,成长于巴格达的哈拉法,他跟随父亲进攻罗马的君士坦丁堡,当时的女王伊里尼与他和解,用七万第纳尔赎身。拉希德不仅是哈里发,也是一位文学家、圣训学家和教法学家。他勇敢坚强,多次征战,被称作阿拔斯王朝的优秀王者之一,他坚决果断、尊贵慷慨、谦虚谨慎,他的宫门前常常聚满了学者、诗人和作家们,他的政权统治持续了23年多,于公元809年去世。

还有海萨姆·本·穆阿威叶①、穆萨·本·科尔白·塔密米②的封地,旁边是沙姆区著名的监狱及沙姆市场,这是一个很大的市场,里面的商品琳琅满目,商铺从南至北贯穿整个街道、小路,周围是庭院,在大道上延伸出长长的小径,每条小径都是属于住在路两侧的居民。在当时没有比巴格达的市场和小路更宽广、更大、更多的道路。在巴格达的民众有卜勒赫人、玛鲁人、胡特人、布哈林人、阿斯比沙卜人、伊什塔汗及人、卡卜勒夏人③、花剌子模④人以及来自每个地方的人。在底格里斯桥上都有联排的市场,其后面有奴隶所⑤,奴隶艾布·贾法尔就是当时被卖来的奴隶之一,也是他的主人一生中最信任的人之一。再往后是凯拉麦尼指挥官布载尼·本·哈立德·凯拉麦尼然后是苏阿白的封地和哈莱高·苏阿白

---

①海萨姆·本·穆阿威叶·阿塔克:阿巴斯王国的长官,原籍呼罗珊,曾住在塔伊法和麦加,曼苏尔哈里发时期被任命掌管巴士拉,后派去巴格达,当他抵达巴格达后于公元772年去世。

②穆萨·本·科尔白·本·埃伊那·塔密米,各大将领的统帅,一位建立阿巴斯王朝时哈里发的大将,协助阿巴斯摧毁伍麦叶政权的重要人物。后追随哈里发曼苏尔,管理印度和埃及,公元758年逝世。

③卡卜勒夏:古代时指坐落于印度和萨吉斯坦边境之间的族群,他们享受阿巴斯哈里发的礼遇,当时的土耳其人创造了与其相似的服饰和口音。有人说是指一个在印度和古兹那之间有着大片草原的地方;也有人说它是塔哈拉斯坦的一个山口,由伊扎尼、胡瓦什、胡沙克、吉萨哈等城市组成;还有人说:卡布勒有四弦琴、有椰子、藏红花,它与印度接壤,后来阿拉伯穆斯林在麦尔万建立时期征服了它。(《国家辞典》,第483页。)

④花剌子模:花剌子模不是城市的名字而是地区的总称,之所以这样命名是因为"肉"这个词在花剌子模语里是خوار,"柴火"在花剌子模语里是رزم,于是花剌子模就减少了一个重复的ا成了خوارزم。

⑤奴隶所:位于巴格达连接塔西里后宫的一个地方,在西边,属于奴隶居住,同时也叫它奴隶大街。

的住所,再后面是麦哈尼·苏姆阿尼和他主人的家。然后是艾布·阿萨德·本·买拉宰白尼·法拉耶比长官和他主人,以及艾麦德主人的封地,最后就到了桥的终点。

从呼罗珊区的公馆到底格里斯河桥的后面被命名为永生城①,里面有村落和水道,后来,艾布·贾法尔成为领袖后在底格里斯河上修建了自己的宫殿。曼苏尔曾在西面建造了城市,建造完工后,曼苏尔命令他的儿子马赫迪在东边驻扎,其目的是使之成为一个军营,后来因迁移来的居民越来越多,人们都进入这里并定居下来,于是这里就成了曼苏尔城(巴格达城)的一部分,在当时被命名为利萨法,在巴格达城的东边,修建有桥、警察局以及不同的商店。这里的第一个封地是苏莱曼·本·艾比·贾法尔的封地,那里的小路也被称作苏莱曼路,在苏莱曼封地的旁边是哈里发曼苏尔忠诚的指挥官萨利赫·本·阿米尔的封地。在萨利赫的封地后面是阿卜杜·马立克·本·亚齐德·贾拉贾尼的封地……作者在书中做了关于这些封地的主人的详细介绍,鉴于有些已无从考证,故在此就不一一列举。从上述的描述中,我们可以感受到作者在所经历的巴格达城的周围,详细叙述了城市内部居住者、居住者的领地以及其他的市场和商业贸易,呈现出当时巴格达城的繁荣与兴盛。在书中,作者统计了巴格达城里的小路和大路共有6000多条,除了之后增加的大概有3万个清真寺和1万个浴池,在之前的十年,水渠的源头是取自幼发拉底河的最下游的支流卡拉哈河,之前是采用上游的,后引入城市,在冬、夏两季的很多地方水流一直流动,从未中断,底格里斯河的另一个水渠也是这样,被称之为"达之赖河"。

卡莱哈的家在河流的一端,貌似与河流相连。塔比高·伊本·萨米

---

①永生城:巴格达底格里斯河畔的一个地方,哈里发曼苏尔在这里建造了宫殿,"永生城"这个地方之前是僧侣的修道院,曼苏尔选择这个地方来建设他的宫殿只因这个地方空气清新,而且能够俯视整个巴格达。

耶河①、伊萨·艾哲穆河发源于幼发拉底河,有很多来自沙姆地区运输面粉和货物的大船在此航行,埃及成为当时的一个重要港口,那里有日夜都不曾打烊的市场和商铺,于是水流从不间断,进入这些河道的井水是甘甜的,所有人都饮用这里的水。

周边的其他一些国家也需要这些水道,这些国家环绕在底格里斯河和幼发拉底河的四面八方,由于两河流域经常暴发洪水,周边的土壤变得肥沃,人们开始在此地种植了枣椰树。从巴格达的巴士拉移植枣椰树到库法和萨瓦得②,他们种下树木,树木长出丰硕的果实。在巴格达城的角角落落有很多花园,里面有充沛的水源,且水质清澈、甘甜,不同国家的人们都在这里做事,尤其是那些从事手工业的能手们辗转于各个国家和地区。

在每个地方的陵园都与乡村相,还有实体建筑。马赫迪·本·曼苏尔的宫殿在巴格达的东面,他在伊历143年开始建造它,马赫迪在利萨法的清真寺旁保留了他的宫殿,引尼哈拉瓦尼③河的水挖了一条河流,命名为玛德河,河水在宫殿的东边流淌。

除了西面的封地外,曼苏尔城的另一侧,曼苏尔把它作为封地给予了他的兄弟和将领们,在这一侧划分的封地被命名为马赫迪军事④驻地。

---

①塔比高河:地点在巴格达西部,其源头是卡拉哈河,最后注入伊萨河。

②萨瓦德:指的是伊拉克的一个村落,后消亡了,它和阿拉伯半岛接壤,阿拉伯半岛不种植谷物也没有树,如果走出这片土地发现有绿洲和树木的地方就被称为萨瓦德,如果你从很远的地方就能看到绿洲或树木,被称为绿洲萨瓦德或萨瓦德绿洲,所以称萨瓦德为"绿洲农作物和绿洲树木"。

③尼哈拉瓦尼:河流的名称,这条河流在巴格达,其上游从东边开始和巴格达以及其他的中部国家相连。(《国家辞典》,第385页)

④马赫迪军区:是巴格达利萨法东侧的著名营地,哈里发曼苏尔于公元770年在利萨法东面建造的,利萨法因为马赫迪军区而出名,是由于它开发了水利工程,为利萨法地区提供了灌溉水源。(《国家辞典》,第140页)

城市的另一侧同样也划分了封地，人们非常喜欢这个地方，大家都争相进入该地区，带来了金钱和礼物，因为这边的土地十分宽广，人们之前到西部的底格里斯河和幼发拉底河之间建造的一切都变成了市场和商铺，于是他们又开始在东边建造，修建了城市，规划和繁荣了该地区。

在该地区大多是哈里发奖赏给不同将领的封地，作者在书中做了详细的列举，鉴于大多数人的名字过于冗长，在此就不一一列举，只是列举具有代表性的几位封地的领袖。他们分别是：易司马仪·本·阿里·阿卜杜勒·本·阿巴斯·阿卜杜勒·马托尔利布、阿巴斯·本·穆罕默德·本·阿里·阿卜杜拉·本·阿巴斯·阿卜杜勒·马托尔利布、萨拉·本·阿卜杜拉·本·阿巴斯·阿卜杜勒·马托尔利布和高塞姆·本·阿巴斯（阿卜杜）·本·阿巴斯·阿卜杜勒·马托尔利布①的封地，还有官员艾比·贾法尔、莱比艾的封地，他的封地在卡莱哈方向嘈杂的市场那边，和马赫迪的封地是隔开的。旁边是安道尔·本·莱比艾的宫殿、广场和不同族人如哲百利·本·叶海亚·白哈利、阿萨德·本·阿卜杜勒·哈赛阿、马立克·本·何塞姆·哈赛阿②、赛里姆·本·高太白·白哈利等人的封地。各封地和市场③相连，这个市场是一个宽阔的大市场，其旁边是马哈迪的

---

①高塞姆·本·阿巴斯（阿卜杜）·本·阿巴斯·阿卜杜勒·马托尔利布王子，哈里发曼苏尔任命他为叶玛麦的执政者，他在那里执政后又接管了马赫迪，记录了他在马赫迪免职的情况。

②马立克·本·何塞姆·哈赛阿：阿巴斯王朝的上尉之一。

③阿托舍市场：是巴格达东部最大的营地，因在利萨法和穆艾来河之间，被命名为"灌溉"市场，第一个阿托舍市场和小市场连在一起，马哈迪的住宅和封地都在这里，现在都已成了废墟。（《国家辞典》，第322页）

执政者阿莱·哈迪姆的封地,然后是亚齐德·曼苏尔·赫米拉①的封地,还有扎伊德·本·曼苏尔·哈莱斯和艾比·阿卜杜·穆阿维叶·本·贝拉马克·拜莱哈的封地,在柏拉黛尼拱门②那里,还有阿麦立·本·麦蒙和赛比特·本·穆萨·凯提布的封地;在库法的外围,越过幼发拉底河便是阿卜杜勒·本·扎伊德·本·艾比·莱依拉·哈赛艾米的封地,远方还有希贾兹、毛绥里、阿拉伯半岛、亚美尼亚和阿塞拜疆。在此,作者如同一位导游,将自己所看到的场景一一介绍出来,继续又提到了近十五位地区长官的封地,封地与封地相互连成一片,各封地上都有商人从事不同的商业贸易活动,繁荣鼎盛,使得整个城市显得更加富有生机与活力。

在桥头还有大市场,同样也聚集了各种各样的贸易、商品和产品,桥的东侧左右两边都有各种种类的产品。东侧的道路属于马赫迪军区,被划分成5个区域,直路通利萨法,其中有马赫迪宫殿和清真寺,市场两边的道路树木翠绿,人们有时会在树下讲很多关于中国③的趣闻,从这儿出来就到了法德勒·本·拉比亚的居所,道路的左边是柏拉蒂尼门,有哈立德·本·贝拉马克④和他儿子的家,桥上的道路从哈兹姆家到著名的叶

---

①亚齐德·本·曼苏尔·本·阿卜杜勒·本·亚齐德·沙哈拉·本·马苏白,是建设阿巴斯王朝的先辈之一,公元769年哈里发曼苏尔任命他为巴士拉的长官,公元773年任命为也门的长官,780年担任库法的长官,公元781年在巴士拉去世。

②柏拉黛尼拱门:巴格达的营地,很多有知识的人在此居住。(《国家辞典》,第459页)

③中国:东部海域的国家,偏南,北边是土耳其,伊本·凯莱布提到的东方国家之一。(《国家辞典》,第500页)

④哈立德·本·贝拉马克·哈马斯·本·叶斯泰弗出生于公元709年,在呼罗珊的高赫塔布·本·沙比比军营担任给士兵划分战利品的工作,公元870年去世。据说:他是贵族中富有智慧的人,马斯欧迪说:"在出生、品质、思想、勇猛和清廉方面没有任何人能够与哈立德匹敌。"

海亚·本·沃立德市场,到著名的宅院①,以及可以到北部②著名的巴格达门,跨越第一座桥就来到了西侧的底格里斯河上,到达了穆高来门和穆哈拉马尼(地名),这是连在一起的,这两侧以前是最宽广的,现在在西侧已有很多市场和食品兜售店铺。

哈里发马赫迪在巴格达登上了哈里发的宝座,穆萨·哈迪③、哈伦·拉希德、麦蒙④、穆阿台绥姆⑤也在此即位,这里起初有四千条大路和小路,后来增建到一万多条道路。

---

①宅院:指的是在萨马腊和提克里特之间的提克里特宅院和阿拉拜尼宅院,是著名的艾尼·迪那·叶海亚·本·哈比拉部长的庭院,里面有清真寺、讲坛和灯塔,它和巴格达之间的距离有5法尔萨赫。(《国家辞典》,第547页)

②北部:属于北部拿撒勒,它北部的城市和罗马毗邻,其中有山羊国艾比·侯赛因·艾哈迈德·本·白沃哈的庭院,其价值在当时达到了1300万迪尔汗,还残留着其遗迹。

③穆萨·哈迪·本·穆罕默德·马赫迪·本·艾比·贾法尔·曼苏尔,阿巴斯王国的哈里发,公元761年出生于于璃耶,在他父亲去世后掌权,在位时间短,仅担任了一年零三个月的哈里发职位。穆萨勇敢、品质优秀、擅长诗歌。

④麦蒙·阿巴斯:他是阿卜杜勒·哈伦·拉希德·本·穆罕默德·马赫迪·本·艾比·贾法尔·曼苏尔,艾布·阿巴斯,生于公元786年,公元833年去世。他能言善辩,学识渊博,是阿巴斯王朝第七任哈里发,也是王朝最伟大的哈里发之一,在他执政时期建立了智慧宫,他推介了历史学家伊本·戴赫尔的科学、语法和语言知识,完成了祖父曼苏尔的工作,命人翻译了科学、哲学类的书籍,曾给罗马国王赠送礼物以换取哲学类书籍,他得到了柏拉图、亚里士多德、希波克拉底、盖伦、欧几里得、托勒密等人的书籍,挑选了翻译者进行翻译,并鼓励人们去阅读这些书。

⑤穆阿台绥姆·阿巴斯:他是穆罕默德·本·哈伦·拉希德·本·马赫迪·本·曼苏尔,艾布·伊斯哈格,穆阿台绥姆·安拉·阿巴斯,生于公元895年,于伊历218年继任哈里发职位,他哥哥麦蒙去世后继任哈里发,在职时间为2年零八个月,他有八个儿子两个女儿,公元841年在萨马腊去世,年仅48岁。

在巴格达即位的哈里发有七位,他们分别是:麦哈迪、穆萨·哈迪、哈伦·拉希德、穆罕默德·艾敏①、阿布杜·麦蒙、穆阿泰苏。他们中除了穆罕默德·艾敏·本·哈鲁那·拉希德以外,没有一个人在巴格达逝世,而拉希德则是在塔哈伦公园的仓库门外被杀。

作者在这里提到的巴格达的封地、街道、小路、大路都是在曼苏尔统治时期划分的,后来这里发生了改变,前人们一族又一族、一代又一代的在巴格达生活又离世,身边的居民换了一茬又一茬,君主死去,新的哈里发又建立起了宅邸,一些地方的建筑开始发生变化。在伊历123年,有头有脸的长官跟随穆阿泰苏迁移到了苏剌,随后与他们联络占领瓦西格②和穆泰瓦凯勒③的统治,他并没有破坏巴格达,也没有减少城里的市场数量,他把巴格达与苏剌之间的建筑、居民住宅以及海陆相互连接起来,将所有的城市的建设都分布在底格里斯河和底格里斯河的两岸。

作者在作品的前半部分已将巴格达城做了详细的介绍,我们看到作者雅古比眼中的巴格达及其初始状态,同样也看到了艾布·杰阿法·曼苏尔建设巴格达城的那段时期,描述了巴格达是怎样被建设起来的,分类了巴格达的封地、居民的畜棚、田地、集市、城里的小路、大路以及底格里

---

①穆罕默德·艾敏:阿巴斯王朝的哈里发之一,公元787年出生于巴格达。

②瓦希格:他是哈伦·瓦希格拉·本·穆罕默德·穆阿泰苏拉·本·哈伦·拉希德·阿巴斯,杰阿法的父亲,是阿巴斯王朝的哈里发之一,公元815年出生于巴格达,公元847年去世,其哈里发生涯持续了五年零九天。

③穆泰瓦凯勒:他是杰阿法·本·穆罕默德·穆泰瓦凯勒·阿里·拉本·穆罕默德·穆阿泰苏拉·本·哈伦·拉希德·艾布·法多利,阿巴斯王朝的哈里发,公元821年出生于巴格达,公元861年去世,在他统治时期发生了许多次地震,许多东西被毁坏,当时他穿着玫瑰花般红色的衣衫,床铺也是红色的,他的宝座上也被放有玫瑰花,他说:我是众王之王,玫瑰花是植物之王,我们是同伴中的佼佼者。

斯河西边的小路,他的城市边缘和旁边的格鲁吉亚。

巴格达东边则是里苏法城的边缘,这个城市也被命名为军人的摇篮,作者在此记载了有关苏剌城的状况,该城市是哈里发哈希姆建立的第三座哈里发之城。

三、雅古比眼中的苏剌城(详细梳理城市建设者)

作者在书中记载了苏剌城是阿巴斯王朝八位哈里发曾经居住之地,哈里发穆阿泰苏是这里的创始人,他建造了这座城市。此外,哈里发瓦西格、哈伦·本·穆阿泰苏、穆泰瓦凯勒·杰阿法·本·穆阿泰苏①、穆泰苏尔·穆罕默德·本穆泰瓦凯勒和穆斯塔伊努·艾哈迈德·本·穆罕默德·穆阿泰苏、穆阿泰兹②·艾布·阿卜杜拉·穆泰瓦凯勒、穆哈塔迪③等哈里发都曾在这座城市居住过。据考证,苏剌城④早期是不毛之地,没

---

①穆泰苏尔:穆泰苏尔·阿巴斯他是穆罕默德·穆泰苏尔·本拉·本·杰阿法·穆泰瓦凯勒·阿里·拉本·穆阿泰苏,艾布·杰阿法,阿巴斯王朝的哈里发之一,公元738年出生于萨马尔,公元862年去世,他的哈里发任期是六个月零几天。

②穆阿泰兹:他是穆罕默德·穆阿泰兹·本拉·本·杰阿法·穆泰瓦凯勒·阿里·拉本·穆阿泰苏,阿巴斯王朝的哈里发,他是穆泰苏尔拉的哥哥,公元846年他出生于萨马尔,他的哈里发生涯有三年六个月零十四天。

③穆哈塔迪:他是穆罕默德·本·哈伦瓦希格·本·穆罕默德·穆阿泰苏·本·哈伦·拉希德,他的父亲阿卜杜拉·穆哈塔迪·本拉·阿巴斯,是阿巴斯王朝的哈里发之一,公元837年出生,公元870年去世,他的统治时间是11个月零几天。

④秘密之地:是在巴格达和提克里蒂之间位于底格里斯河东岸已被毁灭的一座城市,这里的语言有长萨米尔语、短萨米尔语和一种本地语。当这座城市完整建好后,给它命名为有许多"秘密"之城,简称为"秘密之城",当被毁坏后,人们称之为"被毁之城",后被简称为萨马尔(《国家辞典》,第109页)

有什么建筑物,只有一个基督徒的修道院①,后来变成了为人所熟知的哈里发君王的宫殿,曾是阿巴斯王朝的国家金库。

在穆阿泰苏接任哈里发职位这一年,他离开了塔尔苏斯②前往巴格达,具体时间为公元843年,他来到麦蒙的宫殿,然后在巴格达的东部建了一所房子,并于公元843年搬进去居住,在公元844、845和846三年中一直住在这里,与他一起的还有土耳其人的先辈们,他们都非当地的阿拉伯人。

杰阿法·赫什凯告诉雅古比:在麦蒙统治时期,穆阿泰苏带着他到撒马尔罕,当时怒哈·本·埃塞德③购买了一些土耳其人,他曾想每年从购买的人中分给他一部分,最终埃塞德帮助他召集了3000位年轻士兵。

当哈里发赋予他职位时,他买了一些在巴格达的奴隶,他们中有艾沙那斯④和迪马士格的奴隶,该奴隶曾是伦那伊提斯·法多利·本·赛哈伦⑤的奴隶。这些土耳其人都是非本国人,当他们骑着坐骑奔跑时

---

①大臣艾哈迈德·本·哈立德·凯特布用了五千迪尔汗把基督教的修道院买下来送给穆阿泰苏。

②塔尔苏斯:是一个罗马的外来词,是قربوس形式的,因为该词是فعلو词型,只有在读诗歌时将读لال静音,没有语言结构,该城是苏莱曼最发达的城市,是拉希德家族一百九十多年的骄傲,位于安塔卡、哈勒比、罗马之间的布斯欧尔沙姆城,哈里发麦蒙·阿卜杜拉·本·哈伦·拉希德的陵墓。(《国家辞典》,第31页)

③怒哈·本埃塞德·萨马尼,撒马尔罕的主人,公元795年阿巴斯王朝麦蒙统治时期他被委任,之后他在一次参观呼罗珊的途中结交了麦蒙,并与他一同返回巴格达,公元828年麦蒙委任他管理河周边地区,随后他修建了塔哈尔,定居在这里直到公元860年去世,接任他的是其弟弟艾哈迈德·本·埃塞德。

④艾沙那斯:哈里发穆阿泰苏时期一所宫殿的名称。(《国家辞典》,第196页)

⑤法多利·本·赛哈伦·萨尔赫斯公元771年出生于呼罗珊,公元818年去世。为人正直果决有担当,阿巴斯王朝的奠基人之一,哈里发麦蒙的首相,少年时期就开始追随麦蒙直到去世。

撞到了其他人,或与当地人发生纠纷、打伤其中的一些人,解决类似问题的重任就落在了穆阿泰苏的身上。当时巴格达因为穆阿泰苏的驻扎而很拥挤,成队成群的小孩、文盲、弱者因为马蹄的践踏而死亡,许多人聚集在穆阿泰苏家门口,要求他带领军队离开这里,最终他下决心离开了巴格达,首先他来到了沙玛斯,这个地方曾经是哈里发麦蒙停留之地,他在这里居住过几个月,穆阿泰苏决心在巴格达外建设沙玛斯城。

公元846年,他在大臣法多利·本·穆尔瓦尼①的建议下离开了巴格达前往白尔达尼,他在白尔达尼居住了一段时间,给这里带来了建筑师,后来他又不满意这个地方,去了一个位于底格里斯河东岸叫巴哈姆沙②的地方,他筹划在底格里斯河畔建城,并要求在这个地方挖一条河流,让这条河可通向萨米附近的村庄③,他在这里住了一段时间,并把河流引向了格图勒④,这条河流改善了这些地方的环境,使得这些地方广为人知。后期人们又在城市的中央,在底格里斯河两边以及格图勒的周围开始了建设,规划了格图勒的市场,穆阿泰苏在这里也居住了一段时间,

---

①法多利·本·穆尔瓦尼·本·玛斯尔杰斯,公元786年出生,公元864年去世,哈里发穆阿泰苏时期的一位首相,他博闻强识,服务了多名哈里发。

②巴哈姆沙:是一个位于伊拉克艾瓦那和哈祖拉之间的村庄,哈里发拉希德在统治时期在这里曾居住了一段时间。(《国家辞典》,第375页)

③穆塔拉:是萨米尔附近的一个村子,有巴格达当地的公园。这座村庄建于麦蒙统治时期,一些外族人认为是因为这里有很多雨水,所以给他命名为المطيرة(《国家辞典》,第337页)

④格图勒:是القطل意为"切断",是河流的名字,就是说"这条河流是底格里斯河的一个分支,在萨米尔城被建成之前,哈里发拉希德是第一个挖掘了这条河的人,在河流河口上建了一座宫殿,其名为"艾布扎尼德",目的是灌溉更多土地,养活军队。(《国家辞典》,第337页)

一些人们也迁居到这里,格图勒的土地有很多岩石,建设起来多有困难,但人们不畏惧这些困难,一如既往的对此地进行修建,这就是后来的苏剌城。

据考证,当时穆阿泰苏骑着坐骑经过这一片荒漠时,发现这里荒无人烟,只有一座基督教的修道院,他停在修道院门口,询问修道院的修士,得知这个地方被叫作苏剌,它是在萨姆·本·努哈时始建的城市,在哈里发曼苏尔国王统治时期进行了一定的修缮。穆阿泰苏最终完整修建了这个城市,并住在这里,其后代也在此地定居,他还带来了穆罕默德·本·阿布杜·马利克·宰亚图①、伊本·艾比·戴瓦德、阿姆鲁·本·法尔吉、艾哈迈德·本·哈立德等他所熟悉的人,穆阿泰苏给了他们四千第纳尔,让他们从院子主人那儿买地,他们买了不同的地方,让建筑师挑选最好的位置来修建房屋,也为哈里发的宫殿选了位置。正如当时的建筑师们在那里修建了贾斯格②的亭子,阿姆鲁·本·法尔吉修建了广为人知的阿姆鲁宫,艾比·瓦宰尔在那里修建了著名的瓦宰尔宫。人们还在城市周围规划了清真寺和市场,拓宽了市场的宽度和区分度,市场上的每一种贸易和阿巴斯王朝社会中的群体一样都有各自具体的划分和归类。市场中的从业者也有具体的职业区别与分工,有建筑师、铁匠、木匠和其他手艺人,还有专门搬运麻栗树、木材和枣树干的劳动力,这些枣树干来自不同

---

①穆罕默德·本·阿布杜·马利克·本·阿巴尼·本·哈姆宰,艾布·杰阿法,被人熟知的名字是巴布尼·宰亚塔,语言学家和文学家,于公元789年出生在巴格达达斯卡拉的一个商人家庭,他出类拔萃,是哈里发穆阿泰苏的首相,穆阿泰苏曾赋予他国家重任。公元847年,他死于巴格达,在他的传记中写了很多他聪明睿智的事例。

②贾斯格:复数形式جواسق,是一所宫殿,最开始是一个波斯单词。

的地方,有来自巴士拉、安塔基①以及沙姆海岸的;还有搬运大理石和大理石石床的劳动力,这些大理石大多来自拉塔基亚②。土地也进行了划分,正如给当时的土耳其人也划分了土地,但除外族人法拉赫纳③人以外,阿拉伯人和其他族群均不混杂聚居。

艾沙那斯和他的朋友们在划分当时著名的卡拉赫市场时也把几个土耳其将领给包括进去了,并命人修建了清真寺和市场。赫格尼·阿尔图吉和他的将领也进行了规划,将贾斯格宫殿改为了赫格尼宫殿,他允许他的随从自由出入宫殿,但禁止他们和其他非阿拉伯族群混居。为此,他还规划了队列,建了一堵墙来隔开所有土耳其人,确定了土耳其人和其他非阿拉伯人的居住区域。在远离宽阔街道的悠长小路上还有宰哈姆市场,没有任何一个商人在他们的领地或居住区与其他非阿拉伯人混居生活。之后,他命令将领们买了女仆,并让他们和女仆结婚,同时也禁止他们与不纯正的阿拉伯人结婚或者联姻,也不与他们为邻,不允许和不纯正的阿拉伯人结交。

---

①安塔基:第一个建设安塔基的人是亚历山大之后的第三个国王安图赫斯,叶海亚·本·杰里尔·穆塔台比布·塔克里提道:第一个修建安塔基的人是安图赫斯,是在亚历山大死后六年修建的,但并没有修建完成,之后苏鲁格鲁斯修建完成,他是修建了拉塔基亚、哈勒布、里哈、安法米亚的人。在他的书中说:"在另外一个地方,国王安图赫尼亚修建了奥尔尼图斯城市的河流,命名为'安图尤赫亚';苏鲁格斯完成了对她的修建和装饰,给她命名为他儿子的名字'安图赫斯',这就是安塔基。"

②拉塔基亚:是一座位于沙姆海岸的城市,被认为是霍姆斯的杰作。阿拉伯史书称:这是一座古老的罗马城市,其中有很多古老的罗马建筑,是一个非常好的国家,其大地盛产稻谷,有英明的统治者,城防要塞与监督人的住处相连,并与城市西边的河流相连。(《国家辞典》,第6页)

③法拉赫纳:一股外族人,居住在缺少种植田地地区。

另外的一批人被分到了凯拉赫,也给他们修建了宅子,并分配给他们房屋和田地,在他们的住处附近修建有清真寺和盥洗室,每一块市场区域内有许多不同的商店、店铺和肉铺,这些人中也有一些富有的人。

苏勒城的中部曾是有木材的一座山,当时这个地方还十分荒芜,后在其周围修建了许多建筑,最后成了哈桑·本·萨哈林①的领地。

人们的住所延伸至苏剌城的四面八方,建筑物之间相连,从街道右边和街道左边的整条街道都是官宦们的封地,里面还有很多其他人的住处,人们居住的区域一左一右地分布在这条著名的萨利杰街道两边,该街道是苏剌城中最宏伟的一条街道,这条街道的尽头还有伊斯哈格·本·易卜拉欣②山谷,哈里发穆泰瓦凯勒在位统治时期修筑并扩建了这座山谷。

苏剌城是座悠闲安逸的城市,长期以来,这里都是一副欣欣向荣的景象。城市河边的建筑也越来越多,其旁边还有伊塔黑、阿莫尔、阿卜杜·迈莱齐、赛义夫、达里耶·希玛德和迈斯鲁莱等不同的村庄。在赛义夫和阿拉拜特·穆哈戴斯还有五个村庄,其相连的村庄还有七个。除此以外,还有庭院、花园和农作物等,整个一年的收益达到四十万第纳尔。

---

①哈桑·本·萨哈林·本·阿卜杜拉·萨拉赫斯,于公元782病逝于年出生,艾布·穆罕默德,阿巴斯王朝麦蒙的首相,是麦蒙时代的大将领,以聪明才智而出名,他富有文采,能言善辩,慷慨大方,是哈里发麦蒙妻子乌拉妮的父亲,麦蒙尊重他,赞扬他的德才,写诗赞誉他。公元851年于呼罗珊去世。

②伊斯哈格·本·易卜拉欣·本·麦蒙·塔米米,毛苏利,艾布·穆罕默德,伊本·那蒂姆,是最著名的哈里发之一,公元776年出生于巴格达,以歌喉而鹤立鸡群,同时也是一名语言学者、音乐家、文学家和诗人,其宗教知识丰富,善言辞和诗歌的诵读,诙谐幽默,知识渊博,公元850年患眼疾而致眼盲,拉希德、麦蒙以及阿巴斯的人们都为他感到遗憾。

四、详述城市内部状况——街道、封地与人口

在描写城市内部情况及其城市街道、封地所属以及人口状况时,雅古比好似游客行走在苏剌城最宽阔的街道两侧,他穿梭其中,宽的街道旁还有许多羊肠小道,其中一侧通往以艾布·艾哈迈德而闻名的街道,又被命名为艾布·艾哈迈德·莱西德街道,另一侧则通往底格里斯河附近,穿过几个封地可以到达这条大街上最大的土地税务机关,呼罗珊总督的封地也在这条大街上。

在这条街道上还有不同官宦的封地,在此作者一一做了介绍。正如雅古比记载说:"哈西姆·巴彦卓尔的封地,阿吉夫·安巴萨的封地,哈桑·阿里·麦蒙的封地,哈伦·奈伊姆的封地,西贾姆·阿里布的封地,西贾姆的封地都是哈里发个人的养马场,由西贾姆和他的兄弟亚古柏掌管。这里还有饲养场,居民住宅和奴隶商铺,但奴隶市场四周有分岔的石子路,旁边还有警察局和监狱,这条街的两边还有分散的市场,商品货物都放在居民家门口,人们唾手可得;而最大的市场里没有居民住宅,所有的商铺都是独立的,商人们也不与其他人来往;这里还有古老的清真寺,人们在聚礼日会聚集在这所清真寺里,但是清真寺有点小,居民较多,比较拥挤,后来便拆毁了它,在大街的另一侧建造了一所宽敞的清真寺。"(诸国志,第 32 页。)

作者还记述了在这条大街的另一边的封地、住宅和百货市场,市场里有从小麦、饮料铺(果实中提取的饮品)、肉铺和小市场,周边是相连的封地和庭院。接着是哈里发的宫门,进入后先是仓库,仓库分为私人仓库和公共仓库,然后是不同首领的封地,如迈斯鲁尔·塞玛乃·哈蒂姆的封地、呼罗珊人格尔哥斯·哈蒂姆的封地等。接着是呼罗珊总督的封地,他们是阿拉伯人,分别来自库姆(伊朗城市),伊斯法罕(伊朗城市),加兹温(伊朗城市),扎博勒(伊朗城市),阿塞拜疆(阿塞拜疆共和国)等地区,

朝南右侧是最大的土地税务机关。

这条街的封地很多,在羊肠小道的左右两侧,有些封地连接着花园门和哈里发宫。军队中的军人和佣工等人的封地一直延伸到易卜拉欣·利亚赫山谷。第四条大街是以土耳其街和古埃及法老街道而闻名,这两条街道都是独立的,它们隔街相望,但街道上的居民却互不往来。

土耳其人的住宅旁还有其他人的封地,这些封地的旁边是另一条大街,命名为迈忒莱大街,这条大街通往易卜拉欣·利亚赫山谷。还有另一条街道被命名为伊斯凯尔大街,这条街一直延伸到赛里赫·阿巴斯宫,并连通总督、书记官和长官等所有人的封地。

然后是伊斯凯尔街后的大街,被称作新希拉大街,街里有来自呼罗珊的人们。希拉大街周围聚集了人们的封地,底格里斯河上方的街道被称为赫里杰街道,那里有港口和船只,贸易多来自巴格达、瓦西特(伊拉克城市)、凯尔哈(伊拉克城市),剩下的多来自巴士拉、奥布莱、艾赫瓦兹,还有摩苏尔、巴尔巴亚和迪亚巴克尔等地。

整个城市街道的分布、市场的规划以及周边封地的布局在作者的眼中都是整齐划一的,店铺是错落有致,住宅布局相连。但作者在书中记述部分街道的名称和居住人种时,有时多用相对的话语来表达,并没有使用完全绝对或肯定的话语进行陈述,虽然作者详细记述了哈里发穆尔泰绥姆对于城市建设、人口数量的增长所做出的杰出贡献。但在说街道居民人种时则使用了"或"和"大概"等字眼,如:文中表达"这条街上的居民全是摩洛哥人,或部分是摩洛哥人的封地;"这个地方以艾兹莱赫闻名,一开始摩洛哥人打算建造"希尔敏莱伊"(古代巴格达首都的名称),后来人们对希尔敏莱伊进行了扩建,城市总面积比巴格达城更大,他们在这里建造了许多宽敞的住宅,所有人的生活饮用水则是由骡子和骆驼从底格里斯河运来,因为距离最近的井离他们也还是太远,且水质苦涩,因此就没有扩建到那里。

但是在底格里斯河附近有很多运输水的水袋,使得城市的水收益越来越高,水收益每年有一万一千个迪拉姆的进账。同样,因为还有来自摩苏尔和巴尔巴亚的粮船会来到这里,其余的商船也在底格里斯河上来回穿梭,从而使得其摆渡的价格很适中。

雅古比在论述当时的哈里发穆尔泰绥姆时提到了他并没有为城市建设制定相关计划,因此,在书中也只是将他对城市的建设做了些论述,正如他说:"穆尔泰绥姆将建设的重心放在底格里斯河东边一侧,他从希尔敏莱伊向底格里斯河西边一侧搭建桥,在那里建造了一些建筑、花园和庭院;再从底格里斯河那边挖了几条河流通道,每个总督府都建有一座建筑。他还从巴格达、巴士拉还有其他地方带来了椰枣树,从阿拉伯半岛、沙姆地区、加百利、伊朗、呼罗珊和其他国家带来了树苗,并将这些树木种植在这里,这些树木茂盛,水果香甜,青草蔬菜长势喜人,人们分工种植,有种香草的,有种蔬菜的,还有种枣的。"(诸国志,45页)

穆尔泰绥姆还从各个国家带来了工匠、建筑师、种地、种树的能手、水利工程师、测量师、设计师和地质学家;他还从埃及带来了造纸①工,从巴士拉带来了制造玻璃、瓷器和草席的工人;从库法带来了制作香油的工匠。同时,其他国家各行各业的人也都来到这里,他们和孩子们定居在苏剌城中,并获得封赏之地,从而使这个城市从不毛之地成了到处有很多不同手艺人的城市。

穆尔泰绥姆在城中命人修建了很多宫殿和花园,每一个花园里都有亭台楼阁、座椅、池塘和广场,宫殿建筑十分完善,人们争先恐后地渴望获

---

① 纸:复数是القراطيس,是当时的一种可以书写的纸张,主要指的是埃及的草纸。(《辞海》,词源:قرطس)

得离这些建筑近的封地,即使是干旱的土地也吸引他们愿意花费大量的钱财进行建设和修缮,穆尔泰绥姆于公元852年去世。此后,穆尔泰绥姆的儿子哈伦·瓦赛格哈里发接任,瓦赛格建造了以底格里斯河上游的以哈伦而闻名的宫殿,里面安置了许多座椅,东边和西边都有长椅。瓦赛格迁居至此地后,周围封地的人口也多了起来,人们都往这里迁移使得市场也增多了,码头即海上港口也变得更加开阔了,来自巴格达、瓦西特、巴士拉和摩苏尔的船只都停泊于此。

　　于是,在现有建筑设计的基础之上,人们在建筑花样方面不断推陈出新,在建造过程中随着建筑技术的不断掌握和增进,建筑师更是精益求精,这个地方变成了一座人口稠密的城市,在此之前,人们称这座城市为阿斯卡尔,此时以哈伦命名了。

　　公元857年,瓦赛格去世,哈里发朱阿法尔·穆泰瓦基勒①接任,他来到哈伦城,保留了所有的宫殿,留给他的儿子穆罕默德.蒙泰索尔②的是以朱赛宫而闻名的穆尔泰遂姆宫,他将迈忒莱留给他的儿子伊卜拉

---

①穆泰瓦基勒是阿巴斯王朝的哈里发,公元821年出生在巴格达。他慷慨大方,广受好评,个人爱好建筑,在巴格达修建一座建筑,并为该建筑花费了大量的钱财,修建后居住于此。除此之外,他还喜欢在玫瑰花开的季节穿红色的衣服,并要求家具也是红色,且只有在他的座椅周围才能看到玫瑰花,他曾说过这么一句话:我是王中之王,玫瑰之王,香草之王,我是第一个拥有它的人,他将哈里发的住所从巴格达迁移至大马士革,在此居住了两个月,由于不适应当地的气候,返回居住在萨米拉,公元861年被暗杀。

②蒙泰索尔:他是穆罕默德.蒙泰索尔.朱阿法尔.穆塔瓦基勒.穆尔泰绥姆.艾布.朱阿法尔,是阿巴斯王国的哈里发之一,于公元838年出生于萨米拉,在他统治时期,赋予奴仆权利,使得他们煽动蒙泰索尔废黜里穆尔泰齐和穆艾伊德这两位兄弟。他也是阿巴斯王朝第一位杀害自己父亲的人。据说:他死于医生带毒的手术刀,于公元862年于萨米拉去世,他任职哈里发只有6个月零几天。

辛·穆艾义德,把迈忒莱东后方名叫卡瓦拉的地方留给他的儿子穆尔泰齐①。

在此,作者如同游客,步行在城市的每条街道上,丈量着每条街道的长度,以及他所看到的每条街道上的店铺和居民,他在书中这样记述到:"从卡瓦拉到另一个叫杜拉的地方有4法尔萨赫(24.96公里)的距离,希拉街不断扩大,随后有了伊斯凯尔街和新街。在希拉街街口有一块宽广的地方修建了一座清真寺,其周围没有封地,市场和清真寺一直在不断完善和扩建中,清真寺里修建了喷泉,从伊卜拉辛·利亚赫的山谷到清真寺有三条宽敞的大街,每条大街都有很多店铺,其中有食品商铺、手工制品铺和杂货铺,每条街都有一百腕尺(58.83米)宽,以方便军队或大量的人在星期五方便来到清真寺而不使街道貌似太窄。三条大街的每条大街都有羊肠小道连接在一起,这些小道里有平民的封地和居民的住所。"(诸国志,第38-49页)

"市场里的商人中能工巧匠的数量不断增多,市场在清真寺的这条大街上,大街尽头是书记官奈贾海.赛莱迈的封地,清真寺附近还有另一位书记官艾哈迈德·伊斯莱勒的封地。穆塔瓦基勒决定建造另一座城市,并搬迁到那里,有了这个想法后,他便命令穆罕默德·穆萨·蒙杰姆和他手下的工程师们选取地段,他们选择好地段并将其命名为朱尔法拉耶。"

---

①穆尔太齐:是穆罕默德.穆尔太齐.朱阿法尔.穆塔瓦基勒.本穆尔泰绥姆,是阿巴斯王朝的一位哈里发,是蒙泰索尔的兄弟,于公元846年出生在萨米拉,他的父亲在公元849年将他定为王位继承人,将呼罗珊、塔巴里斯坦、黎夷、亚美尼亚、阿塞拜疆和波斯的核心地带作为封地封给他,并在每个地方为他增添了钱庄和税务所,并将他的名字刻在迪拉姆(货币)上。公元862年,哈里发穆斯泰伊努接任后,将穆尔太齐打入牢房,直到土耳其人发动革命后才被释放出来,他公元869年去世。

据部分资料考证显示,穆尔泰绥姆以前就有建造一座新城市的想法,在早期他就命人挖了一条河,并规划要用45年的时间建成。他从市中心挖掘的这条河流共花费150万第纳尔。当时,穆尔泰绥姆对此项规划进行了审核,在满意后就命令动工并开始挖河道,在这条河流的挖掘方面花费的钱财数目庞大,主要由于穆尔泰绥姆想将自己的宫殿建在朱尔法拉耶的地方,他的官员、书记官、军队、孩子们以及其他所有人都在这里有封地;街道也是从卡尔哈这个地方的艾士纳苏宫延伸出来的,后来成为了书记官法提赫·海盖尼的封地,与哈里发的宫殿有3个法尔萨赫(18.72公里)的距离。

哈里发宫殿后方有三道大门,波斯人拿着长矛从这进入,大街宽200腕尺(117.66米),其两侧是人们的封地,河流的两侧各有一条河流,这里的河水均来自一条开挖出的大河。在书中,雅古比并没有提到这些河流的名称,也没有更多的相关记述,只是故事性地叙述了所见所闻。由此可见,中世纪的地理学家在撰写地理方面的知识点时更多倾向于用文学语言进行论述,似在讲述故事,又好似游记似的论述,这一点在雅古比的作品中比较突出,正如他在记述个人的游历和经历时不仅能够做到描述细致,而且其语言文字细腻清晰,这在一些哈里发的故事中可窥见一斑。正如他叙述道:"宫殿盖起来了,房屋也增多了,建筑层出不穷,日新月异。穆塔瓦基勒将这座城市命名为朱尔法拉耶①,朱尔法拉耶和以杜拉闻名的地方相连,接着是卡拉赫,再次是希尔敏莱伊,一直延伸到他的儿子艾布·阿卜杜拉·穆尔泰齐住的地方,这些地方之间全是房屋建筑,没有其他空地和风景名胜,但有7个法尔萨赫(43.68公里)长,房屋建筑在一年内也多了很多。"(诸国志,第51页)

在穆尔泰齐勒的封地上四面八方都是市场,还修建了一个清真寺。

---

①朱尔法拉耶:在此指的是一座著名的大城市。(《地理词典》,第176页)

穆塔瓦基勒在公元872年1月1日搬迁到这座城市的宫殿里，在他执政期间，他还会为人们颁发很高的奖项和奖金。他非常高兴地说："我现在是君王，我要为自己建造一座城市，并住在那里，将税务部门、财务部门、土地部门、军队佣工部门、奴隶仆人管理部门、邮局和其他所有部门都迁过来。"但当时受地理状况影响，河流的挖掘异常困难，甚至在挖石头时都没法使用镐，当时河道里只有很小的一股水出来，但却无法疏通，为此，他也花费了将近一百万第纳尔。

穆塔瓦基勒在最宏伟的朱尔法拉耶宫殿住了9个月零3天，于公元872年10月3日不幸去世。其子穆罕默德·穆塔瓦基勒接任后，搬迁至希尔敏莱伊，人们又拆毁了住宅，将残砖碎瓦带到了希尔敏莱伊。

当人们带着残砖碎瓦搬迁至希尔敏莱伊后，原本的朱尔法拉耶宫殿、住宅以及市场在很短时间内被损毁，这个地方变回原本的荒凉与宁静，所有房屋都于顷刻间变成废墟，就如同从未有人居住过。

穆罕默德·穆尔泰绥姆在希尔敏莱伊住了2年8个月，因国家政局不稳，于公元876年1月迁至巴格达定居，在和穆尔泰齐人进行了整整一年的斗争后，穆尔泰齐和土耳其人，还有其他一些奴隶都居住在希尔敏莱伊，接着穆斯泰伊努退位，穆尔泰齐接任，他在这里居住三年零7个月后被刺杀。

穆罕默德穆赫泰迪本瓦塞格在公元880年7月接任哈里发，他在希尔敏莱伊的诸赛格居住了整整一年后被刺杀。艾哈迈德·穆尔泰米德①·穆塔

---

① 穆尔泰米德：是艾哈迈德·穆尔泰米德·穆塔瓦基勒·朱尔法拉·穆尔泰绥姆·艾布·阿巴斯，阿巴斯王朝的哈里发，于公元843年出生于萨米拉。他为人慷慨，理解力超凡，也是一名诗人，但在很多时候，人们提到他就会鄙视他，只因他执政期间频繁任命或免职，肆用奴仆，对政务放手不管，致使国库亏空，甚至需要300第纳尔时都没有办法拿出，最终还是其兄弟穆瓦法格出面控制局面，才让国家走上了正轨，后去世于巴格达，被运至萨米拉埋葬。

瓦基勒接任后,在希尔敏莱伊的诸赛格哈里发宫居住,随后迁移到了希尔敏莱伊的东侧,建造了一座很宏伟的宫殿,名叫迈舒格宫殿,他居住于此,直到政局动荡后搬迁至巴格达,后修建了马达茵城和希尔敏莱伊城,并在这两个城市先后居住了 55 年,在这段时间里共有八个哈里发在此去世,其中被杀害的有 5 位,他们分别是:穆尔泰绥姆,瓦塞格,蒙泰索尔,穆尔泰齐和穆赫泰迪。在其周边地区被杀害的有两个:穆塔瓦基勒和穆斯泰伊努,这个地区在之前的书中记载说是阿巴斯人建造的阜拉城①。

巴格达和希尔敏莱伊在作者的眼中曾是哈里发的住所,所以作者在最初就对这两个城市的状况做了一些描述。在这之后,作者又开始描述其他国家和地区,他将所有的国家和城市根据地球直径划分为四个区域即东风向区、西风向区、南风向区和北风向区,南风向区是老人星②上升的地方,而北风向区则是以北斗星座为准,被称为摩羯座。在作者看来,每个国家的一半或四分之一的地方都能成功看到完整的该星座或该星座的一部分。

---

①阜拉:意为脱轨,偏离,可命名"弯弓",也可指代巴格达的底格里斯河。阜拉城在巴格达的东侧,该名称的来源是因为这座城市的方向是偏离,弯曲的。有人说:阜拉城是艾布·朱尔法拉·曼苏尔的城市,在西边,也有人说:这座城市之所以被命名为这个名字,是因为建造这座城市的时候,使得它内侧的大门斜对着外侧大门。(《地理词典》,第三章,第 175 页)

②老人星:灿烂的星辰,在阿拉伯国家仲夏时节快要结束时出现。(《辞海》,词源:سهل)

第五章 《诸国志》中库法和巴士拉渊源记述与新考

第一节 《诸国志》中的库法

在本章中,我们着重探讨雅古比在《诸国志》中对库法、巴士拉、苏勒苏勒、塞米勒、希尔等城市或城镇及其人种、物产、风俗等方面的描述。当时,他通过个人的游历对这些城市和地区从个人的认识角度进行了相关的描述。

库法之所以命名为"库法",其意为"将沙子聚拢"或"以沙子围绕之地"。当时的库法在阿拉伯人眼中就是以"沙子而围成的地方"。雅古比提到波斯人在伊斯兰教出现之前处于混乱状态,伊斯兰出现以后,库法的混乱状态有所改变,而当时这种状态并没有被记载下来。在混乱的情况下,一些建立起来的村庄被当时的波斯人毁坏。据说第一个设计库法清真寺的人是苏阿德·本·阿布,也有人说是撒以布·伊本·艾格呐阿和阿布·黑亚寨·艾斯达瓦。库法在阿拉伯人的眼中展现的是不同的姿态,它之所以得到人们的青睐,是因为它位于平原之上,以其美景而著名。据说,现在库法所处的位置以前是苏里斯坦,其位置在巴士拉上面,与幼发拉底河相毗邻,所以库法的水清冽,果实甜美,当时有最宽广的土地和最多的道路。因此,库法人居住在一个水源充足,河流稳定的环境里,他们收获着成熟的果实。库法人来到位于幼发拉底河边和盐水河边的这片土地是由于它的土地不干涸。

　　如果将库法与巴士拉进行比较,更多的阿拉伯人认为巴士拉如同是一位头发斑白的老者,而库法则更像是一位纯洁且毫无雕饰的青年;也有人认为巴士拉和库法如同亲姊妹,其地域面积可以一直延伸到艾帝玛即毗邻阿拉伯半岛的欧卡兹。库法位于沙姆地区的南部,位于巴士拉的北部,是一个可以看得见的能够享有自由的地方,在库法的北部地区,有很丰富的生活资源,阿拉伯人在此地生活十分惬意。而在库法的南部则是常年微风徐徐,有玫瑰花、茉莉花等种类繁多的鲜花成长,库法真可谓是一个祥和宁静之地。

　　当哈立德·本·瓦力德扩展疆域之际,从沙姆地区到木德哈、胡斯德、毕什尔、古拉古拉和台德穆尔等地,当时沙姆地区的人进入巴士拉和大马士革等地,发生在哈里发艾布·白克尔时期的事情对该哈里发时期产生了影响,所有这些都是发生在人们来到库法之前,后来哈里发的疆域又拓展了,包括木塞里、艾宰比寨、突斯泰尔、麦塞白宰、拉麦亥尔、戈尔和迪诺,库法也有来自巴士拉的人,也有拉伊人、阿斯巴哈人以及来自塔米斯、纳米和塔里巴斯坦的人。在库法也有很多哈里发和国曾居住,包括阿里和胡斯尼,哈里发阿卜杜·麦里库、阿布·阿巴斯、阿布·扎阿发尔、马合帝和哈鲁纳·拉希德。在库法还约有八万多的伊拉克的工人。库法人更加风趣,巴士拉则更博学。

　　对于库法的产生,作者认为有三个原因,即:幼发拉底河的水、马沙尔温和的气候,还有居住在此地的艾米尔·木·艾麦努。据说库法有很多慷慨且学识渊博的人,作者在书中列举了一些这样的人,但据考证,这些人中较为著名的主要有:合莱勒·本·欧泰布·阿斯玛乌·本·合尔寨、艾卡里木·本·卜阿里·非雅德和欧麦尔·本·穆罕默德·本·哈木宰等。最有担当的人是伊雅斯·本·嘎太达;最慷慨的人是塔里哈·本·阿卜杜拉·哈勒法,最勇敢的人是欧巴德·本·胡斯尼和哈里什;最虔诚的人是阿米尔·本阿卜杜·盖斯。也有人说库法最勇敢的人是阿什泰勒,最慷慨的人是哈立德·本·欧泰百,最有担当的人是阿克尔木·费雅德,最虔诚的人是欧麦尔·本·欧特百·本·费尔戈德。总的来说,作者认为内贾兹的人是知识渊博的,沙姆地区的人比较顺从,而库法人是比较慷慨的。

在《诸国志》中散见着有关阿拉伯人对库法的不同描述,除了上述作者就库法的天气、人种和人们的习性所做的大致介绍,读者通过阅读书籍能够较为清晰地了解库法的渊源、当时的人种和人性特征。其他的内容在书中的论述都较为分散,这也符合阿拉伯人写作的特点,初读时给人以凌乱之感,描述过程散杂且啰嗦,但整体读完也不乏一定的条理性,能够给读者展现出作者眼中中世纪时期库法的大致状况。

第二节 《诸国志》中的巴士拉

《诸国志》中除了对库法的介绍以外,还记述了巴士拉的一些情况,作者认为巴士拉的渊源在于该地有很多鹅卵石,其鹅卵石如同鸡蛋大小。由于巴士拉位于底格里斯河四个分支的附近,就有了海湾之水流经之后的繁茂丛林。巴士拉森林里的土壤非常肥沃,当时迁居到此地的人们带来了椰枣和水稻的种子。最初,当地人听信谗言,只选择吃椰枣。但后来看到波斯人带来了大米并食用它,于是争相开始品尝大米,吃了后发现它非常美味,于是把它也当作了战利品。作者还提到第一位来到巴士拉的人是哈里发阿卜杜·拉赫曼,在开疆拓土的过程中,巴士拉成为阿拉伯哈里发征服的土地。公元800年,巴士拉走向辉煌,在此地建造了清真寺、宫殿以及其他办公地,还有监狱和洗手间。当哈里发艾布穆萨掌权时,他夷平了宫殿,用土坯建造了清真寺,用砖和石膏建造了王宫。书中记载了巴士拉建成于公元642年,早于库法六个月,库法于公元643年建立。同样,书中还记载了浴池起源于哈里发拉希德时代,还提到了艾布·白克尔是第一个在巴士拉种植椰枣树的人;巴士拉的第一个浴池被称作哈里发奥斯曼浴池,浴池所在地曾是哈里发穆阿维叶·本·苏富扬的花园;而第二个浴池是扎耶德的浴池,第三个则是艾布·白克尔的浴池。

在阅读阿拉伯历史不同方面的书籍时会看到,阿拉伯人始终以巴士拉为骄傲,因为当时的巴士拉人在描述他们的家乡时都会引以为傲地说,他们是依靠鲜美的鲤鱼和温顺的羚羊来填饱肚子的。巴士拉的民众最有气节,是最坚不可摧的民众,他们有很多的丝绸、牲畜,有成片的椰枣树林和奔腾不息的河流,这个地方有着数不清的珍珠和最美的景色,各个家庭都弥足珍贵,所有的这些都是巴士拉人民骄傲的根源,类似的介绍在《诸国志》中也能读到。这些足以证明巴士拉一直受到阿拉伯人的礼遇,是他们引以为傲的一座城市。

在作者看来巴士拉①曾是一个世界性的城市,这里的矿产贸易和金融交易发达。此城的形状为长方形,其土地面积最早是由哈里发欧麦尔于伊历十六年占领时所划定的,在巴士拉的北方有河流,其中一条被称作

---

①巴士拉:巴士拉一词在阿拉伯语中有"粗糙土地"的含义,因为在那里有许多被动物足蹄所碾碎的石块;也有人说,巴士拉,指质地较软,内里为白色的石头。贾希兹认为,在巴士拉有其他任何地方都没有的奇特之处,这里的潮汐涨落次数在任何时节都始终如一,充分满足了人们的需要;直到每一次落潮消失为止,潮汐的涨落都从不会减慢,海水的退去不会使它消失,干旱缺水的气候也不会使它延迟,它依据自己的一套体系涨落,有固定的界限和一定的时间规律,月亮升起和落下时,便会涨潮,对于生活在海边的人来说,根据月亮的形状和每月的日期,便可以知道潮汐涨落的时间,这真是一件令人赞叹和值得一说的奇事。(《国家辞典(第1册)》,第520页)

伊本·欧麦尔河;在胡拉希纳①,有五百名波斯人,在塞琉西亚②也有五百名波斯人,在色雷斯,有五千名波斯人,在马其顿,则有三千名波斯人,在罗马帝国的军队中则有四万名波斯人士兵,作为预备兵守卫村庄,其中并没有雇佣兵,他们驻守于各地,在战争时期则会被派出。

虽然如此,但对于此时的巴士拉人,阿拉伯人还是颇有微词,雅古比在书中也做了些记述,以证明当时阿拉伯人眼中的巴士拉人和库法人各有千秋,各有优劣。当藉由法尔萨赫从历史的角度去看待中世纪的阿拉伯人时,我们看到的更多是当时他们的辉煌,正如很多书中均记载了中世纪阿巴斯王朝在人文学科和自然学科方面的长足进步与发展,譬如在语法学方面因百家争鸣,各有观点而形成了以库法学派和巴士拉学派为主的著名的语法学派。双方的学者经常就一个问题进行辩论以确定哪方的观点更具有说服力,更为正确。正如哈里发艾布·阿巴斯经常说:"你们辩论吧,让我们知道谁是你们当中最优秀的。"在巴士拉人中有富人,有穷人,有很多小孩的人,更有热爱追逐权力的人。对很多当时的阿拉伯人而言,巴士拉与伊拉克的关系如同臂膀与身体的关系。之后,随着政治的平稳,经济的繁荣,哈里发政权的稳定,社会逐渐出现了腐败现象。当时因为水源枯竭,为了生存,人们从河流底部取水,用山羊送水,以便巴士拉的人民繁衍生息。库法则是一个人们追求玩乐的地方,它位于中部,有甜

---

① 胡拉希纳:是罗马帝国一座靠近马拉蒂亚地区的城镇,曾被赛义夫·道莱·哈姆丹尼占领,赛义夫·道莱的堂兄弟-艾布·费拉斯·哈姆丹尼一家便居住于此,据说此地的名称胡拉希纳,便是根据诺亚·本·山姆·本·伊利亚·本·罗马·本·胡拉希纳的名字来命名的。(《国家辞典(第2册)》,第410页)

② 塞琉西亚:在此地峡谷地区,曾生活着许多的塞琉西亚鹰和灵缇。(《国家辞典(第3册)》,第274页)

美的泉水,还有幼发拉底河和底格里斯河水的滋养。库法从阿拉伯贾希里叶时期到阿拉伯伊斯兰哈里发统治的时期就出现了许多优秀的将领,如穆罕默德·本·欧米尔、伊本·穆嘎拉努等,他们不仅具有高贵的品质,而且英勇善战,率领军队所向披靡。很多阿拉伯人认为库法人非常自信,他们影响并改变了巴士拉人,库法人也以此而自豪。因此,库法和巴士拉也成为当时伊拉克最繁荣昌盛的两座城市。

第六章　雅古比《诸国志》撰写风格新考

第一节　总体游历逐一介绍

《诸国志》中雅古比共提到了50多个古老的国家与城市,介绍了不同的香料、河流、泉水、港口、古代遗迹和撒马尔罕等不同地域人民的秉性、民俗等。作者在书中首先详解当时的伊拉克首都巴格达、巴士拉、库法、苏勒苏勒、塞米勒、希尔等城市或城镇,他时而好似乘船而行,先将底格里斯河和幼发拉底河沿岸的城市做了介绍,与此同时还提到与不同城市相连的河流分支以及流经的海域;时而又似徒步旅行的游客,通过旅行,对个人所到之处,亲身经历或亲眼所见进行了或详或略的介绍。

在对其作品进行详细研究后发现,作者通过五条不同的线路依次游历各地:他首先从伊拉克的巴格达出发,向北进入摩苏尔,通过摩苏尔进入土耳其,一直向北进入阿塞拜疆;其二是从巴格达出发向南进入阿拉伯半岛腹地,继而游历麦加、麦地那后向南进入也门和阿曼;其三是从巴格达出发向西进入约旦、叙利亚等地;向东进入伊朗的伊斯法罕、设拉子,再从伊朗北上进入阿塞拜疆;第四条路线为从伊拉克向北进入土耳其,在游历土耳其之后,从土耳其向东进入阿塞拜疆;第五条线路为从伊拉克向西北进入叙利亚、从叙利亚向南进入约旦、向西进入巴勒斯坦、从巴勒斯坦向西南进入埃及。从埃及一直向西进入利比亚、突尼斯、阿尔及利亚和摩洛哥。从其作品阐述的国家和城市沿线来看，雅古比并没有进入北非腹地，而是只沿着地中海边缘地带一路向西，进入摩洛哥的奥吉拉，再进入西班牙南部的格拉纳达、塞维利亚、科尔多瓦和托莱多，后又从托莱多向西进入葡萄牙的里斯本；最后一条线路是作者从沙特阿拉伯半岛的吉达乘船穿红海进入苏丹的边境城市宰绅莱。

中世纪的阿拉伯地理学家普遍认为伊拉克是地球的中心，雅古比亦是如此，他认为巴格达是伊拉克的中心，也是世界的中心。他在《诸国志》第105页中提道："伊拉克是一个著名的国家，之所以以伊拉克命名主要是由于它是阿拉伯地区最低的地方，因它低于纳季德地区，且靠海。也有人说：伊拉克是靠海边的，起名叫伊拉克是因为它不仅靠海，而且树木繁茂，花园甚多。"就巴格达是世界的中心，作者在第32页中写道："巴格达是世界的中心，地球的肚脐，我提及巴格达，是因为它是伊拉克最大的城市，其地域之广袤，建筑之高大，水资源之丰富，空气之清新是任何一座城市都无法匹敌的。不同地区的人们迁移至此，他们中有城市人和乡村人，有盖萨亚人、达尼亚人（均为阿拉伯人种之一）。在这个城市，汇集了世界各地的商品，底格里斯河和幼发拉底河流经该城市，其便利的海路通道，带来了更多的商机。这里店铺林立，商人众多，还有商业仲裁机构。汇集在这里的商人有来自东方的也有来自马格里布地区的，还有来自信德、中国、吐蕃、土耳其、达拉模、哈扎拉、埃塞俄比亚等地的，这里商业活动异常繁荣。""巴格达两侧市场和与它相连接的地方每年的市场销售额达到1200万迪尔汗"；"我统计了一下，这里的大路和小路共有6000多条，大概有3万座清真寺和1万个浴池"；"各个地方有很多花园，里面有

第六章 雅古比《诸国志》撰写风格新考

很多甘甜的泉水"。正如在前面章节中所提到的作者对巴格达的描述中展现了作者对自己故土的热爱,认为巴格达是全世界之母,众国家之后,据说阿拉伯人和非阿拉伯人对"巴格达"一词的理解有差异。一些非阿拉伯人认为,باغ是花园之意,داد是人名。还有人认为,باغ是个偶像的名字,据说该偶像曾赐给东方古波斯国国王科斯鲁①礼物,是该国被崇拜的偶像,所以"باغ داد"的意思是:神啊,赐予我吧。据说,باغ是"花园",داد的意思是"给予",就是"曾经赐予科斯鲁的花园",所以以此称呼。这是雅古比对于巴格达渊源的认知,据考证《国家志》第一版 145 页记述的对巴格达的一种说法是,认为"巴格达"是和平之城,地处富庶地域——两河流域,又是和平谷地。《国家志》第一版 543 页还记载了早期的巴格达并不是一个城市,在科斯鲁和波斯人②的时代只是一个巴达维③的村庄。第一个开拓并将其建成城市的是阿拔斯王朝第二任哈里发曼苏尔,伊本·阿拔斯,最初建立该王朝时初定首都为库法,但因当时的库法人较为腐败,后迁都巴格达。在第二任哈里发曼苏尔当政之际,因苦于巴格达原本是村落,民众基础设施不完善,粮食和行李要通过海路运输,于是就有了修建巴格达城的想法,在巴格达建立和平宫,于公元 770 年动工,耗资一千八百万迪纳尔,修建为易守难攻的"团城"之样,利于子孙后代借助幼发拉底河和底格里斯河以及其他众河流为其带来丰富的物资,为其提供生活之便利。

---

① 科斯鲁(الأكاسر):单数是(كسرى),是一位波斯国王的名字。
② 外国人(الأعجم)非阿拉伯人或指波斯人和罗马人。
③ 巴达维(بادوريا):(有الواو和الراء),是巴格达西边乌斯塔县的一个地方。据说,那里有作家、税收管理处、游客、人们之间交往无阶级化,王子、游客、舞者、达官贵人也和普通百姓交往。(《国家辞典》,第 377 页)。

第二节　城市内部描写周密烦琐

雅古比在书中对巴格达城市的描写过于精细,对城市内部大街小巷的名称、路况、各条街道的居民住户、封地、市场等一一进行了详细描述,但共性大于差异性,因为过于详细且相似性地陈述,会使读者在阅读过程中倍感疲倦。同时,当时巴格达城市内的土地都以封地的形式进行了划分,鉴于封地与封地之间相互连接,作者在书中将封地主人的名字一一列举,显得有些过于啰嗦,许多人无从考证。但作者对巴格达城市内部的部分情形如城市建设的公共设施、机构和商贸市场等方面概要性的介绍则清晰明了,详略得当,使读者跟随作者的记述如身临其境般探访了巴格达。

巴格达位于美索不达米亚平原中部,坐落在底格里斯河两岸,距幼发拉底河仅30公里,城内有多座大桥。巴格达在雅古比的笔下是当时世界的中心,皆由于它是中世纪最繁华的城市之一。762年,巴格达成为阿拉伯帝国阿拔斯王朝的政治、经济和文化中心,也是中世纪除开罗、科尔多瓦以外重要的三大文化中心之一。在雅古比生活的时代,该城也是当时阿拉伯世界最为繁华富足的城市,更是国际商贸中心之一,从作者对巴格达城内部与外部状况的描写中,我们也可以清晰地感受到该城在当时的繁盛,骆驼商队络绎不绝,与东西方交流频繁,埃及、印度、中国、拜占庭等地的商人都聚居于此,还有专卖中国货的市场,这种繁盛一直持续到1258年以及1491年,席卷西亚和欧洲的蒙古铁骑曾两次将此地夷为平地。17世纪初,巴格达成为奥斯曼帝国的组成部分,1921年8月伊拉克宣布独立后巴格达成为其首都直至今日。

第六章 雅古比《诸国志》撰写风格新考

雅古比在书中叙述:"巴格达始于伊拉克,因为它是世界的中心、地球的肚脐,我提及巴格达,因为它是伊拉克的中心和最大的城市,东西方没有一个城市在宽广、高大、建筑、水资源丰富和空气清新方面能与之相提并论。因为它的居民具有各种类别:城市人、乡下人。所有地区的人们都迁于此。无论是盖萨亚人还是达尼亚人,所有这些人都影响它的居民,在这个城市,有商店、经商的事务处理处,因此,它汇集了世界上的东西,其次有底格里斯河和幼发拉底河两条河流流经于此,于是就很容易地带来了商业和海陆通道,以至于这儿充满了商业活动者,他们来自东方和摩洛哥的伊斯兰和非伊斯兰地区,有印度、信德、中国、吐蕃、土耳其、达拉木、嘿哈扎勒、埃塞俄比亚,商业活动在这些国家流行直至产生商业活动,除这些国家之外的一些国家也产生了商业活动。因此在这片土地上充满着益处,这里汇集了世界的宝藏充满了世界的吉庆。因此在这个地区建立了哈希姆王国、国王的住宅、君王的场所,这是前所未有的,此前没有国王在这里居住过。因为前人曾居住于此,他们中的一个任酋长,它有一个著名的名字和广泛的声誉,之后它是世界的中心,因为它收集了数学家的话语,囊括了四个地区先人格言的书籍,第四个地区也就是在所有季节空气都较为温和的中部地区,在炎热天气非常炎热,同样,在每个季节,空气随时间而更替,因此,天空晴朗、土地湿润、流水甜美、树木芳香、果实可口、庄稼繁茂、益处颇多。

巴格达天气晴朗、土壤肥沃、流水甜美,这里的居民品性良好、面部光滑、头脑聪慧,作者笔下巴格达城的居民擅长于文学、逻辑学、农业、商业、工业等,他们还能积极适应各种现象与生存环境,进而从事各种职业,并精通每种产业。在作者看来:"没有学者比他们的学者更有知识,我不讲述他们的故事,我也不提及他们的演讲家,我不将他们的语法阿拉伯化,我不纠正他们的读者,我不擅长他们的医术,我不熟练他们的歌曲,我不对他们的创造者感到亲切,我不写他们作家写的东西,我不区分他们的发音,我不崇拜他们的偶像,我不为他们的脱俗而虔诚,我不明白他们的当权者,我不和他们演讲家交谈,我不创作他们诗人的诗歌,我不伤害他们当中厚颜无耻的人。"现代时期的巴格达比斯科鲁以及外国的富裕,它曾是塔斯吉·巴蒂维拉的一个农村,科斯鲁市是伊拉克的城市之一,距离巴格达7法尔萨赫(40多公里)。

巴格达成为地球上最古老的城市之一,在哈里发曼苏尔的支持下,在当时请来了各地的建造者、做工者、木匠、铁匠和挖掘的工人,不同行业的人来了成千上万,在伊历141年的春天设计它,将它设计为圆形。在当时,除它之外,世界上没有一个城市被设计为圆形,这座城市的基础是建立在占星家祖巴赫的选址基础上,在打基石之前,先打造了完整的腕尺方形土坯,其重量为200埃磅,半分的土坯长度为1腕尺,宽为半腕尺,重量为100埃磅,此外还凿水井、建水渠,该水渠的水是从幼发拉底河支流库哈衣河引来的,用来灌溉水渠,该水也引入城内作为饮水、制土坯和和泥,从而使得该城市有四扇大门:库法门、巴士拉门、呼罗珊门和沙姆门。每一扇门到另一扇门有500腕尺,每一扇大门有两扇大铁门,没有其中一扇门被关上。只有一群带着旗帜的骑士和持长矛的枪手进入才打开门,旗帜不偏倚,长矛不弯曲,它的墙由骨骼土坯制成,从这种土坯看不到我们所描述的数量和泥土的样子,墙的基本宽度为70黑腕尺,之后再减少,直到它的最高处为25腕尺,高出的部分为60腕尺,墙的周围是城墙和分隔墙之间较宽的分割地带,为100黑腕尺,隔离带为骨骼堡垒,在它之上有圆形的闪耀部分,分隔墙外部也有水泥和砖的柱子环绕,高大而严密,战壕在柱子后面,里面流淌着库哈衣河水渠的水,战壕下面是大街,使得该城市的人们有四个拱形圆顶的骨制通道,每条通道的长度为80腕尺,都是用石膏和砖砌成。因此,当走进一条临近隔离带的通道时,会看到石头上雕刻物表示欢迎,然后是临骨骼围墙的两条通道,有两扇大铁门,每扇门只有在一群人进入时才打开,四扇门都是如此。当从中庭城墙进去,走在庭院中用石膏和砖砌成的窗口时,太阳光可以射入里面,但雨水却不会进入。每一扇大门有四扇门,每一扇门都是城墙的城门,大的金色圆屋顶,圆屋顶周围是一些椅子,人们坐在这里,为修建者所做的一切而感到骄傲。登上这些圆屋顶,一些庄园是用石膏和砖建造的,还有一些是用骨骼土坯建造的,他们还建造了圆形拱门,其中一些高于其他的,圆形拱门内部是用来联系和防卫的。

在里面还有电梯到达大门的圆屋顶,电梯是关着的,如果人们出来到庭院里,再到中庭时,有用石膏和砖砌成的带有一扇铁门的圆形拱门,从这扇门出去走到最大的庭院里,同样也是四扇相同的窗,庭院中部被命名为金门的宫殿,宫殿的南部是清真寺,在宫殿周围没有建筑物,没有私人院落和住宿楼,只有在沙姆大门方向有给卫兵用的房屋和一个凉棚,它延伸到用石膏和砖铸做的柱子那儿,有一位警察和一位军官在那儿。在做礼拜的日子里,人们聚集在庭院周围,还有小孩玩耍之地以及服务人员和仆人们的住所,也有富人的家园以及武器收藏之地,另外还修建了书信办公厅、赏赐办公厅、印章办公厅、士兵办公厅、服务办公厅、公共厨房和经费办公厅,从一个窗口到另一个窗口都有小路和通道。

作者在书中对巴格达城内部进行详细介绍之后,对巴格达城街道的名称也进行了详细的记述,对街道的交汇地点,以及周边封地住宅和其主人的名字冠名都做了介绍,鉴于很多住宅主人和其管理者的名字在书中占了很大篇幅,但具体考证依据不详,同样也因为单纯的封地命名没有太多的意义,也并不是很著名,在此就不一一赘述了。但还是从文中引入一些作者的叙述,以飨读者。作者记述道:"从巴士拉门到库法门有警察守卫,有海伊塞勒大道和地牢,在地牢里有大监狱,牢固的建筑控制着城墙,还有女性大道、塞勒加塞大道、哈桑大道、阿塔亚大道、木贾西阿大道、阿巴斯大道、阿勒旺大道、艾比·哈尼法大道和窄道。从巴士拉门到呼罗珊门有士兵大道、纳尔麦大道、苏莱曼大道、拉比尔大道、穆海勒海勒大道、谢赫·本·阿米勒大道、麦勒扎依大道、明显的大道、运水人的大道、本·布拉哈大道、本·伊萨·本·曼苏尔大道、艾比·艾哈迈德大道和小路以及窄道。从库法门到沙姆门有阿卡大道、艾比·古莱大道、阿卜杜挖大道、赛买伊黛乌大道、艾莱依大道、纳菲尔大道、艾斯莱姆大道和灯塔大道。从沙姆门到呼罗珊门有宣铁大道、达里穆大道、伊朗大道、现在被称为嘎挖里勒的大道,还有本·优素福的统治大道、塞马尔大道、艾比·贾法尔首领的向上大道,现今被称为宰雅迪大道,阿兹瓦尼大道,这些大道在城市和城墙内部的拱门之间,每条大道里都有领导者和重要事情的管理者,其两端有坚固的大门,里面的大道并没有和庭院城墙相连接,在庭院城墙内有不同的庄园,因为庭院城墙同时也环绕着道路,设计这些的工程师有阿卜杜拉·本·穆哈勒兹·哈加吉·本·优素福和仪姆兰·本·瓦达哈和希贾布·本·凯瑟勒·哈达拉和开辟者易卜拉欣·本·穆罕默德·法扎勒和星象家和数学家。"

在此,作者还详细描述了城里所有人的状况,城市居民被划分到每个地方,各地方都有商店和市场,管理者命令人们扩大市场,每个市场附近都有大学、密集的商店,有通往每个地方的小路和巷子,房前屋后都有小路,方便对居住在此的外来人口进行管理。街道的宽度为50腕尺,小路有16腕尺,在所有的区域、市场和巷子里都建造了清真寺,四面八方都有洗浴的地方。

同样,雅古比还记述了有关幼发拉底河上游和下游的汇集,在河上修建了拱桥,有石膏和砖砌成的拱廊,这算是一个古老的拱廊,从这个拱廊向右转到达部落的封地,拱廊的拱形门很出名.此地还有罗马人的住宅,非常有名,一直通向凯勒哈河流。在穆哈外勒门旁边的街道有很大的市场和商业街,旁边有一个水池,波斯人的住宅也在那里,继续往左到达教堂。

在返回的路上还有伊本·莱诶白清真寺和埃博莱清真寺。

底格里斯是一块新的地区,阿拉伯人在那里建造了一个很大的市场,市场里有数不胜数,比肩而立的商铺。这些市场里还有很多的造纸商,他们开了超过一百家的文具店。在城里还有一座宏伟的清真寺,星期五人们都去这座清真寺做祈祷,周围是许多住宅。除此以外,在科勒合街道有一家奴隶贩子的商铺,在有了这第一家后,其他街道陆续也出现了许多奴隶商贩。每条街道的两侧有许多市场和商店,还有一些布料店和服装店。

与此同时,作者还介绍了小路或大道到达另一个区域的距离,人们以职业进行划分,这些不同区域还有管理者如税收官、作家、骑士和演讲者以及其他从业者等,来自每个地区的人们居住在河岸边,周边有居民的小路和大道,还有大作坊和市场等,作者在其中的很多列举都具有相似性。正如他说道:"宫殿到三角市场的距离为 2 法尔萨赫,从拉比尔到底格里斯河的距离为 1 法尔萨赫,每位男女商人都有各自想去的街道。这些街道、商店和院子都有分类,团体与团体不同,一个商人不会和另一个商人相混处,也不会卖不属于他行业的商品,他们从事的手工业职能也不会和其他人相似或相混,每个市场均是独立的,每个家庭单独从事他们的生产,每位职业人士和其他阶层都相分离,在我们提到的这些阶层和我们所描述的这些群体中也有来自其他阿拉伯地区的军人、商人和一些混居的家庭,还有一些小路和大道。整个这些构成巴格达的四个部分,大的部分由木塞易卜·本·扎哈勒管理,四分之一由埃米尔·本·瓦达哈工程师管理,它不是巴格达最大的部分,也不是最重要的部分,从库法门到沙姆门由苏莱曼·本·木架拉蒂管理,由于他掌管四分之一,所以这四分之一的区域都属于他,他之后是瓦哈达、阿米尔·本·伊斯玛仪、哈桑·本·盖哈塔比和他们的其他亲属及其家人管理以侯赛因而著称的一些街道。"除此之外,作者还详细描述了各个大小街道的管理者以及其后继的管理者,并逐一列举了他们的名字,记述了一些街道以其管理者或主要居住群体的名字而命名。如奈巴特街道有一些久居此地的库法人,所以其小路就被称作是"库法人的小路"。以此类推,作者好似法尔萨赫在高处,一一记述各个小路旁紧紧相连的各具名望的家族以及其族源的归属,看似非常烦琐,但有助于阿拉伯人考证家族的一些相关出处以及早期生活在巴格达的印记。正如记述"布哈里清真寺旁边是拉吉拉吉·穆塔柏卜,再是耶玛麦的乌夫·本·耐扎勒和到苏莱曼·本·穆贾里德住宅的耶玛麦小道,由于本·扎尔外奈·查莉的功劳,它属于作家达伍德·本·苏莱曼,该作家是以奈巴特的达伍德而著称的扎菲尔之母,再是赛易卜和胡百伊勒·本·欧麦尔的家园,旁边是萨巴赫通往苏外伊盖·阿卜杜·瓦哈比的小道上,在盖布斯·本·塞米达乌被哈立德·本·瓦利德的部落消灭后,该区域属于艾比·萨利赫·耶合亚·本·阿卜杜拉·拉黑曼,他是哈里发时期的税收陪同,以艾比·萨利赫而著名,之后是沙尔巴·本·雅扎尔,之后是拉比德·本·穆阿维叶,他因帕夏尔·哈伊塞姆市场而著名,那儿也有一个互相联系的大市场和居民区、小路和大道,所有这一切都属于帕夏尔·哈伊塞姆市场,再是麦勒外鲁兹·艾比·哈立德·奈巴利和拉比德·艾比·叶扎德,他们是穆罕默德·本·阿里和他的圣门弟子的主人。"

此类记述中人名过于繁多和凌乱,本篇不做详细研究。

雅古比在书中所记述的关于大小道路的命名多以居住的居民、著名的居住者或族群的名字来命名,这一方式是阿拉伯人命名的习惯之一。正如在记述沙姆门的四分之一部分最初是由哈达拉·本·苏莱曼·胡赛因管理,其旁边就有以沙姆门命名的监狱和市场,这个市场很大,里面涵盖所有的商业和买卖,延伸到左右两旁的大街小巷,庭院里人口稠密,挤满了大街上的长长小道,每条小道都属于当地居民,他们全部居住在道路的两侧。在沙姆大街延伸到底格里斯河上的大桥左右也延伸有市场。这里的人有伯拉赫人、麦勒瓦人、胡泰勒人、布哈勒人、艾斯比沙比人、艾斯塔哈吉人、卡比勒人、哈瓦勒兹人,每一个地区都有领导和统帅,本·优素福·布莱哈是首领,也是军官。然后是索格特和索格特的哈拉法什庄园,旁边是封地,一直延伸到大桥那边,这四分之一属于哈里卜·本·阿卜杜拉和工程师哈加吉·本·优素福;另四分之一是从呼罗珊门到底格里斯河大桥,里面有马厩、展厅以及沿底格里斯河分布的宫殿。哈里发艾卜·加菲尔曾在此下榻,也就是在他迁往底格里斯河东岸宏伟的宫殿之前,通过这座桥是警察局、桥业的房屋管理所。当你通过那里时,就是底格里斯河沿岸最大的街道,它是苏莱曼·本·艾比·加菲尔的封地,在苏莱曼小道和大街旁是萨利赫·本·埃米尔·穆阿米奴的封地,萨利赫·弥撒凯奴常常去曼苏尔主人家中,这成了阿卜杜拉·本·塔哈勒的住宅,最后是萨利赫的封地,然后是和艾比·奥努封地相互连接的太米目·巴扎尔赛封地,之后是欧巴德·法勒阿尼和他的同伴封地,再是以本·拉德和苏莱曼·希贾布著称的耶稣·本·纳吉哈封地,之后是阿法拉盖封地,再是台玛穆·黛伊莱穆封地。接下来是不同的拱廊子,通过拱廊是底格里斯河的市场。

作者在书中提及了巴格达的初史以及艾卜·哲法尔建设它的时期，还描述了它是怎样被建设的，它的地盘、市场、路面、货币是怎样的，以及底格里斯河西岸的商铺是怎样分配的，它位于城边，而东岸则是正规军的驻地。现在让我们来说一下谁的主张被纳悦，巴格达是拜尼·哈桑哈里发的第二座城市，曾有八位哈里发住在这里。当穆尔泰萨到达巴格达时，那里没有任何建筑，后来修建了王室的住所和国库。

在清真寺的周围有各行各业相聚集的商店和市场，周围是不同将领的封地和住宅，穆塔瓦基勒决意建造一座城市并迁移到那里，以期给他带来更多的名望。穆罕默德·本·穆萨成为掌管者，当时的工程师们选取了位置并将之命名为麦哈泽，也被称为麦尔索。公元859年，哈里发耗资两百五十万迪拉姆，命人开始挖掘位于这座城市中心的河流，并计划把他的宫殿和住所也修建在这里，同时还需修建他执政期间的州长、所有子女、将领、作家、士兵和所有随从的住宅，它也成为法塔哈·本·哈盖尼的三个宫殿之一，也是最重要的一个宫殿，这个宫殿门都是巨大的门。其街道有两百个手臂宽，在街道的侧面还挖了两条河，这两条河的河水都来自所挖的那条大河的水；还修建了很多座宫殿和住宅，城市有高耸的宫殿环绕，看到它的人都会觉得它是最突出、最宏伟壮观的。这座城市也是以穆塔瓦基勒和大部分人所命名的。

除了众多的建筑物，哈里发还建造了一些市场，在每个区域都有市场，并且建造了清真寺。公元861年1月1日，穆台瓦克勒搬迁到这个城市的宫殿，很多将领和作家都被委任了工作，很多部门都迁移到这个城市，有外交部、财政部、内政部、军政部、委任部、邮政部和其他部门，只有这条河的挖掘依然没有完工，只有一点点水在流淌，也无法继续完成，却为此花费了100万第纳尔。因为挖掘时特别困难，他们挖出了很多石头。

穆台瓦克勒入住他的这所新宫殿只有七个月零三天,在公元861年10月他在最大的宫殿里被杀害。

随后,穆罕默德·曼苏尔·本·穆台瓦克勒继承了王位,并且搬迁到了萨拉地区,他命令所有的人都迁移到马哈扎,拆毁了这里的房屋、宫殿和市场,这个地方也变成了废墟,没有人在此放牧和居住。

在此,作者主要提及巴格达和萨拉的原因,是因这两个地方是国王和哈里发的城市,他在书中描述了关于这两座城市的诸多细节,大多是围绕哈里发之间政治权利的更迭,诸如艾哈迈德·本·穆罕默德·本·穆阿塔塞姆继承了王位,在两年零八个月后他入住萨拉,后来这座城市陷入混乱,公元865年1月他迁往巴格达,并与穆阿太兹进行了一整年的斗争,随后穆阿太兹放弃了萨拉。公元869年7月,穆罕默德·穆哈塔底·本·瓦萨格凸显,定居在贾塞阁,直到被杀。艾哈迈德·穆阿台米德·本·穆台瓦克勒继承了王位,他也居住在贾塞阁哈里发的宫殿中,后迁移到了东侧的巴塞拉,之后建造了一座华丽的宫殿,将之命名为穆阿沙格,他一直居住在那儿,直到发生暴乱后搬迁到巴格达。自从建造了巴塞拉城后,不同的哈里发更迭交替共居住有55年之久,其中很多哈里发都是在这座城市自然死去或被杀,他们有:穆阿塔塞姆、瓦塞格、木纳塔赛勒、穆阿太兹、穆哈泰迪、穆台瓦凯勒和穆斯塔阿。类似的内容与本研究内容关联性不大,在此章中就不做更多赘述。

第三节 部分阐述脱离主旨

雅古比的书名虽为《诸国志》,但在整本书中也避免了一些有关国家和地理问题的更多阐述,在整理与创作中也出现了一些错误,比如将一些内容放置于一些不恰当的主题之下,或错误地提及了一些国家和地区的位置,作者对于诸如此类的错误在书中进行了阐述和说明,并请求浏览和阅读此书的读者能够原谅自己所犯的这些错误。

在《诸国志》中,作者阐述了个人对著书立传的观点和看法。他认为写书或作诗的创作者需要组织语言,在完成编纂书信、作诗等书写工作时,不可佯称这些作品的惊艳或自己欣赏,而是应将作品展示给其他学者,如果学者认为这些赞美实至名归,他就承担得起这赞美的声音,而如果发现这些赞美并不是发自读者内心,作品本身也无法承担这些赞美的言辞,作者也许就会被踢出这一行业。这一点的描述也使得我们不禁联想到今天的著书立传者和从事写作的人,因为大家都有相同感受,正如作者一旦开始写作,就会变得亢奋,渐入佳境,变得更有目标,若弄砸了就懊恼不已。又有俗语说,人只要不写作就还好。所以,写作并非易事。针对这一点,作者在《诸国志》中提到了阿拉伯贾希里叶时期的著名诗人祖海尔,他被称为是写出最优美诗句的先驱之一,他的诗歌富有哲理和生活的智慧。作者认为一首好诗或一本好书可以更好地传播并介绍自己的见解,让没见过或不了解的人来认识和感受,读者中会有赞美者,也会有谩骂者,更有褒贬不一者。对此,雅古比认为书本代替人心,代替了真实的耳朵,从而使人们能够更多地通过赞扬他书中言辞的优美而吸引成千上万的人;也有人会因为读了作品进而热衷于亲近作者,了解作者或赞颂作者,或走近他,或传播他的品格,从而使得作品成为彼此相互了解的纽带,书中干巴巴的教诲无法在人们的内心中留下影响,因为书中娴熟的表达无论精湛与否,总能在一个时代里针砭时弊。聪明人用书本点亮统治的黑暗,用它来解读古人的经验。

作者在《诸国志》中还提到了书籍的外观制作,认为如果专业书籍制作精良,排版合理,内容翔实,便能够消除人们心中的隔阂,锤炼人性。在作者看来,书本的创作如珠宝,聚集优良的创作、高质量的排版于一体,这两方面也能为书本平添魅力,使得传递出书中对屈从的反对,以及对压迫的反抗。

在此,作者为了加强说服力,列举并评价了文学家的创作特点,正如他在书中提到了人们对伊本·穆格法的评价,认为伊本·穆格法的人品影响了他的语言表达和对修辞的使用,他的言语表达纯洁良善,听起来令人舒服,言语表达如同珍珠般闪耀,既不歌颂功德,也不畏惧警告,不信借口,也不贪婪,其文本中的话语直击人心,如同甘甜之水。顾名思义,《诸国志》应是一部地理作品,其中应多以地域风貌研究为主,但作者却也不忘阐述读书需要读者理解和思考的重要性,读者读书若不动脑筋,只是相信书中所言,就好像一个病人,每当病毒出现,病情就会加剧,但当他开始思考时病情就会削弱。因此,在作者看来,书如同益友但也可代替朋友,代替研究,满足学者的需求,它用丰富的字词丰富了思维。谁一旦学习,知道书的特性和书的影响力,就会去阅读,会为之倾倒,并模仿它去写作。早期的一些学者也要求后代,如果想写书,就多阅读,书是对观点的表达,用赞颂或非赞颂的话语的表达,同时也会团结民众,正如诗歌团结了阿拉伯人那样,它向人们展示了思想和语言的精华。因此,作者认为言语表达是道德思想的体现,其中虽会有一些欠深思熟虑之处,但益处也会随之而来,作者也希望他的书能达到这样的期望。

上述这些有关阅读和书籍的观点在《诸国志》中零零散散都有所体现,可见,中世纪的阿拉伯人在撰写作品时具有很强的零散性,其撰写内容灵活,思想宽泛,主旨不集中,也证明了当时阿拉伯人的学术思维活跃,文章撰写风格具有不拘一格的特点。

作者对于雅古比的描述首先从第一区东部地区开始,即从巴格达开始,作了较为详细的介绍,正如在前面章节中对巴格达所介绍的那样。紧接着对伊拉克整体做了概要性的介绍,之后他游历至哲白勒省、麦苏勒、合莱瓦纳、迪娜勒、马达茵、阿塞拜疆、赞札尼等地,并对这些区域做了简单概要性的介绍;又介绍第二区即从巴格达到伊斯法罕、索勒斯特、戈尔甘、锡斯坦和呼罗珊,并强调了当时的呼罗珊与体贝特、图勒库斯坦并不相连。在第三区主要介绍的是北部地区的麦达因和库尔的情况;第四区介绍了阿拉伯半岛麦地那、麦加等部分地区的状况。本章就其中介绍较为系统的一些地区进行罗列以展示雅古比对这些地区、国家或城市状况、人种或物产等方面的介绍。

雅古比通过个人亲身游历,实地考察,从伊拉克首都巴格达为中心开始记述,依次记述了从巴格达至库法、巴士拉等城市的距离以及各个城市的特点等,正如他在该书第40页记述道:"从巴格达到塞米勒需三天,从塞米勒到提克里特需一天,从巴格达到库法需两天,从库法到戈迪斯要一天,从巴格达到瓦斯特需八天,从巴格达到赫勒需九天,从瓦斯特到巴士拉需八天,从库法到瓦斯特需九天,从巴士拉到波斯湾需两天。"对当时的巴士拉他是这样描写的:"巴士拉是一座伟大的城市,没有受波斯人的统治,它是由欧麦尔·本·赫塔布(阿拉伯第二任哈里发)建立。艾兹瓦人曾在此居住,其他部落在巴蒂亚西部。当时这里有许多条河流,每条河流的名字都是以其发现者或其流向、长短和宽度来命名的。巴士拉的建筑大多是用砖建的,伊拉克大部分城市都是如此。巴士拉城没有坐落在山上,这里最著名的河流是欧巴拉河,这条河有许多分支,其长度为四法尔萨赫,该河在巴士拉和欧巴拉之间,河的两岸有城堡。巴士拉周围还有许多小城,其中欧巴拉是一个人口密集,土地肥沃的小城。"这里的商人经商有序,商品种类繁多,且无雷同商品出售。正如作者描述道:"这里的每位商人都有属于自己经商的街道和商店,人和人不混杂,商人与商人也不混杂,所卖商品的种类也不混杂,一个职业的人与其他产业的人也不混杂,每个市场都是独立的,每个人的物品也是独立不雷同的。"除巴格达以外,作者还描述了诸如库法、苏勒苏勒、希尔等周边城市。

"库法靠近巴士拉,是一个空气清新,水资源丰富的地方。其建筑如同巴士拉城那样,但两个城市的土地税不同,只因库法在贾希利叶时代就已存在,而巴士拉是在伊斯兰初期才得以建立。"

"苏勒苏勒是一个小城,主要以农业为主,盛产椰枣;这里流经苏勒苏勒河,有桥,还有许多船只在这里行驶。从巴格达运输果实至此需3法尔萨赫①,再经过2法尔萨赫就到了马利克河,这条河流比苏勒苏勒河宽,流至欧麦尔·本·胡拜耶勒的宫殿,在那儿分支,一支流入底格里斯河,另一支流入苏兰河。"

"希尔是伊拉克唯一一座四面环山的城市,盛产果实,山脉最高处常年有雪。"(见《诸国志》第35—36页)

第四节 《诸国志》中丝路沿线部分国家和城市状况新考

一、伊拉克

雅古比认为伊拉克之所以成为伊拉克,是因为它位于内贾兹的下面,临海,如同一个盛酒的皮囊,而位于河谷弯曲处的伊拉克像是在皮囊的最

---

① 法尔萨赫:计量单位,1 法尔萨赫 =6.24 公里。

底部。伊拉克物产丰富,应有尽有。

与伊拉克有业务往来的国家有中国、印度、呼罗珊、吉兰和伊斯巴罕等。伊拉克的统治区域延伸到巴士拉、库法、阿瓦士、波斯、卡门、印度、萨纳达、萨基萨坦和戈尔,伊拉克的南北走向先从巴士拉开始,巴士拉紧靠着爱海瓦萨,爱海瓦萨紧靠着波斯,波斯紧靠着喀尔曼,喀尔曼紧靠着卡布里,卡布里紧靠着扎兰季,扎兰季紧靠着印度。据说,伊拉克人都有着良好的思维与德行,值得赞美的爱好,他们擅长手工制造,有着独特的棕色皮肤,他们不破坏金发人、红发人和白人等其他民族的利益,当他们遇到斯拉夫族的妇女时喜欢追求她们。伊拉克棕种人和其他人种的性格不一样。但在雅古比看来波斯人是最聪明的,罗马人是知识最渊博和擅长手工制造的人。

至于伊拉克的边界,长是从提克里斯边界一直到位于波斯海的阿巴丹边界;宽是从巴格达和歌德斯亚的库法边界到赫勒边界,其宽从瓦斯特一直延伸到塔伊布;从提克里斯以及其东一直越过边界,然后在赫勒边界、西摩尔边界、塔伊布边界和素苏边界一直延伸到吉白边境直到波斯湾,从提克里特到海洋的边境是弯曲的。从处于巴迪亚的巴士拉回到摩洛哥边境。她的河流到达瓦斯特和库法,然后汇入幼发拉底河面,再到安白拉,然后从安白拉到位于底格里斯河和幼发拉底河之间的提克里特。再从海洋到提克里特的边境也是曲折的。至于间隔,从提克里特到大海海岸以东也是弯曲的,需要大概一个月的时间,从大海回到摩洛哥边界再到提克里特也是弯曲的,大概也要一个月,从巴格达到萨莫拉有三个法尔萨赫,从萨莫拉到提可里特要一个法尔萨赫,从巴格达到库法要四个法尔萨赫,从库法到歌德斯亚需要一个法尔萨赫,从巴格达到瓦斯特要八个法尔萨赫,从巴格达到哈兰要九个法尔萨赫,从瓦斯特到巴士拉需要八个法尔萨赫，从库法到瓦斯特沿海岸要九个法尔萨赫，从巴士拉到大海要两个法尔萨赫。

二、哲白勒省

想从巴格达穿到麦沙雷格的人需要先从它的东边穿到底格里斯，再到至少有三个门的哲白勒省。在巴格达直走到纳赫万拉桥是靠近河流的城市，这条河从山上流下，被称为"塔麦勒"，河里可以行驶很大的帆船。当经过纳赫万拉桥时分叉为几条山路，想要到达麦思白暂、麦哈勒詹和碎默热的人在经过纳赫万拉桥时需向右行走，要经过六段路程才能到麦思白暂城，它是一座被称为"塞热万拉"的城市，这座城市在山路之间，特别宏伟宽广，是像麦加一样的城市，在这座城市里有很多泉眼向外喷水，河流流经这座城市的中心一直流到大河里，它浇灌着沿岸的农田、村庄和花园；这些泉水在冬季温热，夏季清凉，这座城市的居民是由阿拉伯人和非阿拉伯人混合居住。

三、麦苏勒

从赛热万拉城到麦苏勒城有两段路程，在麦苏勒城有很多泉眼和河流，它们浇灌着周边的这些村庄和农田。城里的居民是由阿拉伯人、非阿拉伯人、波斯人和库尔德人一起生活。在第二任哈里发欧麦尔执政期间，麦思百暂和麦苏勒已经解放，这个城市的土地税也达到了两百五十五第纳尔，这些是波斯人记载的。想从巴格达到托万的人可以经过左边的纳赫万拉桥，然后到达王宫，这是波斯国王曾经的居所，气势磅礴、华丽无比。从王宫到托拉勒斯坦是波斯国王的遗迹，意蕴深厚，在那里有一些上面用灰泥和砖建造的拱形桥，桥下有河流，有一些河流被截断了，还有一些是从纳赫万拉和托拉勒斯坦河到哲路莱仪的河流。麦苏勒是哲白勒省区的第一座城市，在欧麦尔执政期间属于波斯。在伊历十七年，当赛义德·本·艾比万嘎斯跟随他们时把他分配到了波斯人的团队进行分化。从哲路莱仪到哈伊吉纳是最华丽的、最大的村庄之一。从哈伊吉纳到佘雷娜的宫殿,佘雷娜是克塞勒的妻子,她以前在这个宫殿避暑,从佘雷娜的宫殿到合莱瓦纳之间还有波斯国王的很多遗迹。

四、合莱瓦纳

合莱瓦纳是一座宏伟的城市,里面的居民杂居,有阿拉伯人、非阿拉伯人、波斯人和库尔德人,在阿拉伯历史上第二任哈里发欧麦尔执政期间建造。合莱瓦纳在行政划分时属于哲白勒省区。从合莱瓦纳到麦乐哲城堡是早期哈里发们在穆勒哲遗留的。从穆勒哲到宰彼迪,然后再从这到格勒迈赛尼城。格勒迈赛尼是一座宏伟壮丽的城市,里面的居民大部分来自波斯和库尔德地区的非阿拉伯人,从格勒迈赛尼到迪娜勒有三段路程。

五、迪娜勒

迪娜勒是一座宏伟壮丽的城市,城里的居民由阿拉伯人和非阿拉伯人混合居住,在欧麦尔执政期间建成,它被叫作玛哈·库法,因为建造这座城市的费用均来自库法人民,它分为好几个地区和区域,耗费了五百七十万第纳尔。

六、马达茵

古代波斯的科斯鲁城最早是伊拉克的一座称为马达茵①的城市。它

---

①马达茵:马达因人中的安沙瓦(أنشوروان)曾经终结了波斯诸王中有决心、有想法、有理智和有文采的人,曾经定居于此,在他之后就是萨珊王朝,直到哈里发欧麦尔·本·穆哈塔尔(愿主福安之)将其征服,之前提到的波斯历史中,第一个受到特许的城市是阿德什·本·巴克(بابك بن اردشير)。据当地人讲,波斯国王曾在此下榻,特许这个地方为城市。可以肯定的是,这里就是波斯历史上的科斯鲁国王们从萨珊王朝开始时的居住之地。(《国家辞典》,第88页)。

（马达茵）距离巴格达有 7 法尔萨赫(6.24 公里)，科斯鲁·阿努细尔旺①的宫殿②就在此。该城市在并入巴格达之前，一直有希拉河注入底格里斯河，在其入口处曾修建了一所修道院，当时景教基督徒教主③就起了"卡托利克斯"④这个名字。

七、赞札尼和阿塞拜疆

想从迪娜勒出发到阿塞拜疆或赞札尼的人，首先需要从迪纳勒出去，到达艾巴哈勒城，在此有几条分叉路。赞札尼宫殿的路程就是从艾巴哈勒到赞札尼的距离。然后，再进入到阿塞拜疆，这个城市有一条最宽的路，位于山脚下，与迪莱玛接壤；还有一条山谷，据说是两个最大的山谷之一，另外一个是塞勒姆山谷。在冬季，在两个山谷之间有水流经，在夏季停止。这个城市的居民由阿拉伯人和非阿拉伯人混合居住，这个地方还有许多非阿拉伯人的遗迹。建造这座城市的费用和赞札尼的费用一样，都耗用了两百五十万第纳尔，分叉了好几条到哈姆扎尼、迪娜勒、舍合勒宰勒、伊斯法罕的路，还有一条路直达里海。

---

①阿努细尔旺(انوشروان 意为高贵的灵魂)：是科斯鲁一世，或者叫赫萨鲁·阿努细尔旺（انوشروان خسرو），萨珊国王(531—576)，是卡瓦德一世之子，约 555 年攻占了安条克，他与西突厥联合，击溃嚈哒，570 年占领也门，以其改革而著名。

②华屋(إيوان)：复数是 إيوانات 或者 اوان 是"宽阔之地"的意思，其三面被围墙或宫殿包围，其中就有科斯鲁皇宫。(《国家辞典》，第 453 页).

③景教：或者称为"亚述派"，是基督教的一个分支，遵从君士坦丁的聂斯脱里派，扎根于摩苏尔和亚美尼亚，在伊朗、印度和中国等地传播的基督教分支，16 世纪时，迦勒底人加入东正教，于 1914 年在一战后逐渐衰败。

④卡托利克斯(الجاثليق)：复数是"جثالق"是天主教的前身。原本是个希腊词。

两大著名的河流底格里斯河①和幼发拉底河②流经巴格达,以最便利的水上运输为其带来了繁荣的商贸和丰富的粮食与物资。《国家志》第二版502页提道:底格里斯河源自亚美尼亚,第一个出口是在距离其源头"阿穆德"有两天半的距离,它是源自一个黑暗的山洞;幼发拉底河的出口也在亚美尼亚,据说幼发拉底河(الفرات)一词是阿拉伯化的词语,其意为"最甜美的水"。

作者从上述的这些城市再分别延伸到伊朗、中亚的阿塞拜疆、撒马尔罕、阿拉伯半岛的纳季德地区、叙利亚、也门、约旦、巴勒斯坦、埃及、马格里布和安达卢西亚等地,内容丰富庞杂,如同游记。作者在书中第100页记述了也门海岸城市亚丁的由来,该城市是"因亚丁人居住而得名,它是萨那的海岸城市,印度洋著名的海滨城市,这儿水质较差、没有牧场,人们饮用的是亚丁与也门之间的泉水。那儿有中国货船的停泊港口,还与萨拉哈特、曼度卜、格拉法噶、哈拉达、沙拉加、沙拉加格里斯、埃塞尔、哈希亚、赛林、吉达等港口相通。"书中还提到了诸如土耳其、刹莎等不同的国家和城市。作者在书中描述道:"土耳其国中的每个族群都有各自独立的王国,他们之间时常相互征战;他们居无定所,多住在多边形的拱顶之

---

①底格里斯河:没有加冠词(ال),据说(底格里斯)دجلة是(底伊里底)"دبلا"阿拉伯化的,还有其他两个名字:(兰可鲁滋)"آرنك روذ"和(库达卡达伊勒)"دير كودك"是"小河"的意思。据说,底格里斯河的第一个出口是距离其源头"阿穆德"有两天半的距离,是流自一个黑暗山洞,是最大的河流之一。(《国家辞典》,第502页)

②幼发拉底河(الفرات):先合口再长音,最后的ت双合口。据说幼发拉底河(الفرات)是阿拉伯化的词,它还有另一个名字"النورد",因为它靠近波斯,波斯人称它为فالال,幼发拉底河的阿拉伯语根本意思是"最甜美的水",幼发拉底河的出口在亚美尼亚。(《国家辞典》,第274页)

下,穿的是用牲畜和黄牛、豺狼的皮制成的衣服。土耳其的伊斯坦地区除小米外,种植不了什么农作物。至于他们的主要生活给养就是小羊羔,他们吃小羊羔的肉,当然更多的人吃狩猎而来的动物的肉。伊斯坦人的铁器非常稀少,他们只能用动物的脊椎骨来制作箭。这里四面被呼罗珊所包围,因而伊斯坦除了要与土耳其其他王国互相征战以外,还要面临呼罗珊的威胁。对于城市刹莎,书中是这样描述的:"刹莎位于赛胡尼河旁,毗邻土耳其国,沿河岸再没有面积比它大,土地比它丰腴,人口比它更多的地区了。"

八、胡齐斯坦

胡齐斯坦的东边是波斯和伊斯法罕的边界,在它和波斯之间是伊斯法罕边界,西边是鲁斯塔克中部和莱斯比亚地区,北部是苏伊玛莱边界,连接了山边的伊斯法罕,四周环山。至于它的南部边界从阿巴丹到鲁斯塔克,变成圆锥体,在正交处变窄。同样,在南部边界有阿巴丹在海上的边界,到波斯边界后弯弯曲曲流入塞戈维亚,南部边界到底格里斯河结束。然后,从米夫塔哈拐弯与鲁斯塔克相连,以西特从这里开始。

至于坐落在这里的城市,其中的县区有阿瓦土和霍尔姆城。它是一座伟大的城市,这归因于可敬的阿斯卡及托斯塔勒、朱丹、苏斯、拉姆霍尔姆和苏乐阁。所有的这些地区只有苏乐阁不是城市的名字,它的城市是道拉格,这里以出产波斯玻璃出名,还有特里河、呼门扎特、大蒙齐尔和小蒙齐尔等。

胡齐斯坦处于平原之上,有流动的水,其中还有被命名为塔斯塔勒的最大的河,这条河是由萨博王国的夏兹莱瓦修建,水面没过地面。因为塔斯塔勒在地势较高的地方,所以这条河里的水沿着阿斯卡流向艾赫瓦茨直到汇入锡德拉河;另一边是由麦斯鲁格河到阿斯卡。如在阿斯卡结束,那边有很长的桥,大约有 20 多艘船在桥下面穿梭,我从阿斯卡到艾赫瓦兹有 8 法尔萨赫的距离,坐船在水上有 6 法尔萨赫,我们在河中央时的河流向艾赫瓦茨,那边道路干涸,没有很多的水,存留在地面的一些水可以用来种植椰枣树,胡齐斯坦的所有建筑都在麦斯鲁格。胡齐斯坦的水来源于艾赫瓦茨和道拉格,都汇集在麦赫达城堡,成为大河,越积越多,然后就汇集到了大海之中。若不是在大海之中汇集,就是在麦赫鲁班结束,在西里玛纳与阿巴丹平行,最后流向波斯湾。

在胡齐斯坦没有群山,也没有沙子,只有一些区域与托斯塔勒和扎丹相连接。胡齐斯坦的土质与伊拉克的土质相似,其空气、水源、土壤皆有益于居民的健康,水非常的甘甜清澈,胡齐斯坦也是因为有许多清澈甘甜的井水而出名,胡齐斯坦的人吃喝都在水井的附近而免于炎热。胡齐斯坦不会下雪,水也不会结冰,那里也不缺少椰枣,但这里却是疾病的多发地。至于这里的农业产物,大部分是椰枣树,还有小麦、大麦和蚕豆,除此之外还有稻谷,当地人将它烙成面饼作为主要食物。

伊拉克的大城市中没有甘蔗,但在麦斯鲁格却有许多的甘蔗,大部分都在阿斯卡,不仅只有阿斯卡有甘蔗,在托斯塔勒和苏斯也有很多。值得注意的是,从甘蔗的不同部分提取糖,并不是一整根甘蔗都有糖可以提取。至于他们的语言,则是通用的,人们都说波斯语和阿拉伯语,并没其他的语言,不用希伯来语和叙利亚语。这里的人穿衬衣和围巾,缠头巾,还有人穿大衣,他们大部分人的品格败坏,思想淫秽,做事情时相互斗争。在这个时候也出现了许多诗歌,这时的他们对宗教不太热衷,所以大部分的胡齐斯坦人相互回避,互相斗争,没有礼尚往来,走在自己的城市就像走在陌生城市一样。

他们最独特之处在于把托斯塔勒建立在撒布勒,这是最令人震惊的建筑之一,是一个里程碑。在艾卜·穆萨·伊始艾拉的时代,发现有许多伟大的建筑。书的作者曾描述说水在这里汇成池塘,后又降落下来,如果这里遭遇干旱,艾卜·穆萨就会到河边打开闸门用水来耕种,这条河一直流到了作者所处的时代。邻近的地方有拉斯科,属于波斯的土地,这里以前没有水,晚上也不会有灯光,也不会有烟草,它在胡齐斯坦的边界,作者认为它是石油之眼,或是其他的东西,因此在这里制造出了火,一直传到了我们当今的生活之中。火本是不可能被创造出来的,你并不会看到它或是听说它。我认为他们还制造了一些放在表里的小针,称之为牵引。至于测试仪,随着丝绸和毛纺织的衣服一起被带到印度和麦加,不仅带去了这些,还带去了一些风俗习惯。

沙普尔是一座辽阔富饶的城市,这里有许多椰枣,农业因水源富足而非常发达。穆·里斯来到这里使沙普尔与其他许多城市之间有了联系,他死在这里并在这里被埋葬。

朱巴是一座有许多建筑、椰枣和甘蔗的城市。宰伟叶和胡齐斯坦通过海水相连而形成了湾。海上的船在此停留,胡齐斯坦的水在这里汇集,形成水库延伸到另外的边界,随之扩张形成海。

九、波斯国

作者对波斯国的描写除了对路程的记述以外,更多侧重于对波斯的呼罗珊地区统治者身份更迭的记述,罗列略显零散,如同文学文本故事描写那样对身份、地位不同的埃米尔、将领等人物进行了一一罗列,貌似与本书有关地理方面的记述应作为重点有些脱离。但与此同时,从另外一方面也彰显了作者对一座城市或一个地区领导者故事与经历的详细记述与了解,使得枯燥的地理内容富有了更多的文学与人文气息。

首先作者记述了从波斯到伊拉克有两条路，一条是经过巴士拉到达巴格拉，另一条是到中部再到巴格达。到巴士拉的道路，是从爱勒扎尼到阿斯卡村庄，需要2天的轻松路程，然后到齐达内需要1天，从齐达内到达道拉格也是1天的路程。道拉格是一座大的城市，从道拉格到巴西亚通过水路比陆路方便得多。从迈赫迪·哈桑到巴西亚需要1天，直到胡齐斯坦的边界，巴亚妮在底格里斯边上，通过水路可以到达。

如果你想要从陆地穿过欧布拉到达中部后再到巴格达，从爱勒扎尼到赛比勒市场需要1天，然后到达拉穆霍尔赫兹需要两天，从拉穆霍尔赫兹到阿斯卡需要3天，从阿斯卡到托斯塔勒需要1天，从托斯塔勒到翟乃达要1天，从翟乃达到苏斯要1天，苏斯到噶了谷埠要1天，噶了谷埠到推巴需要1天，从阿斯卡到这里的中部地区是最富饶的地方。

从阿斯卡勒到阿瓦土需要1天，从阿瓦土到艾子迈也要1天，从艾子迈到道拉格要2天，从阿斯卡勒到道拉格也将近2天，从阿瓦土到拉穆霍尔赫兹大概要3天，因为阿瓦土和阿斯卡勒像一个三角形，从阿斯卡勒到伊勒白阿市场要1天，从这里到迈赫迪·哈桑要1天，从阿瓦土到提拉河需要1天，从苏斯到巴素娜不到1天，从苏斯到柏勒阻尼要轻松的1天，从苏斯到迈图斯要1天，这就是所有的路程了。

波斯的东边是科勒玛尼的边界，西侧在胡齐斯坦的核心，北边是介于波斯和呼罗珊之间的莫法兹，南侧是波斯海。海水将其从第一部分一直连接到最后一部分，坐落在这两个角之上的就是科勒玛尼和埃索巴哈，因为设拉子在距离上来说是波斯到这两个角的中部。

第一个统治呼罗珊地区的阿拉伯人是阿卜杜拉·本·阿米尔·本·凯利兹·本·拉比阿·本·哈比伯·本·阿卜杜·沙姆西。伊历三十年，巴士拉省长奥斯曼·本·阿法同时传信给阿卜杜拉和在库法的下属赛义德·本·阿绥·本·欧米尔·本·阿卜杜·沙姆西①,命令二人深入呼罗珊地区,二人之中先到的那个人则可成为呼罗珊的长官。伊历31年,阿卜杜拉开拓了呼罗珊的一些县区。在他之前,阿卜杜拉·本·赫扎姆·赛勒米与艾哈奈夫·本·盖斯·台米尔也曾抵达过呼罗珊。阿卜杜拉离开之后,他委任盖斯·本·海瑟姆·本·艾斯玛·本·索莱特·赛勒米做呼罗珊的长官,与艾哈乃夫·本·盖斯共同治理。在此之后,则是阿卜杜拉·海提姆·本·奈阿曼·巴海里担任呼罗珊的长官,在那里开拓并征服,直到伊历35年哈里发奥斯曼遇刺。

第四任哈里发阿里·本·艾布·塔里布委任贾阿达·本·海比勒·本·欧麦尔·本·阿兹·麦赫祖米担任呼罗珊的长官,当时他在巴士拉,对担任长官并不感兴趣,他便回信协商,但阿里仍将他派往了梅尔夫。当阿里遇刺之后,穆阿维叶便委任阿卜杜拉又担任了呼罗珊的长官,之后,又让伊本·阿米尔·阿卜杜拉·本·赫扎姆·赛勒米和阿卜杜·莱赫曼·本·赛米尔二人去往呼罗珊,二人便一同出发,然后在巴尔赫定居并开始进行扩张。

之后,阿卜杜莱赫曼·本·赛米尔离开了呼罗珊,并把呼罗珊交给阿

---

① 赛义德·本·阿绥·本·欧米尔·本·阿卜杜·沙姆西:古莱氏人,伍麦叶家族,威武勇猛,慷慨善言。征服时期,曾担任省级的长官。生于公元624年,由阿慕尔·本·赫塔布抚养长大,青年时期由库法的奥斯曼监护。当他到达库法的时候,由于他与库法人意见不合,当地人便向奥斯曼·本·阿凡告他的状,奥斯曼便将他召回麦地那。内乱爆发之时,赛义德极力保护奥斯曼,为他铲除异己。在奥斯曼离世后,赛义德也离开了库法,一直居住在麦加。当穆阿维叶担任哈里发时,委托他担任麦加的长官,他一直管理着麦加直至在公元677年去世。此外,他还征服了吐火罗斯坦,也是奥斯曼版本《古兰经》成册的主要贡献人之一,曾参与了骆驼战役和绥芬之战。迄今为止,他在麦地那的私人宫殿仍留存。

卜杜拉·本·赫扎姆·赛勒米一人管理。不久，穆阿维叶将巴士拉、呼罗珊和锡斯坦均交由齐亚德·本·艾布·素福彦管理，齐亚德便委任曾一直陪伴在先知穆罕默德（愿主福安之）身边的海卡姆·本·阿慕尔·厄法里①担任呼罗珊的长官。伊历44年，海卡姆来到呼罗珊，他出身优越，所属宗派优良，当他扩张呼罗珊的一些县区时，齐亚德曾给他写信说："穆阿维叶写信给我说让你为他聚拢财富，你可不要擅自瓜分了。"

海卡姆没有理会齐亚德的信，自己留下五分之一的财富后便把剩余的分给了人民。并没有按照齐亚德的要求去做，他写信给齐亚德："我只知道安拉的启示要先于穆民的长官穆阿维叶的信，若天空和大地统治着他的仆人，那他的仆人应该敬畏他，才能一生坦荡平安。"

麦海莱卜·本·艾布·索菲勒曾是海卡姆·本·阿慕尔的一名手下。海卡姆于呼罗珊去世之后，叶齐德派遣莱比阿·本·齐亚德·本·安斯·本·迪彦·本·古坦·本·齐亚德·哈里斯②担任呼罗珊的埃长官，并任哈桑·拜索利③作为莱比阿的书记官。之后，穆阿维叶派哈立

---

①海卡姆·本·阿慕尔·厄法里：在穆阿维叶时期迁至巴士拉，受齐亚德委任去往呼罗珊。他非常杰出、勇敢，还善调解，因此征服、开拓了很多地方，后居住在梅尔夫，公元670年在梅尔夫逝世。

②莱比阿·本·叶齐德·本·安斯·本·迪彦·本·古坦·本·叶齐德·哈里斯：为人勇敢、忠诚，在先知穆罕默德时代末期被委任统治巴林地区，并于欧麦尔时代返回麦地那。公元620年，前往锡斯坦，公元673年去世。

③哈桑·拜索利：即哈桑·本·叶萨尔、艾布·赛义德，圣门再传弟子，曾是巴士拉的伊玛目，也是那个时期的大学士，同时还是隐遁的伟大学者、教法学家、语言学家之一。公元642年出生于麦地那，由阿里·本·艾布·塔里布照料成长。穆阿维叶时代，莱比阿·本·齐亚德邀请他去呼罗珊担任书记官，他便在巴士拉居住。他在人民中有很高的威望。公元729年在巴士拉去世。

德·本·穆阿迈勒·赛杜斯①去往呼罗珊,而他想将呼罗珊据为己有,齐亚德听闻后命人在途中毒死了他,他便没能到呼罗珊。因此齐亚德又派遣了阿卜杜拉·本·莱比阿·本·齐亚德代替他父亲的位置,不久,阿卜杜拉也离开了呼罗珊,由阿卜杜·莱赫曼·本·赛米尔·本·哈比比接替他的位置。

在齐亚德逝世之后,穆阿维叶便将呼罗珊交由阿卜杜·莱赫曼统治,他便委任阿比德拉·本·齐亚德去往呼罗珊,并命他带兵从吐火罗斯坦国②的河越境。他则带着大部队入侵吐火罗斯坦。麦海莱卜·本·艾布·索菲勒策划了这次战役,并发动了战争。

阿比德拉·本·齐亚德在呼罗珊居住了两年后离开,回到穆阿维叶那里,呼罗珊便由艾斯莱姆·本·宰勒阿·本·阿慕尔·本·索阿盖·凯莱比继续统治。不久,阿比德拉去往巴士拉进行统治,同时他派自己的兄弟阿卜杜拉·本·齐亚德管理着呼罗珊,阿卜杜拉在那居住四年后,势力衰弱,负辱离开。

阿卜杜拉·本·齐亚德离开后,穆阿维叶委任阿卜杜·莱赫曼·本·齐亚德管理呼罗珊,由于不满意,很快就将他革职;他又重新委派赛义

---

①哈立德·本·穆阿迈勒·赛杜斯:伊斯兰初期的领袖之一,曾与先知穆罕默德处于同一时代,后在欧麦尔时代担任伯克尔家族的领袖,曾作为军队统领与阿里·本·艾布·塔里布在骆驼之战日和绥芬之战日参与过战斗。穆阿维叶曾将一名亚美尼亚姑娘赐婚于他。因此,公元670年,他便前往亚美尼亚,在路途中去世。

②吐火罗斯坦:属于呼罗珊的一个省,疆域辽阔乃至覆盖众多城镇,其中包括高塔吉克斯坦和低塔吉克斯坦。高吐火罗斯坦东接巴尔赫,西接阿姆河;而低吐火罗斯坦则是西接阿姆河地平面的一个城市。(《国家辞典(第四册)》,第26页)

德·本·奥斯曼去往呼罗珊,赛义德·本·奥斯曼拒绝之后,穆阿维叶严厉地将其违抗驳回,仍把他派到呼罗珊,他在那征服了撒马尔罕。他被称为:第一个渡过阿姆河,征服了吐火罗斯坦、布哈拉和撒马尔罕的阿拉伯人。

艾斯莱姆·本·宰勒阿·凯莱比当时在外呼罗珊地区,赛义德·本·奥斯曼向他征收财产,他没拒绝。赛义德便将他带到巴士拉的长官阿比德拉·本·齐亚德那里,他从呼罗珊逃出来后便写信告诉穆阿维叶:赛义德·本·奥斯曼想夺取他的钱财。因此,穆阿维叶便将赛义德·本·奥斯曼革职,让艾斯莱姆·本·宰勒阿担任呼罗珊的长官。艾斯利姆动身来到呼罗珊,一直到达大梅尔夫①。当时赛义德·本·奥斯曼仍在那里,艾斯莱姆人多势众,便在赛义德·本·奥斯曼的帐篷中用矛刺杀了包括他的女奴在内的众多下属。之后,他便写信给穆阿维叶,穆阿维叶便回信让二人前来。当时盖斯姆·本·阿巴斯·本·阿卜杜·穆塔里布已到达赛义德·本·奥斯曼那里,因此死于梅尔夫。与赛义德·本·奥斯曼一起的还有诗人麦立克·本·利卜②和叶齐德·本·莱比阿·本·穆法里厄·海姆拉③,之后,赛义德·本·奥斯曼便离开了呼罗珊。

---

① 大梅尔夫:呼罗珊最著名的城市及首都。(《国家辞典(第五册)》,第132页)

② 马立克·本·利卜·本·胡塔·马扎尼·台米尔:诗人,聪明幽默,擅长讽刺的文学家之一,人品优秀,在伍麦叶初期就富有赞誉。公元647年,被穆阿维叶委任去往呼罗珊,他也是见证了撒马尔罕的开拓者,于公元680年去世。

③ 叶齐德·本·莱比阿·本·穆法里厄·海姆拉:艾布·奥斯曼,爱情诗人,也是《图巴阿诗传》的创作人,来自希贾兹一个临近也门的村庄塔巴尔。他常写带有辱骂言辞的讽刺诗而饱受赞誉,一生命运坎坷,后定居库法居住,公元688年去世。

之后,阿卜杜·莱赫曼·本·齐亚德担任呼罗珊的长官。他离开之后,盖斯·本·海赛姆·赛勒米①接替了他的位置。接着,叶齐德·本·穆阿维叶委任赛勒米·本·齐亚德担任呼罗珊的长官,赛勒米与其兄弟阿卜杜拉·本·齐亚德之间矛盾异常激烈,当时与他一起去往呼罗珊的还有麦海莱卜·本·艾布·索菲勒、阿卜杜拉·本·哈扎姆、塔尔哈家族的塔尔哈·本·阿卜杜拉·赫勒菲、赫扎伊、欧麦尔·本·阿卜杜拉·本·穆阿迈勒·台米尔②、阿巴德·本·哈绥那·哈比特③、欧慕朗·本·法多里·拜尔杰米以及其他巴士拉的显贵们,这些曾与他兄弟一同去往呼罗珊的人都遭到了阿卜杜拉·本·齐亚德的打击,叶齐德·本·穆阿维叶传信让他自己承担费用,用石膏、麻栗树等材料在呼罗珊建造一些建筑,他都照做了。

之后,赛勒米又入侵花剌子模,征服了坎达肯④和布哈拉城。

---

①盖斯·本·海赛姆·本·盖斯·本·苏莱特·本·哈比比·赛勒米:杰出的演讲家,伊斯兰初创时期的巴士拉贵族,也曾是欧米家族的辅士。他曾说服阿卜杜拉·本·左拜尔入教,并与其兄弟一同投身于革命,阿卜杜拉·本·左拜尔被杀后,他则被押至阿卜杜勒·麦立克·本·麦尔旺那里,阿卜杜勒·麦立克宽恕并善待他,最终于伊历188年(公元804年)在巴士拉去世。

②欧麦尔·本·阿卜杜拉·本·穆阿迈勒·台米尔:杰出勇猛的领袖之一,古莱氏人。奥斯曼·本·阿凡命他担任征服伊什塔克尔地区的军队领袖。传说他的力量大到可以徒手直接取下壮牛的骨头,并且取出牛头骨,而普通人则需用斧头。

③阿巴德·本·哈绥那·本·叶齐德·本·阿慕尔·哈比特·台米尔:艾布·杰哈多姆,当时台米尔部落的骑士,伊本·左拜尔时代在巴士拉担任警长。他曾和穆索阿布并肩作战,攻打穆赫塔尔,还和阿卜杜拉·阿慕尔征服了喀布尔,并遇上伊本·艾什阿萨所发起的暴动。随后,他因病身体瘫痪,于公元705年在去喀布尔的时候被杀害。

④坎达肯(kentuck):《国家辞典》的编撰者将它改为了:坎德肯,它属于撒马尔罕的一个村庄,后属于杜布斯和苏格达。

叶齐德·本·穆阿维叶逝世后,伊本·左拜尔掀起暴动。赛勒米便离开了呼罗珊,同时,阿卜杜拉·本·赫扎姆·赛勒米也同他一道离开。在他之后。阿莱法杰·本·瓦勒迪·赛阿迪则继续担任呼罗珊的长官。阿卜杜拉回来担任书记官时,遭到了阿莱法杰的拒绝,因此双方发动了战争,阿莱法杰中箭身亡,阿卜杜拉·本·赫扎姆便开始统治呼罗珊。当时他听命于伊本·左拜尔,直到阿卜杜勒·麦立克·本·麦尔旺杀死穆斯阿卜·伊本·左拜尔,他便将伊本·左拜尔的首级送到阿比德拉·本·赫扎姆身边,并写信劝他归降,阿比德拉把穆斯阿卜的首级取下来,洗干净,将它白布裹尸后埋葬入土。他对阿卜杜勒·麦立克的回信非常强硬,并拒绝了他所提出的邀请。因而,遭到呼罗珊人的猛烈攻击,最终被杀,参与刺杀他的人有瓦卡尔·本·杜尔基和巴耶尔,最后他们将他的首级献给了阿卜杜勒·麦立克·本·麦尔旺。

阿卜杜勒·麦立克·本·麦尔旺的从政之路顺利之后,他便委任欧米·本·阿卜杜拉·本·哈立德·本·艾赛德·本·艾布·阿绥·本·欧米·本·阿卜杜·沙姆西担任呼罗珊的长官,欧米渡过阿姆河进入布哈拉。后来,白克尔·本·萨赫①在呼罗珊统治了一段时间,欧米又回来继任呼罗珊的长官,直到哈查知被派往伊拉克。

---

①白克尔·本·瓦萨赫·台米尔:麦尔旺时代最尊贵的埃米尔之一,勇猛威武,精气十足。欧米叶·本·阿卜杜拉曾任他做呼罗珊的长官,统治吐火罗斯坦。当他做好准备之际,欧米对他有所忌惮,便阻止他去吐火罗斯坦,转而命他准备进攻阿姆河。当他开始做准备时,欧米却又担心他会背叛他,便命他终止侵略,并派他前往梅尔夫担任长官。当他到梅尔夫时,将权力独揽一身,欧米便开始对他发动进攻,后来虽和解。但欧米在得到他想反叛的消息后逮捕了他,他于公元696年在呼罗珊去世。

第六章 雅古比《诸国志》撰写风格新考

当哈查知到任时,他写信给阿卜杜勒·麦立克:呼罗珊的情况已经一片混乱了,因此他便召回哈查知并派遣麦海莱卜·本·艾布·索菲勒去往呼罗珊,同时让阿比德拉·本·艾布·白克尔去往锡斯坦。

当麦海莱卜到达呼罗珊后,在那居住了一段时间,然后便去往吐火罗斯坦,后又到达苏格达城的凯什,但因病不得不返回梅尔夫,他因患有肥胖病,而后因腿脚不便而死于呼罗珊,其子叶齐德·本·麦海莱卜被派往呼罗珊,进行了一段时间的统治。

之后,哈查知便将叶齐德·本·麦海莱卜革职,重新委任穆法多利·本·麦海莱卜①担任呼罗珊长官。他一直在那任职,直到哈查知对他发动进攻后拘禁了他。

当哈查知攻打叶齐德·本·麦海莱卜的时候,写信给他在呼罗珊省的一个名为利耶村的下属盖提白·本·穆斯利姆·巴海利,命他抓捕穆法多利和其他麦海莱卜家族的人,并把他们绑来见他,盖提白便照此做了。

盖提白·本·穆斯利姆来到呼罗珊,带着麦海莱卜的族人去找哈查知。随后,他被派去征服布哈拉。然后,他又被派往塔里干。当时塔里干的巴扎姆谋反,盖提白便骑兵攻打他,战胜并杀死了他。

---

① 穆法多利·本·麦海莱卜·本·艾布·索菲勒·艾扎迪:艾布·厄桑,当时阿拉伯人的英雄,被认为是阿拉伯人中剑法最好、整军最有素的人,曾住在巴士拉。公元703年,哈查知派他去呼罗珊担任省长,在那住了几个月后,苏莱曼·本·阿卜杜勒·麦立克委任他管理巴勒斯坦的军队,他便与他的兄弟叶齐德一起在伊拉克复兴了麦尔旺家族,其后兄弟被杀,人们纷纷离他俩远去,他便带着剩下的人来到瓦斯特,那时他的眼睛已受伤。不久,他便迁移至杏德的坎达比勒(kandabil),公元720年,在坎达比勒的大门口被杀。

瓦里德·本·阿卜杜勒·麦立克和盖提白被派往呼罗珊后，势力日益强盛，杀了尼兹克·图尔汗后，又来到花剌子模，然后来到撒马尔罕，开拓了该地，并与撒马尔罕的国王奥扎克和解。

在哈查知去世之后的几个月里，苏莱曼·本·阿卜杜勒·麦立克就担任了呼罗珊的长官，他派叶齐德·本·麦海莱卜管理伊拉克，并命他调查哈查知的死因，当盖提白·本·穆斯利姆知道苏莱曼想把他撤职之后，瓦卡尔·本·艾布·苏德·台米尔对其发起了进攻并杀死了他，他以为苏莱曼会派他做呼罗珊的长官，苏莱曼却并没有这么做。

之后，苏莱曼便委派叶齐德·本·麦海莱卜同时担任呼罗珊和伊拉克两省的省长，叶齐德·本·麦海莱卜便开始一手统治呼罗珊，盖提白的手下也追随着他。同时，他还拘禁了瓦卡尔·本·艾布·苏德，并让他受尽折磨。

由于呼罗珊县区的管理者与叶齐德·本·麦海莱卜总是意见不合，因此他便让自己的兄弟和父亲成为他在呼罗珊的左膀右臂，协助他工作。

之后，欧麦尔·本·阿卜杜·阿齐兹·本·麦尔旺担任呼罗珊的长官，当叶齐德得知欧麦尔的任职后，便离开了呼罗珊，后来让他的儿子穆赫里德继续留在呼罗珊，并让他带走他在那里的所有财产。大家都劝他这样不妥，他便没有那样做，并去了巴士拉。阿卜杜·阿齐兹·本·麦尔旺将他革职后，委任了阿迪·本·艾尔塔·法扎里，同时他带穆赫里德去见欧麦尔，欧麦尔将其拘禁。

欧麦尔·本·阿卜杜·阿齐兹后又委任杰拉哈·本·阿卜杜拉·海

卡米①做呼罗珊的长官,命他取代穆赫里德·本·叶齐德·本·麦海莱卜②的职位,并且调查清楚他的事情,杰拉哈则服从了欧麦尔的命令。当时,西藏代表团前来拜访他,请求他为他们派遣一名伊斯兰教的宣传者,因此欧麦尔·本·阿卜杜阿齐兹便革职了杰拉哈·本·阿卜杜拉,而委任阿卜杜·莱赫曼·本·奈伊姆·厄姆迪,并写信给他要求一些穆斯林贵族和他们的儿孙们一起从阿姆河迁徙至梅尔夫,但是他们拒绝了并一直定居在那里。

当叶齐德·本·阿卜杜勒·麦立克·本·麦尔旺担任呼罗珊长官的时候,他委任穆斯利麦·本·阿卜杜勒·麦立克③去往伊拉克和呼罗珊,

---

① 杰拉哈·本·阿卜杜·阿齐兹·海卡米:艾布·亚喀巴,呼罗珊的埃米尔,当时征服呼罗珊的显贵之一,祖籍大马士革,曾受哈查知的委任担任过巴士拉长官。之后,受欧麦尔·本·阿卜杜·阿齐兹的委任前往呼罗珊和锡斯坦担任长官。他一直在那居住,直到叶齐德·本·阿卜杜·阿齐兹派他去亚美尼亚和阿塞拜疆,他才动身离开,当时他带大批人马进攻了哈扎尔,攻下了巴尔纳扎尔(Balanajar)其他的一些碉堡。叶齐德死后,哈希姆·本·阿卜杜勒·麦立克让他在那居住了一段时间后,于公元726年将他革职,公元729年又被召回,他便踏上了征服、扩张的征程。最终,于公元730年殉身于哈扎尔。

② 穆赫里德·本·叶齐德·本·麦海莱卜·本·艾布·索菲勒:省长,出身于领导者、英雄世家,曾参与自己父亲的很多政事和统治。当欧麦尔·本·阿卜杜·阿齐兹成为哈里发时,他认为叶齐德·本·麦海莱卜不能担任呼罗珊的省长,叶齐德便写信给他的儿子穆赫里德,让他来到呼罗珊接替他的工作。因此,他便开始统治呼罗珊。之后又作为使节前往沙姆,最终在沙姆去世。

③ 穆斯利麦·本·阿卜杜·马利克:省长,领袖。在当时是大马士革欧米家族的勇士,曾参与许多著名征服战争,曾于公元704年行军十万两千公里进行了对君士坦丁的征服。他的兄弟叶齐德让他统治伊拉克和亚美尼亚两个王国。公元727年,他又征服了土耳其和杏德,公元738年死于沙姆,而穆斯利麦家族一直居住在埃及明尼亚的艾什穆尼因。

同时穆斯利麦派遣赛义德·本·阿卜杜·阿齐兹·本·哈里斯·本·海卡姆·本·艾布·阿绥去往呼罗珊。一抵达费尔干纳国，他便发起战争，并封锁了苏格达的苦盏①碉堡。他遇害被俘虏后，穆斯利麦只好又委派沙姆的赛义德·本·阿慕尔·哈尔什②去往呼罗珊。不久后，他便将呼罗珊和伊拉克的统治权一并交由欧麦尔·伊本·海比尔·法扎里，之后后者则派穆斯利姆·本·赛义德·本·艾斯利姆·本·扎勒阿·凯莱比管理呼罗珊，他到达呼罗珊后，虽开拓了一些新的领土但是无所作为，最后被费尔干纳国人民击杀。

哈希姆·本·阿卜杜勒·麦立克·本·麦尔旺成为呼罗珊的省长之后，呼罗珊有很多人开始拥护哈希姆家族，因此他便派哈立德·本·阿卜杜拉·本·叶齐德·本·艾赛德·本·凯勒兹·盖斯勒去往呼罗珊和伊拉克，并命他派遣一位他信任的人去管理呼罗珊，哈立德便派遣了自己的兄弟艾赛德·本·阿卜杜拉③。得知此消息后，很多人开始指责他们（的谋反之心），并砍去了他们的双手和双脚，当哈希姆得知

---

①苦盏：是阿姆河靠近锡尔河岸边最著名的城镇，向东十天可达撒马尔罕。它也是最适宜旅行、水果最为甜美的旅游城市，中部有河流经过与山脉相连。（《国家辞典（第二册）》，第397页）

②赛义德·本·阿慕尔·哈尔什：领袖人物，沙姆最勇猛的省长之一，他曾杀死舒宰卜·赫拉杰，公元719年暗杀了与其相关的人，公元721年管理呼罗珊，后在哈立德·盖斯利的善待他又回到沙姆，曾征服哈希姆亚美尼亚，于公元730年去世。

③艾赛德·本·阿卜杜拉·白杰尔：是以勇敢慷慨著称的埃米尔，生于成长于大马士革。其兄弟哈立德·本·阿卜杜拉于公元726年委任他担任呼罗珊的省长。在此期间，他在巴尔赫重建了军队，波斯统领对他的统治十分赞许，便将萨曼交由他统治，他对萨曼人的治理严苛，故被称作"艾赛德"（狮子）。公元735年，土耳其人在呼罗珊夜间入侵呼罗珊，行进至小梅尔夫，两军发生交战，最终以土耳其人的败北告终。公元738年艾赛德在巴尔赫去世。

呼罗珊的情况已十分混乱,便委派艾什莱斯·本·阿卜杜拉·赛勒米①去呼罗珊,不久又将其革职,而委派了杰尼德·本·阿卜杜·莱赫曼·本·阿慕尔·本·哈里斯·本·赫勒杰·本·赛南·麦勒②,不久则又废除了他的任职,派遣阿索姆·本·阿卜杜拉·本·叶齐德·海莱利担任呼罗珊省长。后来,哈希姆听说呼罗珊仍处于危难之中,便再一次将它交与哈立德·本·阿卜杜拉·盖斯勒管理,他则再一次派遣了自己的兄弟艾赛德·本·阿卜杜拉做呼罗珊的省长,艾赛德在呼罗珊逝世后,沙姆人贾法尔·本·罕扎莱·白哈拉尼接替了他的位置。

哈希姆将哈立德·本·阿卜杜勒·麦立克迁离伊拉克后,又委任优素福·本·欧麦尔·赛格菲,并命他带一位熟悉呼罗珊情况的人前去,他委派阿卜杜·凯利姆·赛利塔·本·阿塔叶·罕非,他咨询了阿卜杜呼罗珊及呼罗珊人民的情况,他便为优赛夫简述了一番。在此之前他一直管理呼罗珊的一些县区,后被委派往呼罗珊,并被称为纳赛尔·本·赛亚尔·赖斯。贾法尔·本·罕扎莱离开后,他便开始接管此地,并在布哈拉逮捕了叶海亚·本·宰德·本·阿里·本·侯赛因③,并将其关押在堡垒中,后来,他写信给哈希姆,哈希姆便委任了瓦里德·本·叶齐德·本·阿卜杜勒·麦立克。

---

①艾什莱斯·本·阿卜杜拉·赛勒米:杰出的埃米尔。公元727年被哈希姆·本·阿卜杜勒·麦立克派往呼罗珊,他去到呼罗珊后,受到人民的爱戴,公元730年去世。

②杰尼德·本·阿卜杜·莱赫曼·本·阿慕尔·本·哈里斯·本·赫勒杰·本·赛南·麦勒:呼罗珊的长官之一,勇敢慷慨,饱受赞誉。哈希姆·本·阿卜杜勒·麦立克于公元730年委任他管理呼罗珊,一直任职到公元733年去世为止。

③叶海亚·本·宰德·本·阿里·本·侯赛因·本·阿里·本·艾布·塔里布:生于公元716年,是一位英雄人物,与其父亲参与过针对麦尔旺家族的革命,其父亲被钉死在库法后,他离开库法,前往巴尔赫,公元743年去世。

叶海亚·本·宰德用计从监狱里逃了出来，来到了内沙布尔地区。纳赛尔·本·赛亚尔·赛勒姆·本·艾哈沃扎·海莱利被派遣追杀叶海亚，在朱兹詹追赶上他后，两军发生了战争，他从西边射中了叶海亚·本·宰德，使其当场身亡。赛勒姆·本·艾哈沃兹将他定在朱兹詹大门的十字架上。直到艾布·赛勒姆胜利后，才将叶海亚放下来，入殓并埋葬，除此之外还杀了所有与其死相关的人。公元743年，呼罗珊拥护哈希姆家族的人越来越多。

纳赛尔·本·赛亚尔起兵攻打朱迪尔·本·阿里·凯尔玛尼·艾扎迪①，瓦里德遇害，叶齐德·本·瓦里德·本·阿卜杜勒·麦克·本·麦尔旺成为呼罗珊的省长。当时呼罗珊的情况一片混乱，因此呼吁哈希姆家族上台的人越来越多，纳赛尔·本·赛亚尔便想离开这里，前往莱比阿（位于伊拉克）和也门。

然后麦尔旺·本·穆罕默德·本·麦尔旺·本·海卡姆担任呼罗珊的省长，当艾布·穆斯利姆到达呼罗珊之后，纳赛尔·本·赛亚尔从呼罗珊逃走。

纳赛尔要求休战，而艾布·穆斯利姆却杀了纳赛尔·本·赛亚尔②，

---

①朱迪尔·本·阿里·艾扎迪·麦阿尼：呼罗珊的长老，骑士、足智多谋的领导人。祖籍科曼。在纳赛尔·本·赛亚尔任命他之前，一直居住在呼罗珊，公元747年死于莱哈巴。

②纳赛尔·本·赛亚尔·本·拉斐尔·本·麦里·本·莱比阿·凯纳尼：出生于公元666年，智勇双全的埃米尔，是一名政治家、战争家、谋略家以及睿智的领袖。他曾担任呼罗珊领袖，统治着巴尔赫，曾攻下很多堡垒，缴获很多战利品。公元737年，受哈希姆·本·阿卜杜拉委任，进攻阿姆河地区。当他定居梅尔夫后，听闻拥护阿巴斯家族的人越来越多。因此，他便给远在沙姆的麦尔旺家族的人写信，让他们提防这一情况，但并未引起重视，他虽谋划大局，但仍束手无策，于公元747年离开了梅尔夫，来到内沙布尔，然而，艾布·穆斯利姆却派盖哈塔卜·本·沙比卜来到内沙布尔，使得纳赛尔又逃至高姆斯，于公元748年去世于萨窝。

并于伊历130年攻打下呼罗珊,并在那安排了他的人手,又将盖哈塔巴等人派遣至伊拉克。

艾布·阿巴斯·阿卜杜拉·本·穆罕默德成为穆民的长官,哈希姆·穆巴拉克家族便登上了历史的舞台。艾布·穆斯利姆在呼罗珊居住到公元753年,然后便向阿巴斯辞行去朝觐了,阿巴斯准许后,他便去往伊拉克,哈立德·本·易卜拉欣·扎哈里,即艾布·达乌德①在此之后开始担任呼罗珊的省长。

艾布·阿巴斯去世后,艾布·贾法尔·曼苏尔和艾布·达乌德·哈立德·本·易卜拉欣共同担任呼罗珊的省长。艾布·穆斯利姆被杀后,他便离开呼罗珊意欲为艾布·穆斯利姆报仇。曼苏尔便派扎海尔·本·麦莱勒·阿扎勒对他发起攻击,扎海尔杀了他,从而分裂了他的势力。

公元765年,艾布·贾法尔·曼苏尔派遣阿卜杜·贾巴尔·本·阿卜杜·莱赫曼·艾兹迪②担任呼罗珊的省长,阿卜杜·贾巴尔便前往呼罗珊,他曾为曼苏尔管理警队。当他在呼罗珊的财力与实力均膨胀后,便开始动了反叛之心,因此曼苏尔派麦哈迪攻打他,将其俘虏并带回艾布·贾法尔身边。公元766年,艾布·曼苏尔将其处决后钉死在伊本·海比尔的宫殿中。

麦哈迪当时在利耶,而塔巴里斯坦盖伦·艾索巴哈比扎反叛,他

---

①哈立德·本·易卜拉欣·扎哈里:艾布·达乌德,曼苏尔:公元754年作为征服者被派往呼罗珊,征战四方。他的军队起义,他进行镇压,于公元757年从高墙坠落而亡。

②阿卜杜·贾巴尔·本·阿卜杜·莱赫曼·艾兹迪:阿巴斯初期专制、勇猛的长官。公元757年,曼苏尔派他统治呼罗珊,他杀死了许多呼罗珊地区呼吁阿里·本·艾布·塔里布后代夺位的人。后来,他逐渐对曼苏尔产生了反叛之心,从而遭到曼苏尔派遣军队的追杀,他们将他俘虏后,带到了曼苏尔身边,他的手脚均被砍下,最后在公元759年被砍头,家人也遭到驱逐。

便派遣了赫扎姆·本·赫宰姆·台米尔及鲁哈·本·海提姆·麦海莱比去往塔巴里斯坦进行镇压，从而开拓了塔巴里斯坦并将盖伦俘虏回来。

麦哈迪后来又委派欧赛德·本·阿卜杜拉·赫扎阿①前往呼罗珊，欧赛德死后，又重新委派哈米德·本·盖哈塔巴·塔伊去往呼罗珊，他在那统治一段时间后，被曼苏尔革职，由艾布·奥努·阿卜杜·马利克·本·叶齐德接替省长之位，后来阿卜杜勒·麦立克·本·叶齐德也离开了呼罗珊。

哈里发麦哈迪委任了海米德·本·盖哈塔巴②作呼罗珊的长官，他在那里统治一段时间后便逝世了。然后麦哈迪又派遣麦阿扎·本·穆斯利姆·拉扎作莱比阿的长官。

优素福·拜尔姆·哈鲁利起义以后，麦哈迪派叶齐德·本·麦扎德·本·扎伊德·沙巴尼攻打优赛夫·拜尔姆，叶齐德将他擒住后，带到了麦哈迪身边，麦哈迪便下令砍断了他的双手和双脚。

在优素福·拜尔姆之后，以穆格奈尔闻名的哈基姆·艾欧尔紧接着发生了叛乱，因此麦阿扎·本·穆斯利姆·来到呼罗珊进行镇压，随行的还有阿格拜·本·赛勒姆·海纳伊和迦百利·本·叶海亚·拜扎里和穆

---

①欧赛德·本·阿卜杜拉·赫扎阿：足智多谋、骁勇善战的领导人之一，曾居住在呼罗珊的尼萨（安息王国的首都）。在阿巴斯家族执政之前，他一直辅佐艾布·穆斯利姆，为他进言献策，他也是协助阿巴斯王朝哈里发上位的第一人，在尼萨的时候，艾布·穆斯利姆命他作征服呼罗珊军队的先锋，最后他于公元768年在呼罗珊逝世。

②海米德·本·盖哈塔巴·本·沙比卜·塔伊：骁勇的领导人之一，公元760被委任管理埃及，后来又到半岛进行统治。公元765，他被派往亚美尼亚进行征服，769年又入侵喀布尔，最终成为呼罗珊的埃米尔，并在那定居。公元776年在那里去世。

民的长官里斯。麦哈迪为攻打穆格奈尔,委派了赛义德·海莱什,他一直将其追攻至苏格达,在巴克什城堡建造堡垒进行了防守。

当围攻越来越激烈之时,他和他的手下全体服毒自尽,城堡便被攻下。麦哈迪让麦阿扎·本·穆斯利姆离开呼罗珊后,又委任了穆赛卜·本·扎海尔·多比①来到呼罗珊。麦哈迪任哈里发的后期,又将穆赛卜革职,委派了法多里·本·苏莱曼·图斯担任呼罗珊省长,直到麦哈迪离世。

穆萨担任哈里发时之时,哈伦·拉希德委派贾法尔·本·穆罕默德·本·艾什阿萨·赫扎阿管理呼罗珊,由于他瘫痪去世,便由其儿子阿巴斯·本·贾法尔·本·艾什阿萨接替其位。阿巴斯被革职后,拉希德的叔叔阿塔里夫·本·海赛姆·赫扎阿继任,由于其并未使呼罗珊情况好转,则又被革职,便由海姆宰·本·马立克·本·海赛姆·赫扎阿②接替他的位置。他被革职以后,法多里·本·叶海亚·本·哈立德·本·巴尔马克成为呼罗珊省长。法多里到布哈拉后,征服了吐火罗斯坦的一些县区以及卡布尔沙合、查克南。

不久,在法多里·本·叶海亚·本·哈立德离开呼罗珊之后,曾为拉希德管理警队的阿里·本·尔萨·本·玛罕被委任至呼罗珊,他来到呼罗珊后,艾布·阿慕尔·沙里反叛,他便对其发动进攻,并将其杀死。

不久,海姆宰·沙里也开始反抗阿里·本·尔萨的统治,阿里便带军

---

①穆赛卜·本·扎海尔·本·阿慕尔·多比:生于公元718年,艾布·穆斯利姆,骁勇的领导人之一,为曼苏尔、麦哈迪及巴格达阿巴斯家族的领导人,主要管理警卫队。麦哈迪曾委任他统治过一段时间的呼罗珊,公元791年时死于米拿,葬于亚喀巴。

②海姆宰·本·麦立克·本·海赛姆·赫扎阿:起义者,在哈迪·阿巴斯时期在半岛起义,半岛的总督便派军对其发起进攻,海姆宰将其打败后,俘获了他的钱财,势力更盛,后于公元785年被杀。

队镇压海姆宰,将其追至喀布尔,发动进攻并杀死了他。

在海姆宰之后,艾布·赫绥卜也开始在巴乌尔德地区起义,阿里也对其发起进攻并杀死了他。这时,阿里·本·尔萨财力壮大,他便委派了拉斐尔·本·里斯·本·纳赛尔·本·赛亚尔·本·拉斐尔·里斯①前往撒马尔罕,但拉斐尔开始反叛,雄心逐渐膨胀,势力也不断壮大,而拉希德却听说这是阿里·本·尔萨所策划的,因此派海尔萨姆·本·艾安②前去捉拿他,并铐上铁铐带回拉希德身边,拉希德将其财产没收,又于公元789年委派海尔萨姆·本·艾安·巴尔赫前去管理呼罗珊。

---

①拉斐尔·本·里斯·本·纳赛尔·本·赛耶尔·本·拉斐尔·里斯:起义者,曾在撒马尔罕的阿姆河地区定居。拉希德·阿巴斯时期得势,而后被革职、拘禁。他从监狱出逃后,杀死了呼罗珊的长官,并于公元808年取而代之。而后,他开始反叛拉希德,想拥护自己上位,呼罗珊的长官阿里·本·尔萨来进行镇压,拉斐尔获胜后,阿里于810年被召回,拉希德又派遣伊拉克长官前去杀死拉斐尔。公元811年,拉斐尔战败去世。

②海尔萨姆·本·艾安:骁勇的埃米尔,在亚美尼亚、非洲等地时非常重视城市化建设。公元796年被拉希德派遣前往埃及,然后又被派往非洲去镇压反叛者,并于公元797年进入(突尼斯)的凯鲁万。他非常喜爱那里的人,便善待他们。他带着大部队来到(阿尔及利亚)的提亚雷特,突遇伊本·扎鲁德的讨伐,海尔萨姆获胜后,柏柏尔部落均顺从了他,他便回到了凯鲁万,并在扎克里亚·本·盖蒂姆的帮助下那建造了著名的凯鲁万宫殿,同时也筑造了特拉布鲁斯墙。在非洲继续担任两年半的总督后,他请求拉希德将他调离。公元799年,拉希德将他调至呼罗珊,他在那里定居。公元809年,他被委任前去征服塔伊夫;公元810年,他迁至梅尔夫,当时艾敏与哈里发麦蒙之间发生了暴动,他选择支持麦蒙,便带领他的部队服从麦蒙的领导,暴动以艾敏的死亡而告终。阿拉伯帝国在麦蒙的统治下逐渐有序,他便升为埃米尔,据说:他被控告维护易卜拉欣·本·麦哈迪,或是没有及时地处决那些反抗者和艾布·赛拉亚,遭到法多里·本·赛哈利的厌恶而被辱骂和殴打,公元816年他在梅尔夫的监狱里被秘密处决。

第六章 雅古比《诸国志》撰写风格新考

拉希德来到呼罗珊,让他的儿子穆罕默德即艾敏在巴格达任总督。当时与拉希德一起去的还有麦蒙和他的军队,当他到图斯后,病情愈发严重,麦蒙便和他的下属海尔赛姆及其军队则来到梅尔。拉希德于公元811年6月死于并葬于图斯。

麦蒙在呼罗珊统治了一段时间,征服了一些县区,而同时海尔赛姆去往撒马尔罕讨伐拉斐尔·本·里斯·本·纳赛尔·本·赛亚尔·里斯,直到攻下撒马尔罕,拉斐尔则被带到了麦蒙身边,麦蒙将他带给穆罕默德,穆罕默德便派他去进行征服。

公元811—812年,麦蒙一直居住在梅尔夫,穆罕默德写信让他前往巴格达,而委派阿巴斯·本·穆萨本·尔萨和穆罕默德·本·尔萨·本·纳海卡前去呼罗珊,麦蒙拒绝并回信:这违背了条件。

因此,穆罕默德便委派阿索麦·本·艾布·阿索麦·萨比阿带军前往,由于阿索麦人在利耶,便没有去,因此他又派遣了阿里·本·尔萨·本·玛罕前去呼罗珊。

麦蒙得知此消息后,派梅尔夫的塔哈尔·本·侯赛因·本·穆索阿布·宝珊基带四千军队出征,在利耶偶遇阿里·本·尔萨后将其杀死。

然后麦蒙便派海尔赛姆·本·艾安去往伊拉克,而他则留在梅尔夫。公元816年1月末,穆罕默德被杀,麦蒙则被拥护为哈里发。

公元815—818年,麦蒙定居呼罗珊,并向伊拉克派遣了他的人手,其中就有哈米德·本·阿卜杜·哈米德·本·莱巴伊·塔伊·图斯①。

后来又派遣阿里·本·哈希姆·本·赫赛鲁·麦鲁迪,然后则又派

---

① 哈米德·本·阿卜杜·哈米德·本·莱巴伊·塔伊·图斯:麦蒙·阿巴斯的得力猛将,骁勇善战,曾多次被麦蒙派去执行任务,死于公元825年。

遣阿里·本·艾布·赛义德·伊本·赫莱·法多利·本·赛海利去往外伊拉克地区。

后来,他则安排哈桑·本·赛海勒处理一切事物,海尔赛姆便愤然离开伊拉克,找麦蒙理论,麦蒙将他拘禁在梅尔夫的监狱三天后,他于公元818年死去。

公元820年,麦蒙派莱多·阿里·伊本·穆萨·本·贾法尔·本·穆罕默德·本·阿里·本·侯赛因·本·阿里·艾布·塔里布去往梅尔夫。同年,他离开梅尔夫,去了萨拉赫斯,并在那定居。

法多里·本·赛海利在萨拉赫斯的某浴室遇刺后,麦蒙处决了所有与其死有关的人,并去图斯,在那定居下来,当时是公元821年。

阿里·伊本·穆萨在图斯去世以后,麦蒙给呼罗珊所有小国王写信进行调解,才平息了纷争,并让法多里·本·赛海利的姐夫利扎·本·艾布·多哈卡全权管理呼罗珊。

麦蒙于公元822年2月中旬来到巴格达,当时呼罗珊在利扎的管理下已腐败不堪,他便派遣厄萨努·本·阿巴德①担任呼罗珊省长,呼罗珊的混乱情况便在厄萨努的治理下日趋完好,麦蒙因此极力称赞了他。

公元822年底至823年初,厄萨努·本·阿巴德一直居住在呼罗珊。塔哈尔·本·侯赛因·本·麦索阿卜·宝珊基用计使得麦蒙委任他担任呼罗珊省长。公元823年,他动身去往呼罗珊。听说麦蒙对他评价不佳后,他开始产生异心,意欲反叛。据传闻,麦蒙得知这一消息以后,公元

---

①厄萨努·本·阿巴德:麦蒙·阿巴斯手下的省长。他是法多里·本·赛海利的侄子。在法多里之前被派往呼罗珊,于公元831年被麦蒙派往杏德。当时杏德的长官是白沙尔·本·达乌德,他对麦蒙叛变。厄萨努进入呼罗珊时,白沙尔便求他庇护。他统治的三年时间里政通人和。公元831年,欧穆朗·本·穆萨·巴尔克曼继任,他便回到巴格达,并于当年逝世。

825年,设计塔哈尔服毒而死。麦蒙便委派他的儿子塔莱哈·本·塔哈尔·本·侯赛因代替了他的位置,他在那里管理了七年左右,公元833年逝世。

后来,麦蒙派阿卜杜拉·本·塔哈尔管理加百勒和阿塞拜疆的一些县区。在迪奈尔居住的期间一直患病在身,因此麦蒙便派遣其兄弟塔拉哈·本·塔哈尔去接替他的位置,同时派遣他与伊斯哈格·本·易卜拉欣和大法官叶海亚·本·艾克赛姆①一同前去。同时,他又派遣阿卜杜拉·本·塔哈尔去往呼罗珊,他便来到内沙布尔,成为那里的第一个省长,并一直居住在那。

阿卜杜拉·本·塔哈尔定居呼罗珊,在那进行了严苛的统治,所有的城镇持续稳定发展了十四年。848年,48岁的他死于内沙布尔。后来,瓦斯格派遣阿卜杜拉的儿子塔哈尔·本·阿卜杜拉·本塔哈尔管理呼罗珊,他便在瓦斯格、穆泰瓦克勒、穆泰索尔及穆斯泰安几位哈里发在任期间在呼罗珊定居,统治十八年后,他于公元866年7月死于内沙布尔,享年44岁。

---

① 叶海亚·本·艾克赛姆·本·盖坦·台米尔·艾赛迪·麦鲁扎:艾布·穆罕默德,法官,能力甚高,享有盛誉,也是著名的教法学家之一,属于艾克塞姆·本·绥夫哈基姆·阿拉比一族。他于公元775年出生于梅尔夫,后受麦蒙之命管理梅尔夫。公元820年,他被派往巴士拉担任法官,并成为巴格达的大法官。他参与了国家的治理工作,当时国家的部长们毫无作为,在他来之后,事情有所好转,在麦蒙身边可谓一人之下万人之上。他使得当时的教法、法官的素养得以提升,人人的谈吐优雅,个人素养均得到提升,深得麦蒙的心,甚至使得麦蒙下令要他终日陪在他身边。他还经历过许多征服战役,比如:麦蒙于公元834年派遣他带兵去鲁姆地区进行征服,他常凯旋。麦蒙死后,穆阿塔西姆将他的法官之职废除。哈里发穆泰瓦克勒当政时,又让他回来担任法官,后又于公元856年将他废除,并没收了他的财产。他居住一段时间后,决心来到麦加,他听说穆阿塔西姆想收缴他的钱财,便返了回来,当他到达麦地那的一个村庄—艾尔拉卜达时,患病去世,当时公元857年。

他去世后,穆斯泰安派遣他的儿子穆罕默德·本·塔哈尔·本·阿卜杜拉·本·塔哈尔①去往呼罗珊,伊历866年—877年他一直任呼罗珊省长。由于侯赛因·本·宰德·塔里布②在塔巴里斯坦、叶阿古柏·本·里斯·索法尔在锡斯坦掀起叛乱,呼罗珊局势大乱。

叶阿古柏·本·里斯·索法尔③于877年10月来到内沙布尔,抓捕

①穆罕默德本·塔哈尔·本·阿卜杜拉·本·塔哈尔·本·侯赛因·赫扎阿:呼罗珊埃米尔,于公元866年接替其父亲的位置。公元892年,叶阿古柏·索法尔向他发起进攻,他被俘虏后,逃了出来,并于公元889年恢复统治。他在生命的最后被革职。在巴格达默默无闻地生活到公元911年去世。

②侯赛因·本·宰德·本·穆罕默德·本·伊斯玛仪·哈塞尼·欧莱维:果敢庄重,名震四方,出身优越,好谋善断的塔巴里斯坦最高领导人,他曾住在利耶,公元868年与呼罗珊长官和当地人民发生了冲突,便写信与他签订协议,他行军至该地,开始接管这里,势力逐渐加强。他又来到朱兹詹的萨利尔,杀死了那里的暴动者后,在那开始了他的统治。穆斯泰安·阿巴斯时期,他便又派兵前往利耶开始持续长达20年的统治,期间一直战火不断,他从塔巴里斯坦被驱逐出来以后,又回来进行统治,于公元884年逝世。

③叶阿古柏·本·里斯·索法尔:艾布·优素福,国家英雄,实行专制的埃米尔之一,年轻时在呼罗珊做过铜匠,表现出苦行主义的苗头。于公元865年进攻锡斯坦并开始统治布申和哈拉特。由于土耳其人开始反抗他,他便杀了土耳其众多小国的国王。自此,他们便开始分崩离析,呼罗珊及周边地区的长官开始忌惮他。不久,他又攻下科曼和设拉子,开始统治波斯,并征收赋税。他离开波斯后,来到他政权的根据地锡斯坦。公元877年,他写信给巴格达的哈里发表达了自己的顺从,还愿意将他在波斯获得的珍稀战利品送给哈里发,以作为攻入内沙布尔的借口。他攻入内沙布尔后,抓获了总督塔哈尔家族的最后一个埃米尔—穆哈默德·本·塔哈尔,结束了其在呼罗珊及波斯的统治。然后,他继续行军再次来到巴格达,当时的哈里发是穆阿泰米德,他带兵出征后,两军之间发生了残酷的战争,索法尔战败,回到了瓦斯特并开始在那里担任总督,公元879年死于胡斯坦国的君迪珊布尔。

了穆罕默德·本·塔哈尔,对他和他的家人仔细审查了一番后,没收了他们的钱财并侵占了他们的房子,将他们囚禁在科曼城堡,也被称为比姆城堡。直到索法尔去世之前,他们一直都被禁锢在那里。转而由索法尔的兄弟阿穆尔·本·里斯①管理呼罗珊。塔哈尔家族在呼罗珊统治了55年,其中有五位埃米尔,随着国家的灭亡,国家危机,局势变化,财力亏损严重。除了不断上涨的关税以外,塔哈尔家族每年在呼罗珊外地区的县区的花费可达四千万迪尔汗,此外,不包括馈赠,他们在伊拉克每年也可花费一千三百万迪尔汗。

这就是我们对位于阿拉伯帝国东部,即马什里克地区情况的介绍与描述,我们现在即将对帝国南部的情况展开叙述。

---

① 阿穆尔·本·里斯·索法尔:索法尔王国第二任埃米尔,他的兄弟叶阿古卜·本·里斯于公元883年去世以后,他成为王国的主人,穆阿泰米德让他接替他兄弟在呼罗珊、伊斯法罕、锡斯坦、杏德和科曼的管理。他管理了六年之后,穆阿泰米德于公元889年将他革职,他拒绝并派军队进攻哈里发,索法尔战败至科尔曼,公元892年,与穆瓦菲格德军队发生交火。公元894年,穆阿泰米德重新认可他,让他管理巴格达警队,并于公元902年派他去往利耶和阿姆河地区。公元904年,阿慕尔·本·里斯从内沙布尔带来了价值四百万迪尔汗、二十头身披马鞍、装饰华丽的牲畜、一百二十头身披马鞍的骏马以及华服、隼和良畜等礼物献给了哈里发穆阿泰米德,要求哈里发将他派往阿姆河地区,内沙布尔的利瓦将他带至那里后,阿姆河地区的总督伊斯玛仪·本·艾哈迈德·萨玛尼拒绝了他的调动,因此,二人便在巴尔赫爆发了战争。905年,索法尔被擒,穆阿泰米德便将呼罗珊交给萨玛尼管理,并命他把索法尔带回来,他被带回巴格达后,被拘禁在监狱直至公元907年去世。

第七章 《诸国志》部分地区名称与渊源新考

作者在书中记载古代呼罗珊省之余,还提到了中亚地区一些重要的城市,如布哈拉、花剌子模、苦盏、吐火罗斯坦以及阿姆河等。除此之外,作者又记述了阿拉伯半岛上的麦加和麦地那以及阿拉伯半岛南端也门沿海城市和早期的阿拉伯部落等内容,我们将其中最为重要的部分城市或地区的介绍进行考证与罗列,以方便了解雅古比在其作品《诸国志》中对这些城市的认识,同时也是通过丰富的考证资料来补足相关舆地与历史文献参考资料。

第一节 中亚地区重要城市与地区新考

一、锡斯坦

锡斯坦是西亚赫尔曼德河下游盆地,在阿富汗与伊朗之间。

二、吐火罗斯坦

吐火罗斯坦:指龟兹、焉耆、高昌、北庭,其中于术较小,应当包含在焉耆的范围中。如果非要以城镇和"四吐火罗斯坦"对应的话,那么只能是龟兹、焉耆、高昌、北庭,而不是安西四镇(龟兹、于阗、疏勒、焉耆)。虽然摩尼教徒把这一地理区域称为"吐火罗斯坦",但事实上真正的吐火罗斯坦(Tocharistan)是在巴克特里亚(Bactria)地区,那里原本是摩尼教的一个大教区。

三、阿姆河

阿姆河（波斯语:آمودریا；乌兹别克语:Amudaryo；普什图语:د آمو سیند；土库曼语:Amyderýa；塔吉克语:Амударё）：是中亚流量最大的河流。在古代，这条河被认为是伊朗和图兰之间的边界。阿姆河河名系突厥诸民族的语言，Darya 在古代突厥语里就是海或者大河的意思，Amu 则得名于沿岸城市阿姆（Amul），因土著民阿马德人（Amard）而得名，其活动地带在今土库曼斯坦的纳巴德地区。阿姆河在不同历史文明的语言中有各种称呼，古希腊语称 Ωξο ς（Oxos），拉丁语称 Ōxus，希伯来语称其גוזן（Gozan），阿拉伯语则为جیحون（Jihôn、Jayhoun）。中国古称：乌浒水、妫水；《元史》称作暗木河；《明史》称作阿木河。

四、布哈拉（Bukhara）

布哈拉是乌兹别克斯坦的城市，位于泽拉夫尚河三角洲畔，沙赫库德运河穿城而过，有 2500 多年历史，人口约 25 万，是中亚最古老城市之一。9 至 10 世纪时为萨曼王朝首都，1220 年被成吉思汗所侵占，1370 年被突厥人帖木儿征服。

五、塔巴尔

塔巴尔是阿西尔区管辖的比沙省的一个中心城市。

六、伊什塔克尔

伊什塔克尔：伊朗的古城，位于该国南部，由法尔斯省负责管辖，距离波斯波利斯约 5 公里，毗邻泰西封，该城有多处考古遗址。萨珊王朝是阿尔达希尔一世在伊什塔克尔（Estakhr）建立的，是信奉女神阿娜希塔（Anahita）的教士的后裔，阿尔达希尔一世成为波西斯（Persis，现今法尔斯省）的统治者。

七、杜布斯

杜布斯即叙利亚霍姆斯省的一个村庄。

八、花剌子模

花剌子模（乌兹别克语：Xorazm；俄语：Хорезм；阿拉伯语：خوارزم, Khwārizm；波斯语：خوارزم, Khwārazm；英语：Khwarezmia 或 Chorasmia）。旧译"火寻"，位于中亚西部的地理区域，阿姆河下游、咸海南岸，今乌兹别克斯坦及土库曼斯坦两国的土地上。花剌子模有时也被写作"花拉子模"。在塞种人的语言里解释为"太阳土地"。公元700年前后被阿拉伯人征服。十一到十三世纪受塞尔柱突厥统治。领土扩至波斯、阿富汗一带。12世纪时兴起了以其命名的王朝，强盛时期囊括中亚河中地区、霍拉桑地区与伊朗高原大部。1231年被蒙古帝国灭亡。此国家是西域地区的大国，长期控制着中西贸易。在宋代一大段时间内，将西域贸易的利润收入囊中。1231年，窝阔台驱逐扎拉丁，花剌子模灭亡。

九、苦盏

旧称列宁纳巴德，为塔吉克斯坦第二大城市，位于锡尔河畔，是中亚最古老的城市之一，地处中国通往欧洲的丝绸之路上。传说苦盏城的建立者是来自于欧洲东南部巴尔干半岛上的马其顿国王亚历山大大帝，该城在希腊史籍中称"Alexandria Eschate"，意为"最遥远的亚历山大里亚"，但是没有任何考古学的证据可以证明这一点。波斯帝国崛起后，苦盏成为其北部边境的一部分，也是丝绸之路的重镇。8世纪时，苦盏被阿拉伯帝国占领。12世纪时，苦盏被蒙古帝国征服。1866年，苦盏被俄罗斯帝国占领。1924年至1929年间，苦盏被划入乌兹别克斯坦。1939年10月27日，苦盏被更名为列宁纳巴德，以纪念列宁。1991年，苏联解体，随后塔吉克斯坦独立。1992年，苦盏恢复旧名。

十、哈扎尔

哈扎尔帝国，8世纪初期，哈扎尔人在继承西突厥帝国故地的基础上，通过一系列的对外扩张活动，逐渐发展成为一股强大的政治力量，最终在南俄草原上建立起一个庞大的帝国。9世纪可萨人在政治方面走向衰落。约在公元850至860年间，佩切涅格人穿过属于可萨帝国的领地，把可萨属民马扎尔人从亚速海北岸赶走。

公元965年，基辅的罗斯王公斯维雅托斯拉于进攻可萨人，占领了他们建在顿河河渠上的沙克尔都城。然而，可萨汗国在这次灾难中幸存下来，或者说，至少它仍然保住了伏尔加河下游地区、库班河地区和达吉斯坦草原。拜占庭皇帝巴西尔一世于1016年派出舰队，攻击最后一批可萨人。哈扎尔人（中国史籍称之为"可萨人"）是中世纪南俄草原上的一个古老民族。他们最初信奉萨满教，过着游牧生活。

公元550年至630年间，哈扎尔人仍处在西突厥帝国的统治之下。7世纪中期以后，他们逐渐摆脱西突厥帝国的统治，建立起自己独立的国家。

哈扎尔帝国是一个多民族、多宗教并存的国家。中世纪诸多民族都曾处在其宗主统治之下，如：西比尔人、撒拉古尔人、乌提格尔人、保加利亚人、莫尔多瓦人、格乌兹人、马扎尔人、哥特人和克里米亚半岛的希腊人以及西北部森林地区的斯拉夫部落等等。此外，哈扎尔帝国还采取宗教宽容政策，犹太教、基督教、伊斯兰教及其他的宗教信仰都可在帝国内部长期并存。在其鼎盛时期，哈扎尔帝国的统治阶级皈依犹太教，使其成为中世纪唯一一个信奉犹太教的国家。哈扎尔帝国在中世纪欧洲占有重要的历史地位，其政治结构主要承袭自西突厥帝国的"双王制"，故又被称为"哈扎尔汗国"。7世纪初期，俄罗斯草原西南部和达吉斯坦目睹了可萨帝国的崛起。可萨人是一支信奉腾格里、由可汗或达干统治的突厥民族。巴托尔德认为他们代表西突厥的一支，或者，也许更准确些，他们是西匈奴的一支。当他们的可汗札比尔于626年应希拉克略的邀请在梯弗里斯会面时，他们已经是一支强大的民族，他们借4万兵给拜占庭皇帝与波斯交战，希拉克略用这支援军将萨珊波斯的阿塞拜疆省夷为平地。拜占庭人与可萨人之间的这一联盟又因多次的王室联姻而加强。拜占庭皇帝查士丁尼二世在流亡期间（695—705年）逃到可萨人中避难，与可汗的一位姊妹结婚，她就是后来的塞俄多拉皇后。到君士坦丁五世时，他于732年娶可萨可汗的女儿为妻，她成为伊拉尼皇后。他们的儿子利奥四世皇帝，以其诨名可萨人利奥（775—780年在位）而为人所知。这种联姻方式在拜占庭反对阿拉伯人的战争中很有用，当拜占庭军队在小亚细亚对阿拉伯人发动进攻时，可萨人在外高加索从后方攻击他们（例如，在764年的战争中）。拜占庭宫廷对可萨人的亲密态度可以从其他方面得到说明。在欧洲的突厥各族人中可萨人是文明程度最高的民族，正如回鹘是中亚突厥人中最文明的民族一样。尽管可萨人从未采取过定居或农耕的生活方式，然而，正如前面所提到的那样，他们已建立起一个有秩序的国家，因贸易而致富，由于与拜占庭和阿拉伯世界的接触，他们具有相当高的文化水平。

可萨国家最初似乎是以捷列克草原地区为中心，第一个可萨"都城"巴伦加尔，马迦特把它确定在捷列克河南部支流苏拉克河河源处。阿拉伯人在722至723年摧毁它后，王室驻地迁往阿拉伯人称之为拜达（意为白城）的城市，马迦特企图将该名修正为沙里格沙尔（即突厥语"黄城"），或者更合适些，像米诺尔斯基认为的那样，是沙利格欣（即沙克新）。马迦特将它的位置确定在伏尔加河口上的伊提尔都城的所在地，伊提尔只是可萨可汗们的冬驻地。在夏季,他们像其祖先匈奴人一样在草原上来回漫游,很可能是在库班方向。833年,由于希望拥有一个给那些漫游部落隐蔽的司令部,他们请求拜占庭皇帝狄奥菲勒斯派工程人员帮助他们建造一座设防的都城。狄奥菲勒斯派总工程师帕特罗纳斯帮助他们建起了第三个都城沙克尔,它可能位于顿河入海处,或者更有可能是在顿河大拐弯处。

可萨人在克里米亚对面、塔曼半岛的原法纳戈里亚的废墟上又建起了马他喀贸易据点。可萨帝国是一个繁荣的贸易中心,来自拜占庭、阿拉伯和犹太的商人们成群结队地到伊提尔和沙克尔收购从北方而来的毛皮。随着商人们的到来,基督教、伊斯兰教和犹太教在可萨国内找到了落脚处。公元851至863年年间,拜占庭派基督教教士圣西利尔到可萨人中,他受到了热烈的欢迎。西利尔传记上记有他与犹太教教士在可汗宴会上的论战。在利奥六世统治期间,马他喀成了拜占庭一个主教区的所在地,它的建立是为了在可萨境内传播《新约》,以大批阿拉伯居民为代表的伊斯兰教,从690年起也有许多人成为皈依者,从868年起,特别在965年以后,伊斯兰教成为该地区的一大宗教;犹太教也更受欢迎,767年,伊沙克·圣格里开始在可萨人中任牧师。马苏第宣称在哈仑·阿尔·拉施德哈里发王朝的统治下(786—809年),可萨可汗和贵族都拥护犹太教。拜占庭皇帝罗马努斯·尼卡彭努斯(919—944年)发起的对犹太人的迫害,使大批以色列难民进入可萨境内。据说一位使用《圣经》中约瑟之名的可汗于948年写信给犹太教士希斯达伊,描述了可萨境内犹太教盛行的状况,但是,马迦特怀疑这封著名信件的真实性,该信的时间似乎不会早于11世纪。

据伊本·法德罕的记载(Risala),萨曼塔尔(在达吉斯坦内)的可汗、总督、王公和其他高级官员们都信奉犹太教。为报复伊斯兰境内对犹太教教堂的破坏,一位可萨可汗曾拆除了一座伊斯兰教寺院的塔尖。然而,在可萨人民中间穆斯林和基督教徒似乎超过了犹太教徒。据说,大约在965年一位可汗因政治上的原因而信奉伊斯兰教,而在1016年,塔曼半岛的可汗是一位名叫"乔治·佐勒斯"的基督教徒。

9世纪,可萨人在政治上走向衰落。这些信仰犹太教文明的突厥人被他们的同族、还处于野蛮状态的异教部落清除了。草原又一次处于动荡不安之中,从咸海草原来的乌古思突厥人(拜占庭作者们称奥佐伊人)把恩巴河地区和乌拉尔河地区的佩切涅格突厥人赶向西方。大约在850至860年间,佩切涅格人穿过属于可萨帝国的领地,把可萨属民马扎尔人从亚速海北岸赶走。如我们在上文中所看到的,当时马扎尔人退到第聂伯河和多瑙河下游之间的阿特尔库祖。不久,在889至893年间,佩切涅格人重新追逐马格尔人,把他们从新住地赶走,他们最终在该地区定居下来,因此,佩切涅格人占据了位于顿河河口和摩尔达维亚之间的俄罗斯草原。可萨人只保留了顿河下游、伏尔加河下游和高加索山脉之间的地区。

基辅的罗斯王公斯维雅托斯拉于965年进攻可萨人,占领了他们建在顿河河渠上的沙克尔都城。然而,正像巴托尔德所观察到的那样,可萨汗国在这次灾难中幸存下来,或者说,至少它仍然保住了伏尔加河下游地区、库班河地区和达吉斯坦草原。拜占庭皇帝巴西尔一世于1016年派出舰队,在罗斯军队的支持下,攻击最后一批可萨人,这支联军夺取了塔曼半岛和可萨人在克里米亚的属地。到1030年,可萨人作为一股政治势力已经消失。然而,拜占庭人最大的失算是帮助罗斯人消灭了这些已经开化的突厥人,他们是拜占庭帝国最忠实的老同盟者。自此,游牧部落取代了可萨人,夺得了黑海草原的控制权。

十一、尼萨

一座古代城市,位于今日土库曼斯坦首都阿什哈巴德西北方 18 公里,是古代安息王国时期所建立的城市,被认为是安息最初的首都。

十二、塔巴尔斯坦

塔巴里斯坦(现代波斯语:تاریخ تبرستان)是伊朗历史上的一个地区,为里海南岸的高地,大致相当于今马赞德兰省,但也包括吉兰省和戈勒斯坦省的部分土地。塔巴里斯坦在阿契美尼德王朝时代属于希尔卡尼亚省。在后来的塞琉古帝国和帕提亚时期,看起来塔巴里斯坦并没有被这些政权有效控制,而是接近独立的。只是在 6 世纪上半叶,萨珊王朝的卡瓦德一世才真正把塔巴里斯坦并入波斯帝国;然而,萨珊王朝是通过本地王公来进行间接统治。651 年,萨珊王朝被阿拉伯人灭亡后,塔巴里斯坦再次成为一个独立的王国,由本地的一个王朝统治,该王朝定都于阿莫勒。在该时期,当地的一些商人来到了中国。因而,在中国史书中也出现了该国的名字。在中国史书中,塔巴里斯坦被写为"陀拔思单"。

塔巴里斯坦的独立地位至少维持到 761 年,之后,开始由阿拉伯帝国派来的总督亲自统治。从钱币学看来,第一任阿拉伯总督是奥马尔·伊本·阿拉,他的统治始于 771 年,关于 761 年至 771 年的统治时期仍缺少足够证据来论证。关于独立时期的塔巴里斯坦的王公们,几乎完全依靠他们发行的钱币来进行考证,因而没有一个清晰的世系关系。这一时期塔巴里斯坦发行的钱币上使用的是巴列维字母,并且继续在币面上刻印着萨珊王朝最后一个强大国王库思老二世的头像。

第二节 《诸国志》中麦加和麦地那新考

一、麦加

从麦地那到麦加①的距离是二百二十五英里,朝觐者由宰塔维进入的是下麦加,由亚喀巴进入的是上麦加。麦加位于崇山围绕的峡谷之中,环绕着它的高山有艾布·哥比斯山,它是最雄伟的一座,太阳从这里升起,阳光洒向禁寺,还有格阿干山,法达哈山等。麦加分为很多区域。禁寺在吉亚德山和格阿干山之间,克尔白天房在它中间,禁寺长四百零四肘尺,宽三百零四肘尺,当中有四百八十四根柱子,每根柱子长十肘尺,还有一百九十八个窗台和二十三扇门。

克尔白高二十八肘尺,黑色角到叙利亚角有二十五肘尺,伊拉克角到叙利亚角二十二肘尺,伊拉克角到也门角二十五肘尺,也门角到黑石角二十一肘尺,麦加人饮用井中涌出的甘泉。

从麦加到塔伊夫有两条路,塔伊夫的建筑恢宏,是因为受麦加的影响。塔巴里在贾希利叶时期就是哈里斯部落居住的地方。麦加周围居住着来自不同部落的阿拉伯人,盖斯住的阿拉伯人有来自阿格勒部落、哈莱勒部落、耐米尔部落和纳索尔部落。麦加城内有很多泉眼,有的还含有"金"这一金属成分;从埃及到麦加的海边,还有一座城市,它的名字叫吉达。

二、麦地那

麦地那位于沙特阿拉伯西北部汉志省内,古名为叶斯里卜。公元622年,伊斯兰教创始人穆罕默德率信徒来到这里,建立了政教合一的统治中

---

①麦加:因那里人多拥挤而得名。

心,并向外扩展,后被誉为"先知之城"。雅古比在书中提道:"想去麦地那①的人要经过百图乃赫勒②、乌斯莱③、塔尔法④这些地方后就到了麦地那。在作者的眼中,麦地那拥有肥沃而甜美的土地,这座城市有两座山,这里的人们有迁士、辅士以及不同的跟随者,他们来自不同的阿拉伯部落。

麦地那有四个山谷,它们能集蓄雨水和洪水,分别称为巴塔哈山谷,大玛瑙山谷,小玛瑙山谷和水道山谷。在发洪水时水被集蓄在森林,而后流进山谷,依次经过大玛瑙山谷,小玛瑙山谷,那里有两口著名的水井,一口叫"如玛",是由"马兹农部落"所挖,另一口叫"阿尔瓦",城市居民从这两口井中取水饮用,或是灌溉树木和农作物。

麦地那还有很多泉眼,其中有苏瑞恩泉、赛宁麦尔旺泉、哈尼基泉、艾布·兹亚德泉、冷泉等,当地人以棕榈树产业为生。那里还有一片宽广的海域,横渡该海域需要三天的时间。

从麦地那到盖巴村⑤的路程有九英里,那里曾有蒙昧时期奥斯和哈兹拉吉的住所,库勒苏木也住在那里,库勒苏木去世后则住在萨阿德·本·黑塞木⑥的住所,这处住所位于盖巴清真寺旁边,之后又迁至麦地那,之后人们才开始杂居,互相往来形成了城市。

---

①先知之城:古称叶斯里卜,面积是麦加的一半,城中有很多枣椰树,水资源丰富,枣椰树及作物均用雨水浇灌,麦地那有城墙,居中的地方有清真寺。先知墓在清真寺东部,它的位置很高,离清真寺的屋顶咫尺之遥。(《国家辞典》,第97页)

②百图乃赫勒:麦地那附近的村庄,位于麦地那到巴士拉之间。

③乌斯莱:塞米拉东部的一处山间水域。(《国家辞典》,第141页)

④塔尔法:麦地那附近的一片水域。(《国家辞典》,第35页)

⑤盖巴村:麦地那两英里外的一个村庄,那里的井水味道甘甜,还有一座清真寺。(《国家辞典(第4册)》,第342页)

⑥萨阿德·本·黑塞木:阿卜杜拉的父亲,穆哈默的爷爷。

从麦地那到麦加的路程分为十段,第一段到距麦地那四英里的地方,那里有古莱氏的法哈拉部落的住所,那里现在是贾法尔·本·艾布·塔里布后代的住处,旁边还有哈桑·本·阿里·本·艾布·塔里布后代居住着,那里曾经住着古莱氏和其他部落的人。

罗哈的住所装饰精美,鲁伊埃住着奥斯曼·本·阿凡的后代和其他阿拉伯人。阿尔吉的房子也很美观,西格亚是赫法尔部落的地方,那里的房屋住着卡纳耐部落的人们,艾布瓦伊则是最好的住处。杰哈法住着赛里木部落的人,格底尔汗①距杰哈法两英里,格底德有赫扎尔住所,而阿凡和米热佐哈拉住着卡纳耐部落的人,最后就到了麦加。

第三节 《诸国志》中也门沿海地区城市和早期的阿拉伯部落

亚丁②是萨那海岸的一座海滨城市,它附近的地区有中国港、斯莱、曼杜卜、古莱菲加、哈尔达、舍尔贾③及其港口地区,以及艾塞尔④、胡绥阿、绥里因和吉达。

---

①格底尔汗:位于麦加和麦地那之间。(《国家辞典(第4册)》,第213页)

②亚丁:(其动词有定居之意)据说倘若谁在这里居住过,就会一直定居下去,由此,此地得名亚丁。亚丁是位于印度海沿岸的一座著名城市,从也门地区来看,这里气候相对恶劣,水资源匮乏,少有牧场,从这里出发,到可为人们提供饮用水的一处泉眼,大约相距一日的路程。(《国家辞典(第4册)》,第100页。)

③舍尔贾:是也门的主要地区之一,也是艾塞尔城最重要的一个地区。(《国家辞典(第3册)》,第379页。)

④艾塞尔:位于也门的一个城镇,距麦加有十日的路程,此地以"狮群"众多而著名。(《国家辞典(第4册)》,第96页。)

第七章 《诸国志》中部分地区的名称与渊源新考

一、也门各地区的阿拉伯部落名称

比什城位于阿扎德部落和巴尼基纳纳部落地区;哈索弗和塞艾德城,则位于哈乌①和哈凯姆②地区;在克德拉艾和迈赫季姆地区居住着阿克部落;在哈绥卜地区则生活着扎比德部落和阿沙伊人。

海斯城属于拉凯卜和巴尼迈吉德部落;哈里德城则属于马阿菲尔部落;在均德地区有沙拉布部落;吉山地区生活着哈米尔部落;塔巴拉地区则由哈斯阿姆部落掌控;纳季兰地区属于哈里斯·本·克尔卜部落;萨达地区属于豪兰、沙拉布和盖弗艾部落;哈杰尔地区则属于肯达部落。

上文已提及了南部地区也门的部分情况。接下来我们将介绍属于北部地区的麦达因和库尔的情况。但遗憾的是,作者在书中提到的许多城市已经无从考证,在此,只做相关资料的补充。

在提及从巴格达前往麦达因以及底格里斯河两岸的城市和郊野地区:即瓦西特、巴士拉、乌布拉、叶玛麦、巴林、阿曼、信德以及印度地区时,作者认为要先从巴格达出发,后沿着底格里斯河东岸,或西边隶属波斯人的阿扎姆村任何一边前行,便可直达麦达因,至此两地相距了7法尔萨赫(1法尔萨赫=6.24公里)。

麦达因当时由波斯王朝掌权,最早征服此地以及底格里斯河两岸诸多城市的是霍斯劳一世。在河的东岸有一座城市,据说那里有一处不知道是何人建造的古老白色宫殿以及穆斯林征服此地后所建造的清真寺。

在河的东岸还有一座城市,据说被称作"阿斯拜尼尔"③,波斯人的伟

---

①哈乌:也门迈兹希季部落的生活区。
②哈凯姆:即迈赫拉卡,是位于也门的一个生活区。
③阿斯拜尼尔:它是伟大的麦达因·卡斯里城的名字,此地坐落着塔克基思拉宫。(《国家辞典(第1册)》,第204页。)

大建筑——塔克基思拉宫便坐落于此,它有八十肘尺高,与上一座城市大约相距了一英里的距离。萨尔曼·法里斯和侯宰法·本·耶曼都曾居住于此,二人的坟墓也均在此地。

在这两个城市的后面是一座罗马人建造的城市,据说是罗马人击败波斯国王时建造的,当艾布·穆斯林被杀害时,忠实的领袖曼苏尔便身处这座城市。这三座城市之间相距大约有两、三英里的距离。在底格里斯河西岸据说有座被称为布哈尔绥尔的城市,距离麦达因走廊有1法尔萨赫的距离。底格里斯河东岸的地区受着底格里斯河水的滋养,而其西岸地区,则由幼发拉底河的一条支流——被称作国王河的河流所灌溉。

麦达因在公元632年时,被赛义德·本·阿比·瓦卡斯完全征服了,从麦达因到瓦西特城有五天的行程,路过的第一法尔萨赫是阿克勒修道院①,它位于奈赫拉旺城中部地区,此城的领袖便居住于此。之后会到达杰尔杰里亚②,它位于奈赫拉旺城的下游地区,隶属于波斯人的管辖,掌权者中有拉贾乌·本·艾比·代哈克和阿赫迈德·本·哈绥卜。

紧接着便到达了努迈尼耶,它坐落于扎布城上游,瑙拜赫的家便位于此地。在达努迈尼耶城,有一座希拉克略修道院,专治疯病患者。

接下来会经过贾巴勒,它是一座很古老的城镇,在它之后是马杜赖城,这里是古时阿贾米人(波斯人)领袖的家庭所在地,之后便到达古老的河流穆巴拉克。在经过底格里斯河西岸著名的村镇努迈尼耶之后,便

---

①阿克勒修道院:位于麦达因·卡斯里和努迈尼耶城之间,此处沿着底格里斯河岸至巴格达之间的距离为15法尔萨赫。(《国家辞典(第2册)》,第590页)

②杰尔杰里亚:位于底格里斯河东岸的小城镇,地处奈赫拉旺下游、瓦西特和巴格达之间,这里养育出了诸多的学者、诗人、作家和法官。(《国家辞典(第2册)》,第143页)

会到达拜奈迈兹,这里是一个口岸,底格里斯河的河水就是从这里汇入了尼罗河。

随后,是西岸的萨贝斯河,它位于河岸东侧穆巴拉克市的对面,从这里可以行至特苏吉、马杜赖和班克塞城,接着便能到达河东的竹城,之后是萨勒赫城,哈桑·本·萨赫勒的家位于此地,麦蒙当初正是在这个地方拜访了萨赫勒和他的女儿普兰。

之后是瓦西特地区,它包括位于底格里斯河两岸的两座城镇。河东岸是一座古老的城镇,西岸是朝觐者所建立的一座城镇,二者之间由船只搭建起一座桥梁,朝觐者在西岸的城镇中还搭建了宫殿,宫殿有绿色的穹顶,由此被称为"绿色的瓦西特"。此外,他们还建造了清真寺,每当朝觐结束后,管理者都会降下宫殿的围栏。亚兹德·伊本·奥马尔被卡塔巴的军队击败时曾躲避于此以求庇护。在这两座城市中,还混杂着阿拉伯人和阿贾米人(波斯人)。

代赫甘人多居住于东部城市凯什凯尔,这里的土地税被并入了塞沃德郊区的土地税收之中。瓦西特地区之所以会如此称呼,是因为从这里到巴士拉、库法、阿瓦士和巴格达的距离都是50法尔萨赫。因此,这里被称作了"瓦西特"(意为"中心"),它与阿班河相连,在这里生产亚美尼亚席垫,之后运往亚美尼亚进行纺纱和编织,再被运往伊卜迪斯①作坊,最后送往米桑地区的迈宰尔城。迈宰尔城②也位于底格里斯河畔,此外还

---

①伊卜迪斯:这是一个阿拉伯化了的名称,它是一座位于凯什凯尔城,鲁斯塔特地区的工厂。(《国家辞典(第4册)》,第87页)

②迈宰尔:这是一个非阿拉伯语的名称,迈宰尔位于瓦西特和巴士拉之间的米桑,是米桑地区的首府,距离巴士拉有大约四天的路程,在哈里发欧麦尔入主巴士拉时期,被乌特拜·本·盖兹旺所征服。(《国家辞典(第5册)》,第104页)

有被称作非斯的阿伊兹吉拜兹城。在瓦西特到巴士拉之间,是拜泰伊赫地区,之所以如此称谓,是因为这里汇聚了诸多条河流,水源丰富。从这里沿着底格里斯河继续前行,就到了艾奥拉地区,之后在伊本·欧麦尔①河岸停靠,便到达了巴士拉。

在类似的记述之后,作者还记录了当时的三片军营:霍姆斯营地、大马士革营地和约旦营地,这些营地是沙姆地区军队的驻扎而形成了类似城市的区域,作者主要就营地的区域划分、城市居住的人种、部落、族群、税收额度以及城市与城市之间的距离等内容进行了介绍。

二、霍姆斯营地

若想从阿勒颇走大路前往马格里布地区,则要先从阿勒颇出发前往肯斯林后到达一个叫特莱姆森的地方,这里便是霍姆斯营地(军区)②的一个主要城镇。之后,从特莱姆森前往哈马城③,它是一座位于阿洛伦河畔的古老城镇,这个城市的居民都是从也门迁徙而来,他们中的大多数人

---

①伊本·欧麦尔河:这是一条位于巴士拉地区的河流,最早由阿卜杜拉·本·欧麦尔·本·阿卜杜勒·阿齐兹开凿,当他受哈里发瓦利德一世的指派,前往伊拉克的巴士拉工作时,当地的居民曾向他抱怨巴士拉地区水的盐度过高,于是他便向哈里发上书请愿开凿河流,哈里发回答他:倘若伊拉克的税收和现有的资金足以支付开凿河流的开销,那么就可以拨款动工。于是便有了现在这条以伊本·欧麦尔命名的河流。(《国家辞典(第5册)》,第364页)

②军区:为沙姆地区五支军队之一,也可指一个城市区域。(《国家辞典(第2册)》,第311页)

③哈马:是一座十分富饶的大城镇,当时物价低廉,拥有繁茂宽广的市场、坚实的城墙,在这里有许多市场和清真寺,能够在高处俯瞰阿西河,在这里还设有许多水车来灌溉花园,并将水注入清真寺的水塘。(《国家辞典(第2册)》,第344页)

属于布哈拉或泰努赫部族,在这之后,从哈马前往拉斯坦城,之后便到达霍姆斯。

霍姆斯城①是沙姆地区最大的城市之一,在那里有一条河流,养育着当地的居民,这里的居民均是自特耶、肯达、哈米尔、凯勒卜、哈姆丹地区以及其他也门地区的也门人。

这里最早是被艾布·阿比德·杰拉赫②于公元628年占领,在征服此地后,杰拉赫与当地的居民达成和解。

霍姆斯城分为如下区域:居住着凯勒卜人的纳玛区、位于阿洛伦河畔的拉斯坦和哈马城区,居民均为布赫拉、泰努赫、索朗和阿耶德部族人。至于塞莱米耶城,则是一个内陆城市,最初是阿卜杜拉·本·萨利赫·本

---

①霍姆斯:是一座十分著名的古老城镇,设有高大的围墙,在城镇一边的高山上,建有坚不可摧的堡垒,位于大马士革至阿勒颇的道路之间,据说是一个叫霍姆斯·本·麦赫里·本·加努·本·穆凯奈夫的人建造的,据说他是一名亚玛力人。(《国家辞典(第2册)》,第347页)

②艾布·阿比德·杰拉赫:他的原名为盖米尔·本·阿卜杜拉·本·杰拉赫·本·赫莱勒·法赫里·古莱氏,是一位埃米尔、一位领袖、沙姆迪耶尔的开拓者和圣门弟子。据伊本·阿塞基尔所说,古莱氏族的两位卓越的政治家是艾布·伯克尔和艾布·阿比德,阿比德曾经的绰号为"民族的忠实者",于公元584年生于麦加,是早期皈依伊斯兰教的一批人之一,他见证了伊斯兰教诞生的整个历程,哈里发欧麦尔曾任命他带领前锋部队进攻沙姆地区,在哈立德·本·瓦利德掌管军队后,他便攻占了沙姆迪耶尔地区,领土东部一直到达幼发拉底河地区,北部到达小亚细亚,并在那里驻扎部队、派遣工人。他由于和蔼可亲、有耐心且品质谦虚而深得人心,公元639年死于瘟疫,他的尸身埋于贝特谢安。杰拉赫没有留下后代,但曾留下过14段圣训。他身形瘦弱修长,面容消瘦,长有稀疏的络腮胡,脸上布满了皱纹,有一日,他在先知面前的时候脱落了牙齿——他的门牙掉光了,于是便有了这样一段圣训,"每一位先知身边都会有一到两位像艾布·阿比德那样忠实的人。"

·阿里·阿卜杜拉·本·阿拔斯·本·阿卜杜·穆勒泰莱卜建立,他开凿了一条河流来灌溉土地,甚至在当地种植了藏红花,当地的居民都是阿卜杜拉·本·萨利赫·哈希姆的后代和他的追随者,其中还混杂着商人和农民。

巴尔米拉①是一座古老的城市,有着许多令人惊奇的建筑奇迹,最初是苏莱曼·本·大卫(所罗门王)所建立的,当地的居民为凯卜和特莱姆森人,这里也是阿耶德人的居住地,最初是伊本·艾比·杜阿德为他们建造的家园;至于迈阿赖努阿曼,则是一个古老荒凉的城市,泰努赫人曾居住于此;在巴拉城,则居住着布赫拉人;法米耶城,是一个古老的罗马城市,远离布哈拉城,其居民为阿德拉和布哈拉人;在谢宰尔城则居住着来自肯德部落的居民;至于凯弗尔泰卜-沃勒阿特米姆城则是一个古老的城市,那里的居民来自也门和其他内陆地区,大多属于肯德部族。在霍姆斯营地(军区)附近的海滨城市有四个,分别是:拉塔基亚②,那里的居民来自也门的萨利赫、宰比德、哈姆丹、耶赫苏卜和其他的一些也门部落;其

---

①巴尔米拉:这是一座位于沙姆内陆地区古老且著名的城市,从这里到阿勒颇有五日的路程。据说,这里被称作巴尔米拉,是哈桑·本·乌兹奈·本·斯姆伊代·本·迈济德·本·阿姆利格·本·劳兹·本·萨姆·本·努哈所建造的,这里拥有许多建筑奇迹,这里的详细情况被记录在大理石的石柱上。这里的居民称,在苏莱曼(所罗门)之前这里就已经有了许多建筑。(《国家辞典(第2册)》,第21页)

②拉塔基亚:是以其建造者命名的古老的罗马城市,位于沙姆海岸,在贾柏莱的西边,拥有许多古老的建筑、美丽的土地和海港,它的西边与大海毗邻。(《国家辞典(第5册)》,第6页)

次是贾柏莱①,哈姆丹部落曾驻扎在那里,还有来自盖斯和阿耶德部落的居民;还有布勒尼亚斯城②,那里的居民为阿赫拉特人;最后是阿鲁佐斯城③,那里的居民来自肯德部族。

根据霍姆斯地区的律法所规定的税收额,除去已使用的部分,达到二十二万第纳尔之多。

三、大马士革营地(军区)

从霍姆斯到大马士革④有四日的路程,行程的第一法尔萨赫便是隶属于霍姆斯地区的朱西耶城。

第二法尔萨赫是卡拉,卡拉是大马士革营地的一个重要地区。第三法尔萨赫是克泰弗,哈里发希沙姆一世曾经在这里居住,最后从这里迁往

---

① 贾柏莱:是一座沙姆海滨的著名要塞,位于阿勒颇地区,邻近拉塔基亚,为穆阿维叶建立。当穆斯林入侵霍姆斯地区时,这里曾是罗马人的堡垒,很多人曾前往此地,穆阿维叶便在罗马古堡之外建立起了贾柏莱要塞。曾经有许多的僧侣在此修行。(《国家辞典(第2册)》,第122页)

② 布勒尼亚斯:这里既是我们如今称作巴尼亚斯的地方,布勒尼亚斯这个名字是由国家辞典的编纂者校正的。这是一座小城镇,位于霍姆斯的海滨地区,它的名称也许是根据此处的统治者哈基姆·布勒尼亚斯所命名的。(《国家辞典(第1册)》,第580页)

③ 阿鲁佐斯:这里的名称是国家辞典的编纂者从安泰尔图斯这一名称修改而来,这是一座位于沙姆海滨的城镇,是沿海地区大马士革最年轻的一座城市。

④ 大马士革:沙姆的大马士革是一座著名的城市,这里毫无争议地被称作"人间花园",只因此地有美丽的建筑、明媚的阳光、丰富的水果、洁净的土地和充足的水资源。据说,这里之所以如此命名是因为人们非常迅速地建造了这座城市,"大马士革"一词便有此意。据说,大马士革是在公元前3145年初修建的,共有七千年的历史。据说,这里曾由杰仑·本·赛阿德·本·阿迪·本·伊拉姆·本·萨姆·本·诺亚所建立。(《国家辞典(第2册)》,第527页)

了大马士革。从霍姆斯沿陆路出发，便能从朱西耶①到达贝卡省②，之后到达巴勒贝克城③，它是沙姆地区的一座重要城镇，这里有用石料建造而成的许多令人惊奇的建筑，还有一眼泉水，从中流出的水汇聚成了河流，流入城市以灌溉花园和苗圃。

沿着巴勒贝克城前往拉曼地区的山路，之后到达大马士革城，大马士革城是一个重要的古城，在贾希立叶时期和伊斯兰时期，它隶属黎凡特地区，这里拥有其他的地方无法企及的众多河流和建筑，其中，最著名的一条河叫作"巴拉达"④河。

哈里发欧麦尔曾在伊历十四年进攻大马士革城。艾布·阿比德·杰拉赫曾经围困了该城的杰比耶城门一年之久，最终以和平的方式

---

①朱西耶：是霍姆斯地区的一个村庄，位于距黎巴嫩山和塞尼尔山之间的大马士革地区六法拉谢赫的地方，在这里，有许多的泉水，可以用于灌溉，是隶属于霍姆斯的一个小镇。(《国家辞典（第2册）》，第215页)

②贝卡：是一片土地辽阔的区域，邻近大马士革地区，位于巴勒贝克、霍姆斯和大马士革城之间。这里有许多村庄和充裕、纯净的水资源，水从山间的一眼泉水涌出，哺育了这里的居民，据说这泉水名叫伽尔泉。(《国家辞典（第1册）》，第556页)

③巴勒贝克：是一座古老的城市，拥有许多令人惊羡的建筑、伟大的遗迹和大理石堆砌而成的宫殿，在世界上可谓无与伦比，在此地和大马士革之间有一块区域，据说巴勒贝克曾经是示巴女王的彩礼，在这里有苏莱曼的宫殿，这是一座用大理石建造的建筑，先知以利亚的坟墓便位于此地，建造它的石头有十肘尺之长，放于高大的柱子之上，令人叹为观止，这座城市的建筑很奇特也十分古老，甚至当地的居民也认为它的城墙是魔鬼建造的，不会随时间而改变，也不会有任何东西对它产生任何影响；这里有许多的苗圃，从中可以购买到水果、家庭生活所必要的以及人们所喜欢的任何食物。(《国家辞典（第1册）》，第537页)

④巴拉达：源于词根"冷"，经过证实这个就是正确的写法。

攻下了该城。至于哈立德·本·瓦利德则是通过发动战争,攻下该城的东门。之后,阿比德下令以和解的方式对待那里的人们,人们也纷纷写信,将这些事告知了哈里发欧麦尔,哈里发随后认可了阿比德的做法。

大马士革城曾经是加桑国王的故乡,并留有贾夫纳①家族的遗迹。大马士革大多数居民是也门人,来自盖斯部落,伍麦叶人在那里建造了房屋和许多宫殿,其中有穆阿维叶的绿宫,即"统治者之家",还有那里的清真寺,并非是伊斯兰早期建造,而是哈里发瓦利德·本·阿卜杜·马立克·本·麦尔旺用大理石和黄金重新改造而成。

在大马士革营地有一座小城镇叫古塔,那里的居民为伽珊尼人、盖斯人以及来自拉比亚和霍兰部落的人。在巴士拉,当地的居民来自盖斯部族和除去斯瓦伊达地区的贝尼莫拉,那里生活着凯勒卜部族的人。布绥纳地区和其城镇阿兹拉艾阿的居民多来自也门和盖斯地区,郊区城镇阿曼和河谷城镇利哈,这两座城市均属于巴尔卡省,居民则来自盖斯部落和古莱氏部落。

位于山区的城市阿伦德勒,居住着来自加桑地区和巴尔干半岛等地的居民,此外,在迈阿卜和宰格尔,当地的居民则十分混杂,在那里有一个村庄被称作"死亡之村",加法尔·本·艾比·塔里卜和宰德·本·哈里斯·本·阿卜杜拉·本·拉沃哈都是在此处遇害的。位于沙拉山脉的城市乌兹鲁赫,当地的居民为哈希姆后代的追随者,哈迈玛村也位于此处,

---

① 贾夫纳:是希宰艾阿部族中的一个部落,源于盖哈坦人的阿扎德部族,贾夫纳部落人为贾夫纳·本·艾乌夫的后代,前人的文献中提到过这个部落,所占篇幅很少,他们的生活地点所在地也十分模糊,无从考证。(《阿拉伯人的谱系知识》,第201页)

这里是哈里发阿里及其子女的故乡。

戈兰①地区的城市巴尼亚斯城，此地的居民来自盖斯地区，其中大多数人都是贝尼莫拉人，其中也有部分也门人。塞尼尔山区的居民为多巴人的后代和凯勒卜部族人，巴勒贝克地区的人民多为波斯人和部分也门人，伽利勒山区的居民来自阿迈拉，黎巴嫩②的赛达，其居民则为古莱氏人和也门人。大马士革营地有许多沿海的城镇，其中有一座十分古老的城镇叫阿拉法城，那里的居民多从波斯迁移而来，也有为拉比亚部族的哈尼法后人。至于的黎波里③，那里的居民多来自波斯，这些人最初是应穆阿维叶的命令迁徙而来。这里有一个令人惊羡的港口，能容纳一千只船舶。此外，朱拜勒城④、赛达城和贝鲁特城⑤也均坐落于此。

这里的居民均来自波斯，他们曾受穆阿维叶之命迁徙于此，大马士革

---

①戈兰：是一个隶属于大马士革地区的村庄，据说在此地区有一座山（这个信息也许是正确的），据伊本·代里德所说，戈兰便是位于此山之中。(《国家辞典（第2册）》，第219页)

②黎巴嫩：是延绵于霍姆斯地区的一个山脉名称。(《国家辞典（第5册）》，第12页)

③的黎波里：是一座位于黎凡特地区十分著名的海滨城市，介于拉塔基亚和阿卡之间，据一些人说，的黎波里这个名称中，没有字母"哈姆宰"。(《国家辞典（第1册）》，第256页)

④朱拜勒城：是一座位于大马士革第四区海岸的著名城市，距离东部的贝鲁特8法尔萨赫远，曾被叶齐德·本·艾比·苏富扬占领，之后一直由穆斯林掌权，直到法兰克人来到此地。(《国家辞典（第2册）》，第127页)

⑤贝鲁特城：位于黎凡特海岸，是大马士革地区一座著名的城市，距赛达城3法尔萨赫远，曾一直掌握在穆斯林手中，直到法兰克人鲍德温一世来到此地，成为当时耶路撒冷之王。(《国家辞典（第1册）》，第623页)

地区的各个省份,都是被艾布·阿比德于哈里发欧麦尔时代(伊历14年)所征服。此外,除去花费的费用,大马士革地区的税收可达到三百第纳尔之多。

四、约旦营地(军区)

从大马士革城前往约旦军区①有四日的路程,其中路过的第一法尔萨赫是隶属于大马士革地区的贾西姆和希斯芬②,穿过上述地区,便到达了属于约旦的提比利亚城③,这座城位于山脚下的伽利勒湖畔,著名的约旦河便发源于此;在提比利亚城,不论是夏季还是冬季,都会有源源不断的温泉涌出,人们将这热泉引入浴室,根本不需要用火炉去烧热水,属于艾什阿里派的居民占据着提比利亚城的主要地位。

苏尔城也属于约旦地区,是一个人口混杂的海滨城市,建有工业园区,是国家坚固堡垒的象征。

阿卡④城地处海岸,耶路撒冷⑤是其最重要的一个城镇。

---

①约旦营地(军区):此地面积广阔,其中包含以下地区:约旦河谷、提比利亚、苏尔和阿卡。(《国家辞典(第1册)》,第176页)

②希斯芬:是霍兰地区的一个村庄,位于前往埃及道路方向的秦瓦城和约旦之间,距离大马士革15法法尔萨赫距离。(《国家辞典(第2册)》,第424页)

③提比利亚:是一座俯瞰着提比利亚湖的城镇,地处山区,位于图尔山山脚下,距离大马士革有三天的路程,距离耶路撒冷也有三天的路程,距离麦加有两天的路程,提比利亚城是位于湖边的一个长方形的城市,城市很窄,市区区域一直延伸到一座小山处。(《国家辞典(第4册)》,第20页)

④阿卡:阿卡是沙姆海域的一座海滨城市,是海岸线最美丽、最古老的城市之一,是一座拥有橄榄树林且坚不可摧的大城市。(《国家辞典(第4册)》,第162页)

⑤耶路撒冷:又称为圣城。(《国家辞典(第5册)》,第193页)

五、努比亚地区

从阿莱格到努比亚地区大概有三十法尔萨赫,然后到达一个叫苏布曼的地方,这个地方国王曾到来过;这里的穆斯林有差异,这里也是尼罗河的起源。

乌鲁叶岛连接着塞纳德岛,尼罗河从乌鲁叶岛到塞纳德的土地上,这是尼罗河在埃及流淌的两个摇篮,尼罗河在这里水量充沛。

乌姆鲁岛上的状况和塞纳德岛上一样,有大象、犀牛以及其他动物;迈赫兰河和埃及的尼罗河一样都有鳄鱼。从阿斯旺可以到努比亚地区;努比亚地区之所以这样称呼是因为高尔高亚哈里发的父亲是高尔高亚·努比亚国王。

从玛瓦到努比亚,国王曾经到访过这里,大概有三十法尔萨赫。

六、贝雅地区

从阿莱格到贝雅①地区称为哈达尔贝的地方再到肯达,共有十五法尔萨赫;还有哈哲尔,②阿拉伯穆斯林之间进行经商。

贝雅的居民住帐篷,吃玉米,骑骆驼。打仗时骑骆驼也骑马,他们有争斗但容易改正错误并努力规避错误。

从阿莱格到贝雅地区大概有二十五法尔萨赫,城市里居住着国王,或许穆斯林们来到这里是为了经商。埃及海拔最低的城市首先是阿特里特市③,

---

①贝雅:属于努比亚地区,这里有骆驼,在阿拉伯和努比亚之间是最重要的民族。(《诸国志》,第 1 章,第 403 页)

②哈哲尔:从哈哲尔到也门需要一天一夜的时间。(《诸国志》,第 5 章,第 452 页)

③阿特里特:位于埃及东部的城市,这块土地属于艾恩沙姆斯。(《诸国志》,第 1 章,第 111 页)

这里有宽广的土地,有闻名的村庄,村庄里盛产蜂蜜。艾恩沙姆斯①是一座古老的城市,是法老曾居住的城市,这里有很多遗迹,有两座高耸的山脉,石头上用古老的语言刻着字,这里的人们懂得水蒸馏技术。然后是百纳市,这是一座古老伟大的城市;博斯城与百纳市一样古老而伟大。

作者提及了在尼罗河岛上的达米埃塔湾和西湾之间还有萨哈市、蒂达市、法尔胡市、塔瓦市和米努夫市。至于海滨城市首先是费马市,它是进入埃及的一座古老的城市,然后就是被海包围的突尼斯市,这里有一个湖,湖水来自尼罗河,这座古老的城市以服装制作为主,这里有从沙姆到马格里布②的乘船码头,然后是沙塔市③,这也是座海滨城市,这里也制造衣服和披肩。然后是达米埃塔市,也是一座海滨城市,尼罗河水注入这里,然后从达米埃塔市④分流,一部分流入突尼斯湖,它是一个有船只经过的湖,尼罗河水流入咸海,达米埃塔市以制衣业为主。

---

①艾恩沙姆斯:这是一座以法老名字命名的港口大城市,在它和福斯塔之间有3法尔萨赫,但它并不是尼罗河岸的城市,这里也是埃及被誉为"太阳之眼"的奇迹之一。(《诸国志》,第4章,第202页)

②马格里布:这是一个辽阔的地区,一部分人说是来自梅利安娜市,它是非洲和苏斯山的界线,在它附近就是海洋,从这里可以进入安达卢西亚岛。(《诸国志》,第5章,第188页)

③沙塔市:埃及地区,这里距达米埃塔市有3英里,这里以制衣业而出名,八件连衣裙就值一千迪拉姆,这里没有黄金。(《诸国志》,第3章,第388页)

④达米埃塔:古老的城市,位于埃及和突尼斯之间,这里空气清新,以制衣业为主,乌姆鲁·本·哈托白来到了这里,使者说:乌姆鲁,它打开了通往埃及亚历山大和达米埃塔的路,至于亚历山大,曾经是荒凉的。至于达米埃塔,从耶路撒冷与先知和殉道者一起在耶路撒冷的夜晚,他们是一群精英殉道者。尼罗河水从达米埃塔的北部注入咸海。(《诸国志》,第2章,第537页)

波拉是海滨要塞,和达米埃塔市一样也是以制衣业为主,纳格塞堡垒位于海滨,然后是博拉鲁斯市①,咸海海滨城市;然后是拉希德市②,是一座古老的城市,这里有码头,尼罗河水从这里注入咸海,船只从这里进入大海或进入尼罗河。

伊赫努市③是座海滨城市;伟大的亚历山大市也是一座有码头的海滨城市,这里有很多遗迹,这里的遗迹主要有亚历山大灯塔,这个灯塔长为175米,上面有点燃的火,如果用望远镜看能看到海上很远的船只;这里还有许多古老的书籍和其他遗迹。这里还有尼罗河甘甜的河水,最后注入咸海。

亚历山大原来是个村庄,并不是咸海海滨城市,靠近尼罗河附近有湖的地方有两个村庄:穆塞尔村④和米利德斯村,这些都是亚历山大岛最后进入城市的地方。除此之外,作者还提及了内托市、巴斯塔市、塔拉比亚市、卡比托市、圣城、比拉尔市这九座当时的核心城市以及萨曼德市、努萨市、奥西亚市、达米拉市、布珠姆市这六座城市尼罗河东岸的城市,但在书中并未做详细的论述。目前,因这些城市的名称有所改变,且城市的划分区域均有所不同,经过多年的整合,相关文献无从获取。

作者在书中同样提到了尼罗河岛上的其他村落,可考证的村落有图

---

① 博拉鲁斯:埃及尼罗河海岸地区,距离亚历山大市很近。(《诸国志》,第1章,第478页)

② 拉希德:尼罗河海滨城市,靠近亚历山大。(《诸国志》,第4章,第52页)

③ 伊赫努:字典的编纂者校正为"伊赫纳",曾是一座古老的城市。(《诸国志》,第1章,第151页)

④ 穆塞尔村:埃及的一个村子,乌姆鲁·本·阿随到过这里。(《诸国志》,第5章,第170页)

尔图塔村①、格尔塔萨村②、哈巴塔村③、萨村④、差巴斯村⑤，其他的如哈萨村、拜德格村和史尔克村都无从考证。

属于亚历山大的村落还有马尔尤特村⑥，它是古老的村庄，这里的人们都很慷慨，这里有树、有果子；然后是卢比亚村和马尔格村⑦，这两个村庄是咸海海滨村庄，该地区多村落和堡垒。埃及的村落是在乌姆鲁·本·哈托白哈里发，乌姆鲁·本·阿随王子和伊尔勒·萨哈木在位时开拓的，埃及在乌姆鲁哈里发在位时的第一年主要收取丁税。

七、拜尔盖

拜尔盖⑧市在广阔的草甸区域，红色土壤，它是一座有城墙、金属城门和壕沟的城市。哈里发穆塔瓦基勒命令修建了城墙，经过几代哈里发

---

①图尔图塔：在埃及和亚历山大之间的村子，它是尼罗河岸一个比较大的村子，这里有市场，清真寺和教堂。(《诸国志》，第2章，第32页)

②格尔塔萨：埃及一个古老的村庄，乌姆鲁·本·阿随的后代居住之地，乌姆鲁·本·阿随曾被派到这里，随后返回了科普特。(《诸国志》，第4章，第370页)

③哈巴塔：埃及的村庄，在胡夫村的西边，是与亚历山大相关的村落。(《诸国志》，第2章，第406页)

④萨村：埃及的村庄，据说它是依据萨·本·诺亚的名字而来。(《诸国志》，第4章，第439页)

⑤查巴斯村：靠近亚历山大的村子，位于胡夫村的西边。(《诸国志》，第4章，第360页)

⑥马尔尤特：靠近亚历山大海滨的村庄，位于胡夫村的西边。(《诸国志》，第5章，第140页)

⑦马尔格村：如果从亚历山大到非洲，这是必经之地，然后是卢比亚。(《诸国志》，第5章，第110页)

⑧巴拉卡：一个大型的定居点的名称，包括亚历山大港和非洲之间的城市和村庄，由五个城市名组成。(《国家辞典(第一册)》，第462页)

和埃米尔们的努力,城市有了一定的规模。围绕阿勒拜德城居住着军队和非军队的人们,他们长期居住在这里,通婚并繁衍后代,日常饮用雨水。从拜尔盖城到麦丽赫海岸有六米的距离,这个海岸有许多市场、堡垒、清真寺、田地和果实;另一个海岸线被称为塔勒米塞,是专门运送乘客的,旁边有两座山,一个被称作东山,居住着许多来自不同地区的阿拉伯人和也门人;另一个叫西山,这些人是来自欧塞尼、杰宰米、欧兹德、纳吉布以及柏图尼等不同部落的阿拉伯人。

柏图尼村在两座山之间,山里有活水泉眼、树木、果实、堡垒和古罗马井。拜尔盖许多地区的堡垒由柏柏尔人建成。贝伦妮丝城①是一座滨海城市,它有优良的港口,人口多源于古罗马人与柏柏尔人的后代。从贝伦妮丝到拜尔盖城有两段行程,它内部有许多地区,艾季达比耶城内部也有堡垒、清真寺和市场。

从拜尔盖到艾季达比耶有四段路程,大多数人口是来自宰纳尔、迈素斯以及苏瓦特的柏柏尔人,距离城市六米远的地方就是海岸线交汇处,它便是城市拉瓦塔(Lauta)。

拉瓦塔城的人的祖先来自沙姆地区,后移居于此,也有人认为他们的祖先来自罗马。

八、苏尔特

从艾季达比耶城到苏尔特②城,沿海岸线有五段行程,从拉瓦塔出

---

① 贝伦妮丝:亚历山大港和布尔卡海岸之间的一座城市。(《国家辞典(第1册)》,第479页)

② 苏尔特:位于的黎波里西部和贝尔盖之间罗马海岸的一座城市,在阿基德的南部,从它可到西部的的黎波里,是临赛义夫海的一座大城市,城内有清真寺、浴场和市场。它有三座城门,其中吉比利是一扇通向大海的小门,有棕榈树、果园、井和许多支流。(《国家辞典(第1册)》,第232页)

发,途经法鲁汁、安托萨宫、阿巴迪宫殿、苏尔城,最后一个落脚点在苏尔特市的图拉厄。该城市位于边界,当地居民都是伊巴德派①。贝尔盖附近的奥吉拉为这里的每个人提供椰枣等物品。

九、瓦丹

瓦丹②曾是一块比贝尔盖更加荒凉的地方,从苏尔特市到瓦丹分为五个行程,一些穆斯林声称他们是也门的阿拉伯人,其中大部分人来自米扎塔(Mzach),他们的人数占比大,使得他们具有主导地位。当地盛产各种等级的椰枣,他们不与外族人通婚。

十、宰纬莱

在这之后是宰纬莱城③,这里的居民都是伊巴德派的穆斯林,他们所有人都去禁寺(沙特)朝觐,他们大多数人喜欢记录行程并叙述旅途见闻,在去他处时都带许多苏丹种族的奴隶。宰纬莱人与巴士拉和库法的呼罗珊人混居在一起。在宰纬莱之后有一座被称为"卡瓦尔"的城市,它由其他区域的穆斯林组成,其中大多数是来自苏丹的柏柏尔人。在宰纬

---

①伊巴德派:哈瓦立及派的一支,隶属阿卜杜拉·本·伊巴德,他们对哈里发进行了多次革命,最显著的是公元747年阿卜杜拉·本·雅赫雅的革命,向也门传播他们的影响并反抗阿巴斯人,在阿曼、桑给巴尔和北非无法消除他们的思想和精神运动,柏柏尔民族主义学说建立了鲁斯塔米克国,直到今天在桑给巴尔,阿曼和北非,特别是在阿尔及利亚被人们熟知并推崇。

②瓦丹:指三个地方:之一在麦加和麦地那之间的一个村庄;另说:瓦丹是南非的一座城市,在宰纬莱之间,从非洲方向出发需十天的路程。(《国家辞典(第5册)》,第321页)

③宰纬莱:在苏丹过边境的第一个城市,城内有清真寺、市场和浴场,有棕榈树,易于种植。(《国家辞典(第3册)》,第179页)

莱和卡瓦尔城市之间,宰纬莱通向奥吉拉①和艾季达比耶②的居民大约都是柏柏尔人。

十一、费赞

费赞③人与其他民族的人们通婚,他们有自己的领袖,广阔的家园和宏伟的城市,但是征战不息,贝尔盖在古时候被称为"的黎波里"。欧麦尔·本·阿萨于23岁时开拓征服了这个地方,从盖尔坦到此地要经过六段行程。

哈瓦拉声称他们是柏柏尔人,而马扎特和卢安曾也是他们的一部分,后来离开了他们的家园,成为和其他人共居的人们。哈瓦拉声称他们是也门人,他们的后代对此一无所知,哈瓦拉当地居民与阿拉伯人的比例相称,包括梅利利亚和拉斯塔法的后代、达尔萨的后代、马尔扎班的后代、拉夫拉的后代和米苏拉塔的后代,哈瓦拉是从苏尔城到的黎波里的最后一法尔萨赫。

十二、的黎波里

的黎波里④是位于海岸线的一座伟大的老城,当地人与外地人通婚。欧麦尔·本·阿绥尔于23岁时征服了这个地方,之后由奥马尔·本·赫

---

①奥吉拉:贝尔盖南部一个面向摩洛哥的城市。(《国家辞典(第1册)》,第328页)

②艾季达比耶:位于贝尔盖和的黎波里西部的一个省,在它和宰纬莱之间的路程大约要历时一个月。(《国家辞典(第1册)》,第125页)

③费赞:费赞是一个大洲,棕榈树很多并盛产椰枣;大多数居民肤色为黑色。(《国家辞典(第4册)》,第295页)

④的黎波里:当时被称为"西部的黎波里"。(《国家辞典(第1册)》,第257页)

韬比继承,欧麦尔是从摩洛哥来的最后一位继承者。从的黎波里到奴富萨①部落(Nefoussa),其中的非阿拉伯人都有各自的领袖。

十三、绥麦拉②

从赛尔旺③到绥麦拉有两段行程。绥麦拉市以"卡特克节日"而著名,这座城市位于艾斐哈④草甸,用来灌溉村庄与田地泉水与河流众多。绥麦拉市的人有阿拉伯语人、波斯人和库尔德人。在阿拉伯第二任哈里发欧麦尔·本·赫塔布时期该地区的收成高达2500000迪尔汗,居民还有讲波斯语的。谁想从巴格达到赫勒万⑤,从纳赫拉万大桥穿过就会很

---

①奴富萨:摩洛哥的一座山,在两个城市之间有两个平台,其中一个位于山中。据说,该地盛产的大麦面包比任何食物都要好,这个国家所有人都懂得魔法,服从苏丹的统治。(《国家辞典(第5册)》,第343页)

②绥麦拉市的居民知书达理,品德高尚,信仰虔诚且作风良好,其中有艾布·阿卜杜拉·哈桑·本·阿里·本·穆罕默德本·贾法尔·绥麦里,他是法学家艾布·哈尼法伊玛目的朋友;还有艾布·贾西姆·阿卜杜·瓦希德·本·侯赛因·绥麦里,他是沙斐仪派法学家,是沙斐仪派的守护者,善于分类工作。(《国家辞典(第三册)》,第499页。)

③赛尔旺:它是山区的一座城市;还有人说它就是在山区,或者说它是在马斯巴丹地区;也有人说它是临近马斯巴丹的一个地区。艾布·伯克尔·本·穆萨说:"它是山区的一个村庄";萨德·本·艾布·瓦卡斯说"赫勒万被征服后,在阿兹·本·哈弗兰统治下,波斯人已经占据了该地,驻扎在平原地区。直到迪拉尔·本·卡塔卜·菲里的军队到来,刺杀了当时的统治者阿兹。"(《国家辞典(第三册)》,第335页。)

④艾斐哈:纳吉德的一个地方。(《国家辞典(第一册)》,第276页。)

⑤赫勒万:伊拉克的赫勒万,位于赛万德边境靠近巴格达的山区。据说,该城市的原名是赫勒万·本·伊姆兰·本·查夫·本·盖达阿,是国王将名字缩减并命名为赫勒万。(《国家辞典(第二册)》,第334页)

快到达迪斯卡尔·麦利克①,那里有许多波斯国王时期的宫殿,建筑气势恢宏,造型精美。

从迪斯卡尔·麦利克接着出发,能够到达塔尔斯坦②,塔尔斯坦也有许多波斯国王的宫殿遗址,同样精美非凡。塔尔斯坦河流众多,一些河流被石灰和砖拦截起来,这些被拦截的河流一部分源自盖瓦提勒③,还有源自纳赫拉万和塔尔斯坦,但都流向贾劳拉·瓦格阿④,是山区的第一座山。欧麦尔·本·赫塔布时期,瓦格阿属于波斯人,萨德·本·艾布·瓦卡斯击败他们后驱逐了波斯人,使他们无家可归,此事发生在伊历17年。

---

①迪斯卡尔·麦利克:巴格达西部的麦利克河地区。(《国家辞典(第二册)》,第518页)

②塔尔斯坦:没有有关该城镇的译名和相关资料。塔尔斯坦似乎是波斯的一个城镇,这个线索是基于文章《精美绝伦的波斯国王宫殿遗址》。

③盖瓦提勒:单数是"قاطول",是"القطل"的"فاعول"形式,意为"切割"。盖瓦提勒是一条河流的名字,意为"这条河像被底格里斯河切断了一般"。盖瓦提勒以前是一个无人居住的地方,哈里发拉希德是第一个开发这条河流的人。他在河流的一头建造了一座宫殿,并将其命名为艾布·琼德,因为河水灌溉了土地,为他的军队带来了充足的粮草。(《国家辞典(第四册)》,第337页)

④贾劳拉:位于塔西格·赛万德前往呼罗珊的途中,距哈奈根有七法尔萨赫。这是一条及其宽阔的河流,一直延伸到了巴古巴,流经巴古巴人的家园,船只可以直接航行到巴基斯拉。伊历16年,著名的瓦格阿由针对波斯人的穆斯林占据,后来他们允许波斯人定居,在让他们定居时将其改名为贾劳拉·瓦格阿。《国家辞典(第二册)》,第181页)

第七章 《诸国志》中部分地区的名称与渊源新考

从贾劳拉能到哈奈根①,这是地位最高的村庄,从哈奈根还能到席林堡②。

----

①哈奈根:是赛万德地区的一座城市,位于从哈姆丹到巴格达途中,对于要从山区穿越的人来说,从哈奈根到席林堡有6法尔萨赫的路程,从席林堡到赫勒万也有6法尔萨赫的路程。此地命名由来是因为这是乌代·本·宰德曾关押诺曼的地方,诺曼一直被监禁在此,直至身亡。在哈奈根还有一条宽阔的河流,河上建有宏伟的拱门,阶梯有石灰和砖块修葺而成。《国家辞典(第二册)》,第390页)

②席林堡:"السين"标齐齿符,波斯语,意为"甜美",是霍思劳二世妻子的名字。席林堡是最美的城堡之一。波斯人说:霍思劳二世有三样东西是其他所有国王都不曾拥有的,以前没有,以后也不会有,那就是查巴迪斯的马、席林的女奴以及贝尔赫伯兹的歌手和琵琶手。席林堡靠近哈姆丹与赫勒万之间的库尔梅森,位于从巴格达到哈姆丹的途中。席林堡城内有许多高耸壮观的建筑,难以辨清何处是边界,也很难环绕一圈,里面大厅众多,相互连接,有幽静之地、库房、宫殿、拱门、公园、东方学家聚集之地以及旁听席、广场、猎场、房屋等都彰显了席林堡的宏伟与实力。席林堡也被认为是世界建筑奇迹之一,霍思劳二世以前居住在库尔梅森,他命人每隔2法尔赛赫建造一个庭院,并在庭院里喂养猎物,让所有的猎物繁殖后代,霍思劳二世为此还雇用了1000人。席林堡建设完工后,找来歌手贝尔赫伯兹,歌手唱完歌,赞美过国王后,又为庭院献上名字,被称为"那赫基朗",意为"狩猎的花园"。国王心里大悦,下令封赏。当时,霍思劳二世平静下来后,对席林说:你可以向我提出要求。席林说:我的要求是希望你能在这座花园里用石头修两条河,但里面流的是酒,还要在这两条河之间为我修建一座你从未修建过的宫殿。霍思劳二世同意了,但之后很快将此事抛之脑后。席林不敢提醒他,便对歌手贝尔赫伯兹说:你提醒国王答应过我的事情,我就把我在伊斯法罕的一处庄园给你。贝尔赫伯兹应允了,他以唱歌的形式提醒国王要实现对席林的承诺。于是,国王下令修建了两条河流,在两河之间修建了一座最好的宫殿。席林也兑现了对贝尔赫伯兹的承诺,贝尔赫伯兹便搬到了伊斯法罕。(《国家辞典(第4册)》,第407页)

席林①是霍思劳二世②的妻子,是席林堡的主人,在这里有许多波斯国王的古迹,从席林堡也能到达赫勒万。

十四、赫勒万③

赫勒万城市面积大,居民有阿拉伯人、波斯人和库尔德人,也是在欧

---

①席林:霍思劳二世(霍思劳一世的儿子)之妻,是一位孤儿,在一名门贵族家中被养育。霍思劳二世(公元590—628年任萨珊王朝国王)小时候跑进席林家在霍思劳二世的面前与席林一同玩耍,家里的男主人不允许席林那样做,但席林并没有听。男主人看到席林收下了霍思劳二世的戒指,就命人将席林带到底格里斯河淹死。席林被带到河边时,被扔到一个水流不急的地方,从而逃脱了,后在一个修道院当了修女。霍思劳一世决定传位给霍思劳二世(霍尔木兹四世)(公元579—590年),其信使经过了这个修道院,席林便将戒指给了信使的头领,对他说:你把这个给国王,会得到赏赐的。信使把戒指给了霍思劳二世,告诉了他席林所在修道院的位置,他兴奋不已,立即派人将席林带来。见到席林后,霍思劳二世认为他是世间最美、最聪明的女子,为了弥补席林,他遣散了后宫的女人,并向席林保证不会再爱上其他人,还在伊拉克为席林修建了上述提到的席林堡。卡瓦德刺杀霍思劳二世后,诱骗席林同他一起生活,席林拒绝了。卡瓦德便虐待她,污蔑她通奸,还威胁她说如果她不同意就杀了她。席林说:如果你答应我三个条件,我就答应你。卡瓦德问是哪三个,她说:你把杀死我丈夫的仇人带到我面前,让我杀了他;二你要告诉大家我是清白的;三是你要为我把你父亲的灵堂打开,里面有一个盒子,是我们约定我要再嫁的信物。卡瓦德同意了,他把杀死他父亲的人处决了,也澄清了席林的清白,又打开了父亲的灵堂,派了一名仆人跟着席林,席林见到霍思劳二世便紧紧抱住他的尸体,拼命吮吸她带着的毒丁香,不一会儿也去世了。

②霍思劳二世:公元590—628年任萨珊王朝国王,在拜占庭皇帝的帮助下,继承了宝座。公元614年占领了耶路撒冷。赫拉克勒斯打败了他,在监狱中将它暗杀,霍思劳二世的真名是卡斯鲁。

③赫勒万:伊拉克赫勒万,位于赛万德地区的边境,靠近巴格达的山区。它原名是赫勒万·本·伊姆兰·本·查夫·本·盖达阿,有国王将名字缩减后就被称为赫勒万。(《国家辞典(第二册)》,第334页)

麦尔·本·赫塔布统治时期被征服的。尽管赫勒万的收成多在山区,但从赫勒万去著名的盖勒阿草甸①的途中,还有许多隶属哈里发的被放养的牲畜。从盖勒阿草甸到扎比迪②,接着到达库尔玛辛③,库尔玛辛是一个人口众多的城市,大多数非阿拉伯人(主要是波斯人和库尔德人),从库尔玛辛到迪努尔④有三天的行程。

十五、迪努尔

迪努尔城市人口容量大,居民有阿拉伯人和非阿拉伯人,在欧麦尔⑤时期被征服。迪努尔有好几个地区和田园⑥,它的经济能力是送给库法人民最好的礼物,除去国王的庄园收成,迪努尔的收入达 5700000 迪尔汗。

---

①盖勒阿草甸:它与赫勒万之间有一户人家,是在从赫勒万至哈姆丹的方向上。赛夫说:它之所以会叫这个名字,是因为诺曼·本·穆克林与敌军在纳哈万德相遇时,整个草甸都充当了诺曼的堡垒,他们打败了库法人的敌军,库法人停战后,诺曼的军队集合前往赫勒万,并驻军在这片草甸上。(《国家辞典(第五册)》,第 119 页)

②扎比迪:山区的一个村庄,位于库尔梅森和盖勒阿草甸之间,离两地都有 8 法尔萨赫的距离。(《国家辞典(第三册)》,第 149 页)

③库尔玛辛:阿姆拉尼说:从库尔玛辛到扎比迪有 8 法尔萨赫的路程。据说,这个地方在去往麦加的路上,它并不是靠近哈姆丹的库尔梅森。(《国家辞典(第四册)》,第 375 页)

④迪努尔:是靠近库尔梅森的一个山区城市,果实丰盛,庄家收成累累,青山绿水,好物众多。迪努尔与哈姆丹之间距离超过 20 法尔萨赫,此地有来自哈姆丹的人们,他们的品行良好。(《国家辞典(第二册)》,第 334 页)

⑤欧麦尔:即欧麦尔·本·赫塔布,阿拉伯历史上的第二任哈里发。

⑥田园:单数形式为"رستاق",是由"الرستا"和"الرزق"组成的复合词,意思是"一排人和一行筛子",在此就是指集中式的田园,原为波斯语词后被阿拉伯化了。

十六、加兹温和赞詹

谁想从迪努尔到达加兹温①和赞詹,就得从迪努尔出发,前往阿布哈尔城②,这儿有几条路可走。如果想去赞詹③,需从阿布哈尔出发,再前往加兹温。加兹温位于与迪拉姆④接壤的山脚下,大部分道路都是平坦的。加兹温还有两个山谷,一个山谷很大,另一个山谷已枯涸,这两个山谷冬季为汛期,夏季为旱期。加兹温内有阿拉伯人和非阿拉伯人居住,城内有许多给阿拉伯人的遗迹和火房;它与赞詹的收入一共为1500000迪尔汗。

---

①加兹温:是一座著名城市,距里耶27法尔萨赫,距阿布哈尔12法尔萨赫,位于第四区。波斯语中,加兹温的城堡叫卡西林,它与迪拉姆之间相距一座山,若两地局势不稳,国王就派骑手进行相互交流,以保护两地不被偷盗。(《国家辞典(第四册)》,第389页)

②阿布哈尔:该词的阿拉伯语原型可以在词首加冠词,意为"弓箭的中心",或是"光的中心",象征胜利。阿布哈尔是一座位于加兹温、赞詹和哈姆丹之间的著名城市,属于山区。非阿拉伯人称它为奥哈尔,有非阿拉伯人说:阿布哈尔的意思是"阿布"和"哈尔"组成,"阿布"意为水,"哈尔"意为宽广,阿布哈尔就像是宽阔的河流。(《国家辞典(第一册)》,第105页)

③赞詹:赞詹与阿塞拜疆之间有一座著名的大城市,属于山区。赞詹靠近阿布哈尔和加兹温。有的非阿拉伯人称赞詹为赞勘,第三任哈里发奥斯曼·本·阿凡当政时期,巴拉·本·阿兹布用武力征服了赞詹。(《国家辞典(第三册)》,第171页)

④迪拉姆:意为"死亡、敌人、黑蚂蚁"。迪拉姆的人都以当地有影响力的人物的话语取名,而不是用父亲的名字。迪拉姆位于第四区,以前的定义是参考资料索布·艾沙的书籍,现在的定义源于《国家辞典(第二册)》,第614页。

第七章 《诸国志》中部分地区的名称与渊源新考

从加兹温去哈姆丹、迪努尔、沙拉卓①、伊斯法罕②、里耶③的路有很多,都能到达阿塞拜疆。

---

①沙拉卓:位于第四区,是山区一个面积辽阔之地,位于埃尔比勒与哈姆丹之间,由卓·本·达哈克建。沙拉在波斯语中意为"城市",这个地方的居民都是库尔德人。(《国家辞典(第三册)》,第425页)

②伊斯法罕:著名又伟大的城市,是城市中的典范。伊斯法罕人毫不吝啬地彰显它的伟大,直到奢侈到极点,超出了城市的经济能力。伊斯法罕原本是一个地区中一家人的名字,位于山区第四区的最边境。这座城市是以伊斯法罕·本·弗格·本·兰蒂·本·云楠·本·亚弗斯的名字命名的。伊本·杜拉伊德说:伊斯法罕是一个组合的名字。伊斯是波斯语中的城市,法罕是一个骑士的名字,伊斯法罕结合起来就像是"骑士之城"。穆素尔·本·玛哈尔说:伊斯法罕空气清新,气候宜人,尸体在这里也不会腐烂,连土壤都是最肥沃的,苹果成熟七年也会一直那样红,小麦也不会长虫。(《国家辞典(第一册)》,第245页)

③里耶:该国家的母亲之城,是其他城市的旗帜。城内水果、宝物众多,是萨布拉山脉和山区朝圣的中心,距内沙布尔160法尔萨赫,距加兹温27法尔萨赫,加兹温距阿布哈尔12法尔萨赫,阿布哈尔距赞詹15法尔萨赫。有波斯史书记载,基库奥斯制作了一个轮子,又在轮子上装了仪器,想要上天,借助风升到了云端,又落到了戈尔甘海域,凯·科斯罗·本·赛亚维西成了国王,就想将这个轮子献给巴比伦。他走到里耶时,人们说:凯·科斯罗真是桀骜不驯啊。波斯语中,轮子叫作"里耶",凯·科斯罗下令在此建城,并用里耶为该城市命名。阿姆拉尼说:是法耶兹·本·亚兹德格德建立了里耶,最开始将它命名为拉姆·亚兹德格德,后来才叫作里耶。里耶的建筑都采用精美抛光花式砖建造,就像从头到脚涂了一层兴旺的色彩。里耶旁边是寸草不生的穆沙拉夫山。里耶虽是一座伟大的城市,但大多数地方都已经被破坏了。(《国家辞典(第三册)》,第132页)

十七、阿塞拜疆

谁要想去阿塞拜疆①，就得从赞詹出发，走四天就到了阿尔达比勒②，也就是途中看见的第一个阿塞拜疆的城市。从阿尔达比勒到阿塞拜疆的中心地区拜尔扎德③有三天行程，从拜尔扎德可以到阿塞拜疆的

---

①阿塞拜疆：很长一段时间内都被叫作"马赫里布"，马赫里布这个名字并不出名。伊本·姆卡法说：阿塞拜疆这个名字源自阿赛班·本·伊朗·本·艾斯瓦德·本·沙姆·本·努哈。阿塞是"火"的称呼，拜疆意为"保护者、管理者"。阿塞拜疆意思就是"火房、火的储存地"。这种说法看似正确，实则不对。因为这片地区的火房众多，不计其数。阿塞拜疆是一个伟大的王国，地区大多数是山，城堡众多，资源充足，果实多种多样，水资源充沛，无须带水，因为阿塞拜疆人到达之处，脚下都流淌着河流，河水清凉甘甜，水质上好，当地居民气色红润，皮肤细腻。他们有自己的语言，叫作阿塞拜疆语，外族人无法听懂。阿塞拜疆人都很和蔼，容易相处，慷慨大方。（《国家辞典（第一册）》，第155页）

②阿尔达比勒：阿塞拜疆最著名的城市之一。伊斯兰教出现之前只是一块小区域，现在是一座大城，地域辽阔，地表和地底流淌着充足的水源。尽管城内空气清新、水质良好、土壤肥沃，但整座城市内没有一棵果树，即使栽种果树，也无法存活，该地的水果来自距离阿尔达比勒地区差不多一天行程的地方；阿尔达比勒距里海两天行程，在去里海的途中有一处丛林，如果遇到不测，阿尔达比勒人就藏匿在这片丛林，逃避坏人追杀，这片丛林不仅是他们的避难所，还可以砍伐树木用以制作木碗和瓷器。（《国家辞典（第一册）》，第174页）

③拜尔扎德：第比利斯的一个国家，是亚美尼亚人贾尔赞的早期作品之一。贾尔赞是第一个开垦拜尔扎德的人，在拜尔扎德成为废墟后，贾尔赞把它变成了军营。艾布·萨德说：拜尔扎德是阿塞拜疆的一个地区。（《国家辞典（第一册）》，第454页）

另一个中心地区瓦尔珊。从瓦尔珊①可以到百里干②,从百里干可以到马拉盖③,马拉盖是阿塞拜疆海拔最高的城市。

----

①瓦尔珊:阿塞拜疆最边境的地方,以前只是阿塞拜疆的一块土地,后来麦尔旺·本·穆罕默德·本·麦尔旺·本·哈卡姆在此建城,开垦土地,种植粮食和农作物,又为该城设防。瓦尔珊就成了麦尔旺的私人庄园。(《国家辞典(第五册)》,第426页)

②百里干:靠近拜尔扎德,据说有一扇门是门中之王,大家认为它处于大亚美尼亚,靠近希尔万。第一个谈起百里干的人是卡巴兹·麦利克,他成了百里干的国王。第一个为百里干写诗的人是本·阿玛尼·本·兰蒂·本·云楠,有的人认为这是阿兰的地区。艾哈迈德·本·叶海亚·本·贾比尔说:奥斯曼时期,苏莱曼·本·拉比阿进军阿兰时,百里干敞开大门献上钱财和房屋,苏莱曼规定百里干交税上供。(《国家辞典(第一册)》,第633页)

③马拉盖:阿塞拜疆最伟大、最有名的城市。曾经在马拉盖这片土地上有很多粪便,这是因为当地居民的牲畜长期在此地吃草,于是有人提议,修建马拉盖镇吧。就是现在的马拉盖镇,后来人们把"镇"字去掉,直接叫它"马拉盖"。(《国家辞典(第五册)》,第109页)

从加兹温去哈姆丹、迪努尔、沙拉卓①、伊斯法罕②、里耶③的路有很

①沙拉卓：位于第四区，是山区一个面积辽阔之地，位于埃尔比勒与哈姆丹之间，由卓·本·达哈克建。沙拉在波斯语中意为"城市"，这个地方的居民都是库尔德人。（《国家辞典（第三册）》，第425页）

②伊斯法罕：著名又伟大的城市，是城市中的典范。伊斯法罕人毫不吝啬地彰显它的伟大，其奢侈到极点，超出了城市的经济能力。伊斯法罕原本是一个地区一家人的名字，位于山区第四区的最边境。这座城市是以伊斯法罕·本·弗格·本·兰蒂·本·云楠·本·亚弗斯的名字命名的。伊本·杜拉伊德说：伊斯法罕是一个组合的名字。伊斯是波斯语中的城市，法罕是一个骑士的名字，伊斯法罕结合起来就像是"骑士之城"。穆素尔·本·玛哈尔说：伊斯法罕空气清新，气候宜人，尸体在这里不会腐烂，连土壤都是最肥沃的，苹果成熟七年也会一直那样红，小麦也不会长虫。（《国家辞典（第一册）》，第245页）

③里耶：该国家的母亲之城，是其他城市的旗帜。城内水果、宝物众多，是萨布拉山脉和山区朝圣的中心，距内沙布尔160法尔萨赫，距加兹温27法尔萨赫，加兹温距阿布哈尔12法尔萨赫，阿布哈尔距赞詹15法尔萨赫。有波斯史书记载，基库奥斯制作了一个轮子，又在轮子上装了仪器，想要上天，借助风把他升到了云端，之后他落到了戈尔甘海域，凯·科斯罗·本·赛亚维西成了国王，就想将这个轮子献给巴比伦。他走到里耶时，人们说：凯·科斯罗真是桀骜不驯啊。波斯语中，轮子叫作"里耶"，凯·科斯罗下令在此建城，并用"里耶"为城市命名。阿姆拉尼说：是法耶兹·本·亚兹德格德建立了里耶，最开始将它命名为"拉姆·亚兹德格德"，后来才叫作"里耶"。里耶的建筑都采用精美抛光花式砖建造，就像从头到脚涂上了一层兴旺的色彩。里耶旁边是寸草不生的穆沙拉夫山，里耶是一座伟大的城市，但大多数地方已经被破坏了。（《国家辞典（第三册）》，第132页）

多,都能到达阿塞拜疆。阿塞拜疆有阿尔达比勒、拜尔扎德、瓦尔珊、巴尔达①、谢兹②、萨拉③、马兰德④、大不里士⑤、麦杨⑥、鲁米叶⑦、霍伊⑧和萨

---

①巴尔达:艾布·萨德叙述了一个被忽视的证据是:巴尔达是阿塞拜疆最偏远的一个城市。哈姆扎说:阿拉伯化之前的意思是"房屋",波斯语中是"囚禁俘虏的地方"。这是因为一些波斯国王会从亚美尼亚掠夺俘虏,然后把他们关押在这里。伊本·法格赫说:第一个为巴尔达建筑吟诗的人是卡巴兹·麦利克。(《国家辞典(第一册)》,第451页)

②谢兹:穆鄂勒·本·沙阿比武装征服阿塞拜疆的一个地区。阿拉伯化之前的意思为"枷锁",内有拜火教徒修建的拜火教堂,里面装着金、水银、石墨、银等。(《国家辞典(第三册)》,第435页)

③萨拉:"السري"的复数形式。埃斯马伊说:萨拉是一座从塔伊夫的一角延伸到亚美尼亚王国的一座山。(《国家辞典(第三册)》,第230页)

④马兰德:阿塞拜疆最著名的城市之一,距大不里士两天行程。(《国家辞典(第五册)》,第129页)

⑤大不里士:阿塞拜疆最著名的城市之一,拥有考究的砖和水泥修建而成的城墙,城中有几条河流穿过,花园环绕河流,果实价格便宜,建筑由雕刻过的红砖和上乘的水泥砌成。(《国家辞典(第二册)》,第15页)

⑥麦杨:外来词。艾布·法德尔说"麦杨"位于沙姆地区。(《国家辞典(第五册)》,第276页)

⑦鲁米叶:以鲁米·本·兰蒂·本·云楠·本·亚弗斯·本·努哈的名字命名,罗马人为了多拥有一座城市,最初将其命名为罗马,后来此命名又被阿拉伯化。鲁米叶位于康斯坦丁的西北部,距康斯坦丁有两日或更久的行程。(《国家辞典(第三册)》,第113页)

⑧霍伊:"خو"的指小名词,以此来说明霍伊人曾来到此地。霍伊有坚固的建筑,有很多水、树和宝藏,人口众多,收入不菲。霍伊人属于逊尼派,内部没有党派斗争。霍伊还有一处叫"金卡拉"的泉眼,许多河流发源于此,且水流冬暖夏凉。(《国家辞典(第二册)》,第466页)

勒马斯①。

阿塞拜疆和所属辖区内的阿塞拜疆人同以前的朱迪亚人居住,朱迪亚人是巴兹市②的主人,阿拉伯人征服阿塞拜疆后,也在阿塞拜疆定居下来。

伊历22年,阿拉伯人在哈里发奥斯曼·本·阿凡③的统治下,在穆

---

① 萨勒马斯:阿塞拜疆著名城市,距阿里姆市两天行程,距大不里士三天行程,萨勒马斯位于两地之间,且与霍伊只相距一天的行程。(《国家辞典(第四册)》,第270页)

② 巴兹:位于阿塞拜疆与阿兰之间,下面有一条宽阔的河流,以前的居民就在这条河水中清洗食物。巴兹旁边还有拉斯河,河畔的石榴味道世界顶尖,还有令人喜爱的无花果,用烤炉烘干的葡萄干,因为当地云层多,阳光不足,很少有晴朗的天气。当地人还发现水中有部分硫黄,女性洗东西时就借助硫黄碎块清洗。(《国家辞典(第一册)》,第430页)

③ 奥斯曼·本·阿凡:奥斯曼·本·阿凡·本·艾布·艾斯·本·伍麦叶,古莱氏人,伊斯兰教初期最伟大的人物之一,第三任正统哈里发,公元577年出生于麦加,伊斯兰教创立后不久便皈依,他是贾希利叶时期有尊贵地位的富人。他对伊斯兰教做出的最杰出的贡献之一就是他用自己的钱财支撑了一半当时经济困难的军队,他贡献了300匹配有驮鞍和马衣的骆驼,还捐献了1000第纳尔。公元644年,欧麦尔·本·哈塔卜逝世后,奥斯曼继任哈里发。奥斯曼担任哈里发时期,征服了亚美尼亚、高加索、呼罗珊、克尔曼、锡斯坦、非洲和塞浦路斯。奥斯曼还完成了《古兰经》的整理工作。艾布·伯克尔时期已命人收集了一些,但还没有进行修订印刷成册。奥斯曼命人誊抄校订艾布·伯克尔的汇编本并发行。奥斯曼是第一个扩修禁寺和麦地那先知寺的人,第一个在开斋节发表演讲的人,第一个命令在聚礼日要有宣礼的人;他还规定阿拉伯穆斯林殖民过的地方,外族人要么撤离,要么皈依伊斯兰教;奥斯曼还开设法庭,公开判决,他曾与艾布·伯克尔一同坐在清真寺决断,还传送了146段圣训,人们不满他任人唯亲,于是库法、巴士拉和埃及都派出使团,要求奥斯曼罢免自己亲戚的职位,奥斯曼拒绝后,使团把奥斯曼包围起来,让他自愿退位,奥斯曼还是不同意,使团们围攻了他40天,修筑围墙将他关押,在开斋节的清晨,使团杀害了他。

鄂勒·本·沙阿白·赛格菲①的率领下征服了阿塞拜疆。阿塞拜疆当时的收入平均为 400000 迪尔汗，时增时减。

十八、克尔曼

克尔曼②东面与锡斯坦为邻，与朱兹詹省③相望。克尔曼最大的城市是锡尔詹④，克尔曼省城池易守难攻，它有很多城市及要塞之地。如梅

---

①穆鄂勒·本·沙阿白·赛格菲：阿拉伯人中考虑事情最为周全的人之一，阿拉伯领袖、长官，圣门弟子，善谋策划。伊历前 20 年（公历 603 年）出生于塔伊夫部落，贾希利叶时期他同拜尼·麦利克的一支军队离开部落，受国王使命进驻亚历山大，后又返回希贾兹地区。在信仰伊斯兰教之后，他征服了侯代比亚、叶麻麦、沙姆地区、雅姆克、卡迪希亚、纳哈万德和哈姆丹。欧麦尔·本·哈塔卜任命他管理巴士拉时，他又征服了几个城市。后又重新委派他为库法总督，两人心生嫌隙后，又罢免了他的职位。阿里和穆阿维叶开战时，穆鄂勒暂时离开战场，又带回两位仲裁，后穆阿维叶又任命穆鄂勒为库法总督，直到伊历 50 年（公元 670 年）穆鄂勒身亡。沙阿比说：有四个称得上"最"的阿拉伯人，穆阿维叶最有涵养，欧麦尔·本·艾斯最善于处理困境，穆鄂勒最有头脑，齐亚德·本·艾比赫最受老人和小孩喜爱。穆鄂勒做成了 136 件大事，他是第一个开设巴士拉办公厅的人，也是第一批信仰伊斯兰教的人。

②克尔曼省：是人口稠密、下辖县、乡镇和村庄的著名省份。棕榈业、农业和畜牧业资源丰富；与巴士拉相同，该省也有丰富且质量上乘的椰枣。（《地名词典》，第 515 页）

③朱兹詹省：是与呼罗珊巴尔赫省一样宽广的地方，位于梅尔夫·阿尔鲁德和巴尔赫之间，据说它是犹太人的要塞之地，下辖的城市有安巴尔、法勒亚比、凯莱尔。（地名词典：第 211 页，第 2 行）。

④锡尔詹：位于克尔曼和波斯之间，伊本·法格哈说：锡尔詹是克尔曼省的城市，它和设拉子的距离是 24 法拉斯汗（古代距离单位，1 法拉斯汗 = 4－6 公里），所以曾合并一起命名为"两宫"。（《地名词典》，第 336 页）

满德①、卡纳布②、科西斯坦、库尔德斯坦、麦伍·土穆斯坦、斯路斯坎。堡垒有巴姆、曼奴加和纳玛希尔③。

克尔曼地域辽阔但水资源缺乏,其管辖城市吉罗夫特④的棕榈非常丰富。据说,穿过克尔曼去往印度必须先从吉罗夫特到鲁特给和代哈干⑤,然后经过百里和法哈拉吉⑥。当地人称它为"法哈拉",它是库尔曼最后一个商业城市。

莫克兰人也因其商业性发达而称呼它为第一个商业城市,法奈伯勒则是莫克兰最大的城市。

在哈里发奥斯曼执政时期,阿卜杜·拉和曼·本·塞马尔·本·哈比布·本·阿卜杜·沙姆斯开辟了克尔曼,他拥有200万迪尔汗和2000名仆役,领土范围也从赛尔哈斯直至印度洋。

---

① 梅满德:克尔曼省的城镇。(《地名词典》,第634页)

② 卡纳布:克尔曼省的县,有很多村庄和田园。(《地名词典》,第446页)

③ 纳马希尔:地名词典的作家雅古特·哈迈维将"纳马希尔"一词放在字母ﺱ的索引下,他说纳马希尔是库尔曼非常重要的城市,它与巴姆之间需要一天,通过麦法吉路去法赫拉季需要一天。(《地名词典》,第324页)

④ 吉罗夫特:地名词典的作家雅古特·哈迈维将纳马希尔一词放在字母ف的索引下,吉罗夫特的地理位置和占地面积在库尔曼的其他城市中遥遥领先。该地区有很多美物,丰富的棕榈和水果,有条河流穿城而过,但天气依然炎热。那里流传一个美德,如果不是风吹落,绝不摘取高处的椰枣,即使是赤贫者,如果风很大,穷人们就可以获得风吹落的椰枣,它们或自己享用椰枣,也许拿它换钱,吉罗夫特是在欧麦尔·赫塔布时期开辟的。(《地名词典》,第230页)

⑤ 代哈干:波斯的商业城市,铸造业发达,是商人们聚集之地。

⑥ 法哈拉吉:位于波斯和艾绥白哈之间,与波斯的商业城市相邻,靠近伊斯塔哈尔。(《地名词典》,第318页)

十九、塔莱肯

从塞拉赫斯到塔莱肯①需要四天,塔莱肯位于两座大山之间,这里还坐落着一座清真寺,每周五人们在这里聚礼;塔莱肯的人主要从事羊毛生意。

从塔莱肯到法里亚布省②需要四天,法里亚布省是座古老的城市,也是第二座城市,被称为犹太人之家,法里亚布省的商人也在此安家。

二十、朱兹詹省

从法里亚布省到朱兹詹省需要五天,它由艾萨尼、萨姆艾肯、希比尔甘③和杰胡奈杰四个城市组成。据说,朱兹詹省的省长来自安巴尔省;国王曾住在朱尔兹省的凯恩代勒穆④村庄和奎茨曼。在古代王朝早期,朱兹詹省与克尔曼隔印度而相望。

二十一、巴尔赫

从朱兹詹省去巴尔赫,从东边出发需要四天,有城镇和乡村,是由阿卜杜·拉合曼·本·塞马尔于穆阿维叶·本·艾布·苏富扬执政时期创建而成。巴尔赫是呼罗珊最大的城市,曾经塔尔赫国王和呼罗珊的国王居住于此,建造了一座座相连的城墙,该城有12个城门。

据说巴尔赫位于呼罗珊省的中部,东经巴尔赫去费尔干纳需要三十

---

① 塔莱肯:隶属呼罗珊,位于梅尔夫·阿鲁德和巴尔赫之间,斯塔哈尔人说:巴克特里亚最大的城市就是塔莱肯,它是有非常多河流和庄园的城市。

② 法利亚布省:ﯾ读齐齿符,呼罗珊著名的城市之一,邻近商业城市朱兹詹省和巴尔赫,西边与杰胡奈杰接壤。(《地名词典》,第270页)

③ 希比尔甘:它的缩写为شبرقان,是下辖朱兹詹省与巴尔赫相邻的城市。(《地名词典》,第400页)

④ 凯恩代勒姆:内沙布尔县的村庄。(《地名词典》,第548页)

天,西经莱伊需要三十天。从这里去往锡斯坦需要三十天;去喀布尔和坎大哈也是三十天。巴尔赫到克尔曼需要三十天,到克什米尔①也要三十天,去花剌子模三十天。巴尔赫到木尔坦②需要三十天,巴尔赫被村庄和有田园的城墙围绕。从被村庄和田园围绕的城门到另一个城门的距离是12法拉斯汗,城门外没有建筑物、农田和村庄,只有沙石。最大的城墙用12个城门围绕着巴尔赫的土地。另一个城墙用四个城门围绕城中心,从最大的城门到第二个城门的距离是5法拉斯汗,城墙与城中的城墙距离1法拉斯汗。努比哈尔城③是巴尔马克家族,从城门到另一个城门的距离是1法拉斯汗,与城市的距离是三英里。

巴尔赫有47个不同的开阔区域,这不包括大城市:霍勒姆④、萨曼

---

①克什米尔:位于印度中部,与土耳其毗邻,其后裔相互融合,具有良好的品德,此地的妇女各个身材匀称,相貌端正,青丝如瀑,鬓发如云。(《地名词典》,第400页)

②木尔坦,书写时常多写一个"و"成为"مولتان",是印度的一个小镇,靠近阿兹莱,居民从古代就是穆斯林。此地也有印度教多崇拜偶像,还有别国人从远方来此地朝拜偶像,把金钱花费在偶像以及为偶像服务的工作者身上。(《地名词典》,第400页)

③努比哈尔:欧麦尔·本·艾兹莱格·卡勒曼说:巴尔马克家族曾是那个时代巴尔赫最具声望的家族,他们的宗教是偶像崇拜,当他们听到关于麦加和天房的描述时便开始仿造修建天房来崇拜他们自己的偶像,并用丝绸装饰,在上面挂上名贵的珠宝。(《地名词典》,第400页)

④霍勒姆:巴尔赫下辖县城,属于阿拉伯地界,艾赛德、白努·太米姆和盖斯在开拓时期曾逗留于此,它是一座拥有村庄和花园的小县城,植物很多,夜晚几乎无风,夏季昼短。(《地名词典》,第440页)

甘①、白阿莱②、斯凯里凯德③、莱瓦力及④、胡兹、阿勒汗⑤、拉万⑥、塔尔坎、努勒、巴达赫尚省⑦、吉勒姆⑧,这是最后一个东边的城市,是巴尔赫和藩国的接壤。

至于东南方向坐落着的城市分别是:赫赛特⑨、班及哈尔⑩、白勒万、

---

①萨曼甘:巴特克里亚下辖村镇,位于巴尔赫和巴格兰省以南,有来自阿拉伯泰米姆家族的人群。从巴尔赫去霍勒姆需要两天,从霍勒姆去萨曼甘则需要五天。(《地名词典》,第286页)

②白阿莱:巴尔赫下辖村镇,河流树木繁多,从白阿莱到巴尔赫需要六天。(《地名词典》,第554页)

③斯凯里凯德:巴克特里亚的村庄,物产富饶,田园富余;族谱中多为学者。(《地名词典》,第261页)

④莱瓦力及:巴达赫尚省的下辖村镇,在巴赫尔和巴特克里亚以南。(《地名词典》,第441页)

⑤阿勒汗:巴特克利里亚下辖村庄。(《地名词典》,第71页)

⑥拉万:巴特克利里亚下辖镇,在巴尔赫以西,地方较小。(《地名词典》,第22页)

⑦巴达赫尚省:金属矿物质丰富,山上还有用来作戒指的琉璃,还有红石榴石和水晶石,吐蕃商人常来此做生意,巴达赫尚省是巴特克里亚最高的地方,与土耳其接壤,在它与巴尔赫之间有13法斯拉汗。(《地名词典》第429页)

⑧吉勒姆:巴达赫尚省下辖城市,在莱瓦力以南。(《地名词典》,第152页)

⑨赫赛特:位于波斯海边的一个村庄。

⑩班及哈尔:作者也把它称作 بنجهم,巴尔赫市的下辖镇,这里人员混杂,有宗派团体、恶霸和凶犯。这里的货币很值钱,人们买东西几乎花不了什么钱,一捆菜也不过一迪尔汗。山上还有银子,这座山和市场就像筛子一样被挖到处是洞,人们沿着山的脉络挖,如果他们探及宝藏,就会有人以三万迪尔汗将其承包,所有挖出来的宝藏都归他。

伍伦都。由法多利·本·亚哈亚·本·哈利德·白勒麦克①在哈里发拉希德时期建立；还有一个被阻碍的城市，叫喀布尔·沙，这座城市位于巴尔赫和巴米扬之间。

巴米扬②，一个坐落在山上的城市，以前有个来自代哈干名叫艾赛德的波斯人，在曼苏尔时期由麦宰海穆·本·白斯塔号召他加入伊斯兰教。麦宰海穆·本·白斯塔娶了穆罕默德·本·麦宰海穆的女儿。当法德利·本·亚哈亚来到他儿子这里，对他说：你最好去伍伦都，和英勇人士一起去开辟它，随即占领了巴米扬，以他爷爷的名字命名"史勒巴米扬"，它就是巴特克利亚的首要城市。

巴米扬城外有一眼泉水，经过山谷流向坎大哈，来往距离需要一个月的行程，穿过另一个山路去锡斯坦大概需要一个月。从另一条河穿过到麦鲁·麦西勒需要三十天。穿过河流去往巴尔赫需要十二天，穿过另一条河去花剌子模需要四十天，这些河流都发源于巴米扬山，内含铜矿，铅矿和水银。

如从城市的东方出发，途径泰尔梅兹③、西勒麦肯、达勒家肯④、绥阿

---

①法多利·本·亚哈亚·本·哈利德·白勒麦克，阿巴斯王朝拉希德时期的大臣，是位非常优秀的人，拉希德委任他职务，任他为呼罗珊长官。

②巴米扬：位于巴尔赫、赫拉和阿兹奈的山间，有一个要塞堡垒和幅员辽阔的王国，还有雕刻在山中的两尊大佛，从山脚一直到山顶。一尊被称作"苏尔汗布德"，另一尊被称为"赫坎布德"。有传言道说这两尊佛像举世无双。(《地名词典》，第393页）

③泰尔梅兹：著名的城市，东边与杰伊胡河相邻，与绥阿尼亚有商贸往来，居民饮水都来自绥阿尼亚，因为杰伊胡河流域的人很少喝它们村庄的水。

④达勒家肯：地名词典的作者修正其为دزدنج，隶属绥阿尼亚村。(《地名词典》，第480页）

尼亚①，这都是巴尔赫省从东边算起最大的城市了；赫鲁奈②、马斯奈德、巴雷萨尼、喀布尔萨拉尼、盖巴齐亚③、尤兹④，这些都隶属于哈提穆·本·达伍德省；还有沃赫斯⑤、赫拉沃德、卡兰本、艾迪沙拉、鲁斯塔比克，这是哈里斯·本·艾赛德·本·比克王国时期；海里白克、麦克是土耳其的边界，其中有拉沙特、开玛迪和巴米尔。

巴尔赫的北部城市有迪勒亚赫奈、库沙村⑥、奈赫沙卜⑦、赛阿德，以上城市都是在撒马尔罕王朝建立的。巴尔赫河流经台哈里斯坦和安达拉布⑧到达巴米扬，它是西方世界第一个巴特克利亚王国的建立之地，地处山间，防御能力强。巴达赫尚省和沙和也是易守难攻之地，据说，那里还有个叫哈兹勒白代的地方，由于山路起伏、怪石嶙峋、道路曲折，还有坚强的堡垒，人们无法到达，该地还有一条路从克尔曼通往锡斯坦。

喀布尔城有个地方叫杰鲁斯，是阿卜杜·拉合曼·本·赛马拉与奥斯曼·本·阿法尼时期开辟的，它在那个时期除商业往来以外其余都封

---

①绥阿尼亚：位于河流以南，与泰尔梅兹通商，楼宇众多，他们从通向杰伊胡河的河流饮水，尽管它干枯了很多年。（《地名词典》，第480页）

②赫鲁奈：呼罗珊的小镇。（《地名词典》，第415页）

③盖巴齐亚：巴尔赫的小镇。（《地名词典》，第517页）

④尤兹：巴尔赫的铁路。（《地名词典》，第517页）

⑤沃赫斯：一个外来词，它表示"低贱的事物"，是巴尔赫县上两个胡特拉尼的小镇之一，它与胡特拉相邻，因此被称为一个镇，它在杰伊胡河上游，这里的空气清新，物产富饶，广受恩泽，多为君王的故乡。（《地名词典》，第419页）

⑥库沙村：穿过山从该村到戈尔干的距离是3法拉赫斯（1法拉赫斯=24.6公里）。（《地名词典》，第525页）

⑦奈赫沙卜：位于阿姆河和撒马尔罕河流的下游。（《地名词典》，第319页）

⑧安达拉布：位于加兹尼和巴尔赫之间的县城。

闭不对外开放。

二十二、梅尔夫·阿尔·鲁德

从木鹿到巴尔赫,再从木鹿到梅尔夫·阿尔·鲁德①需要五天行程,奥斯曼时期开拓了梅尔夫·阿尔·鲁德。从梅尔夫·阿尔·鲁德到齐穆需要穿越巴尔赫河,到达阿莫勒也要途径巴尔赫河,它与木鹿之间的路程需要六天时间。

泰尔梅兹位于巴尔赫河以东,因为巴尔赫位于河流以西,该城人口众多,泰尔梅兹附近与河流相邻的城市叫卡瓦迪安②,与泰尔梅兹一样,可以去往哈西姆·本·班竹勒王国。沃赫斯和海拉沃尔德是两个具有坚固防御的大城市,书玛尼城与西姆·本·班竹勒王国及其族人都有关联。阿什杰德③是一个要塞城市,幅员辽阔,有700座坚固的堡垒,这为入侵土耳其提供了便利,该要塞距离土耳其4法拉斯赫;从泰尔梅兹到绥阿尼亚需要四天,绥阿尼亚是一个有很多城市和乡镇的大省,其中有哈勒丹镇、奈哈拉镇和卡斯凯镇。从绥阿尼亚到胡台里王国需要三天,胡台里城市很大,阿什杰德就是前面提到的有700座堡垒的地方,它与土耳其接壤。

---

①梅尔夫·阿尔·鲁德:地名词典作者校正为مرو الرود,梅尔夫:打火既不使用黑色也不是红色的石头,而是使用白色的石头。阿尔·鲁德:就是波斯语中"河"的意思,就像梅尔夫河;它是梅尔夫沙海的一个村庄,在一条大河之上。(《地名词典》,第132页)

②卡瓦迪安:地名词典作者校正为قواديان,隶属杰伊胡省的一座城市,在泰尔梅兹之上,与胡台里之间,比泰尔梅兹小,与绥阿尼亚相邻。(《地名词典》,第465页)

③阿杰什德:河对岸的地区,比泰尔梅兹和书玛尼大,靠近绥阿尼亚。(《地名词典》,第407页)

二十三、胡台里

从胡台里①到哈利斯坦,哈马雷布克王国的沙格南和巴达赫尚省。从谷地到沙格南,这些都隶属于哈利斯坦王国。巴尔赫河对岸沿线第一个城市是法拉比,从法拉比到巴克纳需要一天,巴克纳是个人口混杂的大城市;从巴克纳去布哈拉②需要两天。

二十四、布哈拉

布哈拉③,城市名,为梵文"修道院"的意思,现为乌兹别克斯坦布哈拉州首府,地处泽拉夫尚河下游,居布哈拉绿洲中心,在塔什干以西434公里处。874年至999年的萨曼王朝曾建都于此,其版图曾北达咸海,南至印度河上游,西迄里海。当时为中亚最强大的国家,故此地也曾是中亚最繁华的城市之一。萨曼王朝之后,阿拉伯大军、蒙古大军及帖木儿铁骑都曾攻陷此地,使其屡遭战祸。雅古比在书中对该城市做了介绍,认为"它是混合阿拉伯人和波斯人的大省,无坚固的防御,是非常古老且有趣的地方,其物产丰富。赛义德·本·奥斯曼·本·阿法尼在穆阿维叶④时期开拓⑤了

---

①胡台里:下辖诸多城市的地区,将它归于巴尔赫是不对的,因为它在杰伊胡后面,土地宽广,物产富饶,是最大的城市,位于赛奈德交界。(《地名词典》,第396页)

②源自بخار加上延尾的ا,地名词典作者校正为减尾的ا,在大部分地理书籍里都是如此。

③布哈拉:河外最大的城市,阿莫勒到杰胡奈需要两天,它是非常古老且有趣的地方,其物产富饶。(《地名词典》,第419页)

④赛义德·本·奥斯曼·本·阿法尼·伍迈威·古莱氏,是法提赫的州长。在城市长大。当父亲被杀后,穆阿维叶派遣他于呼罗珊任职,后攻克撒马尔罕后就离开了呼罗珊。

⑤赛义德·本·奥斯曼·本·阿法尼在穆阿维叶时期,约伊历55年攻克此地。

此地,随后又想攻克撒马尔罕,被当地人抵御。在赛里木·本·齐亚德·在叶齐德·本·穆阿维叶攻克之前,它一直对外封闭。布哈拉征收地税(人头税)高达上万迪尔汗。他们的货币迪尔汗类似铜钱。"

《世界境域志》(Hudūd al-Ālam)第 112 页记载:"粟特是一个地区。东部地区没有一个地方比这里更繁华的。这里流淌着河流,树木很多,气候很好。此地人民慷慨、善社交。周围地区环境舒适,繁华,人民温和、虔诚。"从《北史·西域传》记载的方位来看,其所记载的粟特国不应该是粟特地区,阿拉伯人、波斯人所说的粟特地区要比《大唐西域记》所指的地区小。雅古比在书中提到的粟特州是"从布哈拉到粟特州需要七天,粟特州幅员辽阔,有诸多坚固的堡垒城市;代布斯①、凯沙尼②、奈斯夫③、奈赫沙卜。在古太柏·本·穆斯林·巴黑里在沃丽德·本·阿卜杜·马利克执政时期开辟了粟特州这个重要地区。"部分资料记载,粟特人是中亚泽拉夫善河流域的人,有自己的语言文字即粟特文,由 19 个音节字母,8—15 世纪的回鹘文也是在粟特文的基础上创制的,我国史籍称粟特人为邵武九姓,以善于经商而著称。自两汉至隋唐,由大批粟特商人沿丝路东来,沿途形成许多粟特移民聚落,带来了中亚、西亚的宗教(祆教、摩尼教等)、语言和文化等。粟特语曾作为国际商业语言流传于中亚及丝路沿线地区;现存最早的粟特文资料是敦煌长城烽燧出土的 4 世纪的粟特文

---

① 代布斯:粟特州在河外攻克之地。(《地名词典》,第 499 页)

② 凯沙尼:撒马尔罕省的地区,位于粟特州谷地以北,它与撒马尔罕之间有 12 法拉斯汗,是粟特州的中心城市,当地人比粟特州其他地方的人都生活得更容易。(《地名词典》,第 524 页)

③ 奈斯夫:人口稠密的大城市,是介于杰伊胡和撒马尔罕的田庄,它有丛林和四个城门。(《地名词典》,第 329 页)

古信札,粟特文资料是研究丝绸之路与敦煌地区各民族文化汇聚及中西交通等方面的珍贵史料。

二十五、撒马尔罕

撒马尔罕是中亚著名古城,现为乌兹别克斯坦第二大城市,撒马尔罕州首府,地处泽拉夫善河谷地,为古代中亚粟特国斗城。"罕"在中亚语中意为"城市",此城为丝绸之路所经之名城,公元712年阿拉伯人占据此地。雅古比在书中这样记述道:"古太柏·本·穆斯林·巴黑里在沃丽德·本·阿卜杜·马利克执政时期开辟此地,这里曾有非常坚固的城墙遭到了毁坏,哈里发拉希德又重新修建。这里有源自土耳其的著名河流幼发拉底河。从撒马尔罕到阿什洛夫特需要五天,从凯术到粟特州需要四天。撒马尔罕①是一个有着雄厚实力、坚固防御、人才济济且英雄辈出的地方,被称为勇士之都。撒马尔罕在经历多次开辟后,为了保护其防御能力和勇士将其封闭。

阿什洛夫特王国幅员辽阔,据说它有400个堡垒,有很多大城市,例如:艾勒斯曼德、宰米奈②、曼克、哈绥奈,还有来自撒马尔罕河流巴斯夫的谷地,这个谷地里还发现了金锭。呼罗珊省各城市的人有来自穆迪乐③部落的,有来自拉比尔部落的,剩下的除了阿什洛夫特人,其他都是

---

①撒马尔罕:是非常著名的城市,据说,它有经过两个世纪历史的建筑,建筑是建立在粟特州谷底以南的粟特州要塞之地。(《地名词典》,第279页)

②宰米奈:地名词典作者校正为:宰米奈是撒马尔罕地区的省份,最大的城市是阿什洛夫特。(《地名词典》,第143页)

③穆迪乐:阿德南的部落,穆迪乐·本·迈阿德·本·阿德南建立,此部落中埃及人口众多,是阿德南建立的希贾兹地区重要的城市,他们曾有麦加和禁寺的首领。

也门人。他们曾拒绝与阿拉伯人为邻,直到有人可以居住于此与当地人通婚。从阿什洛夫特到法勒阿那需要两天,撒马尔罕曾这样形容,呼罗珊像是小市镇上的天堂。呼罗珊的堡垒难道不像是空中花园吗?那么朦朦胧胧,但堡垒没有壕沟,呼罗珊位于正中心位置,周边环绕着树木,圆月、河流和堡垒,这一切就像是闪耀的星辰。

二十六、费尔干纳

费尔干纳①,据说它的下辖城市卡萨尼,该城实力雄厚,这些城市都被隶属到撒马尔罕的成果之中。

二十七、伊什塔克克

伊什塔克克是有堡垒的重要城市,曾是独立的王国,穆阿台绥姆将阿什塔克克归于阿吉夫,从这里到撒马尔罕需要两天,从费尔干纳去沙术需要五天,沙师是撒马尔罕的重要成果。从撒马尔罕途经赫杰德到沙术,赫杰德是撒马尔罕的城市,这段行程需要七天。从赫杰德到沙术需要四天。

二十八、沙术

从沙术②到赛阿勒艾斯比沙需要两天,这是与土耳其交战之地,是撒马尔罕最后的战果。

巴热克里亚、粟特州、撒马尔罕、沙术和费尔干纳的河外之地都在一条沿线,土耳其被呼罗珊和锡斯坦围绕。土耳其人种纷杂,王国众多。分

---

① 费尔干纳:土耳其的第一大城市,在塞伊胡和和沙术对岸,它有坚固的堡垒,在谷地的城门上是艾福斯凯。(《地名词典》,第279页)

② 沙术:位于塞伊胡河河外,与土耳其接壤。居民为莎菲尔教派,不属于呼罗珊。(《地名词典》,第349页)

别是：赫兹莱、台厄兹、台尔凯士、凯马克和厄兹。土耳其的每个种族都有其独立的王国，却经常互相征战。但这些王国没有地位，也无堡垒。由于铁资源缺乏，他们用骨制剑，围攻呼罗珊土地，在各个方面与之交战入侵，只有通过与土耳其及土耳其其他种族的人交战后，才造就了真正的呼罗珊。

二十九、亚美尼亚①

雅古比在《诸国志》中论及亚美尼亚由3个部分组成：第一部分是卡利加拉和赫拉特；第二部分是可萨、第比利斯和巴卜；第三部分是巴尔达，即赖扬城，巴尔干和杰尔宾特。但一些地理学家如艾哈迈德·艾斯白哈尼认为：这些城市与亚美尼亚国毗邻。

三十、凯鲁万

从卡布斯到凯鲁万②经历四段路程，先到寥无人烟的艾因宰顿，然后到莱斯，接着是盖乐珊③，那里能进出凯鲁万，最后就到达凯鲁万城，该城

---

①亚美尼亚：北部著名城市，人们都说：亚美尼亚因亚美尼亚·本·来塔·本·奥迈拉·本·亚菲塞·本·努尔而得名，他是第一个到达并定居在这片土地的人。(《国家辞典(第1册)》，第191页)

②凯鲁万：阿拉伯语译文，原为波斯语的"盖鲁万"，非洲的一座历经时代沧桑的大城市，西方没有一个比它更辉煌强盛的城市，在穆阿威叶·本·艾比·苏菲扬时期被建成。(《地理辞书(第4册)》，第476页)

③盖乐珊：非洲的一座城市，或者是靠近非洲。(《地理辞书(第4册)》，第441页)

由阿卡白·本·纳非阿·法赫里①在哈里发穆阿威叶时期划出地界。阿卡白曾向西方开疆拓土,他是第一个到达非洲的人,是哈里发奥斯曼·本·阿凡时期开拓的新领土。

凯鲁万这座城市的城墙由牛奶和泥土混制而成,后来齐亚德拉·本·易卜拉欣·伊本·艾格里布在与欧麦尔旺·本·麦加利得,阿卜杜·赛俩姆·本·穆法拉吉,曼苏尔·坦布吉发起战争,将其夷为平地,后面这些人曾是伊本·艾什阿瑟的旧军队部署。

如果在冬季,人们就饮用雨水,雨停之后,溪流带着雨水经由山谷洼地汇入一个叫作穆阿基勒的水塘,供水者们在此处取水,取水的山谷朝向城市,叫做萨拉维山谷,这里的水是咸的,因为流经盐碱地,人们按其所需进行取水。

艾格里布人的居住地在距离凯鲁万市有两英里的宫殿里,为宫殿修建了宫墙,他们一直到易卜拉欣·本·艾哈迈德离开,才跟随他迁移到离

---

①阿卡白·本·纳非阿·法赫里:伊斯兰初期著名的开拓者,凯鲁万城的建立者,阿穆尔·本·阿绥之子,伊历42年,阿穆尔派遣他去非洲,于是他大举吞并苏丹的边界,大败苏丹人,从此名声大噪。伊历55年,穆阿威叶人任命他独立管理非洲的殖民地,并派给他一万骑兵,于是他一举深入非洲国家,直至到达凯鲁万山谷,惊叹于此,所以在凯鲁万修建了一座清真寺,也就是保留至今的亚喀巴清真寺,他还下令在此处修建住所。伊历55年,穆阿威叶免去他的职位,于是回到东方,穆阿威叶去世后,叶齐德成为哈里发,于伊历62年派遣他去担任摩洛哥总督。他按照在凯鲁万的做法,率大军出发,在摩洛哥修城池筑堡垒,收服费赞人,后又占领扎白和塔西勒,一路进军,直到最西边的大西洋才返回。大军在扎白留下少数士兵,返回凯鲁万,欧洲人贪图这块地区,于是出兵征战,阿卡白及其部下于公元683年/伊历63年命丧于此。

凯鲁万八英里处的利卡德①，并在那里建造宫殿。

在凯鲁万城混居着古莱氏人，还有木达尔、拉比阿和盖哈坦人的阿拉伯部族与多种外族人，如呼罗珊人、跟随哈希姆军队到来的人，还有柏柏尔人、罗马人等类似的外国人。

从凯鲁万到苏斯②要沿着海岸通行，途经一个船厂，且苏斯民族繁多。从凯鲁万到一个叫作阿尔及尔的地方有一段路程，那里是艾比·谢里克·穆阿勒岛，周边海水充沛，商业发达，那里有部分人是欧麦尔·本·赫塔布的近亲，其余则是一些阿拉伯部族，还有一些外邦人。那里有一些小城市，居民安居乐业，人们住在一个叫作巴瓦萨的城市，从那里可以走水路到达古莱比耶③，从古莱比耶能直达西西里岛④。

从凯鲁万城到塞夫拖有两段短途路程，塞夫托尔是一个大城市，居民有古莱氏人和卡达人，还有别的民族。

从凯鲁万城到突尼斯城要沿着海岸通行，那里有一个工厂。突尼斯是一个大城，当时也门总督哈马德·柏博尔受哈伦·拉希德之命统治这里。

----

①利卡德：非洲的一个距离凯鲁万4天路程的地区，花园众多，非洲没有一个地方有比这里更干净的空气，更温和的风以及更细腻的尘土，有人说过："谁来到这里，都会情不自禁。"（《地理辞书（第4册）》，第63页）

②苏塞：摩洛哥的一个地区，这是一个大城市，人种肤色小麦偏黄，从苏塞出来到最边上的苏斯要沿着海边前行。（《地理辞书（第3册）》，第320页）

③古莱比耶：非洲大陆上靠近卡塔赫纳的一个城市，防守森严，临海。传闻当初建立这座城市的人将山顶上的石头颠倒过来填在海底，因此得名"古莱比耶"。

④西西里岛：地理辞书的作者将其中的字母"希努"纠正为"萨德"，且岛上的大所述居民发音都是后者，该岛是地中海群岛之一，与非洲相望。（《地理辞书（第3册）》，第473页）

突尼斯①城的城墙由牛奶和泥土混制而成,后来的城墙由海底的石头筑成。后来以曼苏尔·坦布吉、哈苏因·太极比、凯里安·白勒维为首的突尼斯人和齐亚德拉·本·易卜拉欣·伊本·艾格里布发起战争,并杀死了他,战火推翻了这一宏伟建筑。从突尼斯的海岸可以到达安达卢西亚的岛上,我们在介绍塔西勒的时候就已经介绍过安达卢西亚岛的情况了。

从凯鲁万到贝雅②城共有三段路程,该城是座大城市,有个古石城墙,居民由古哈希姆人和外族人组成,居民也包含曾与伊本·艾格里布反抗到底的柏柏尔人。

从凯鲁万城到阿尔博思③要两段里程,该城是一座大城,居民种族繁多。

从凯鲁万城到一个叫作迈贾纳的地方有四段里程,这座城市的山脉和山谷之间有银、皓矾、铁、氧化铅还有石墨,居民是塞纳杰尔人,相传他们的祖先来自拉比阿部落的塞纳杰尔家族,他们是苏丹的军队,居民中还有柏柏尔人以及其他的外族人。

从凯鲁万城经由之后的城市可以到达格木丹国,该国幅员辽阔,固若金汤,行者下榻的城市让人记忆尤深,宏伟的旧城叫作斯贝特拉,在哈里

---

①突尼斯:非洲一座靠近罗马海的先进大都市,建立在卡塔赫纳附近的众多小城的废墟之上。突尼斯旧名为"突黎师",距离卡塔赫纳两英里,是非洲最大的城市,城内没有河流,人们饮用井水,以及蓄水池中的雨水,每户人家都有蓄水池,水井建在屋外,水是咸的。此处粮食产量丰沛,也是非洲空气最好的城市之一。(《地理辞书(第2册)》,第70页)

②贝雅:非洲的一个地区,人称"小麦之城",因为这里盛产小麦。从这里到突尼斯要两日路程。这里河流众多,坐落在艾因夏姆斯山上。(《地理辞书(第1册)》,第373页)

③阿尔博思:非洲的一座城市,区域宽广,盛产藏红花,有铁矿。从这里到凯鲁万要往西前进3天的路程。(《地理辞书(第1册)》,第165页)

发奥斯曼·本·阿凡时期,被阿卜杜拉·本·欧麦尔·本·赫塔布和阿卜杜拉·本·宰比尔帅军包围,军队的将领是阿卜杜拉·本·赛阿德·本·艾比·塞拉赫,时间是伊历37年。

从格木丹到加夫萨,加夫萨城防守森严,城墙由石头筑成,城内由泉眼,城中路面由大理石板铺就,周围是雄伟的建筑,遗迹繁多。从加夫萨城到格斯塔勒①,该城面积广阔,有四座城池。

三十一、贝雅

贝雅种植着枣椰树、橄榄,最大的一座城池为居民区,名为托泽尔②,第二座城池名为哈迈,第三座名为泰格尤斯③,第四座名为奈菲特④。城池附近有四块盐碱地,城中居民混杂着古罗马人、非洲人以及柏柏尔人。从格斯塔勒城到尼夫扎沃⑤有三段路程。

---

①格斯塔勒:安达卢西亚的一座城市,在伊乐比尔地区附近,该城市绿树成荫,河流纵横,与大马士革很像。这座大城市筑有坚固的城墙,这里的椰枣大量出口至非洲国家,但此地水质不好,且水费昂贵,居民安居乐业。(《地理辞书(第4册)》,第397页)

②托泽尔:非洲扎白地区最远的一座城市,人口稠密,从这里到奈菲特有10法尔萨赫(距离单位,1法尔萨赫相当于24.6公里,3英里),土壤是盐碱地,多枣椰林。(《地理辞书(第2册)》,第67页)

③泰格尤斯:非洲的一个城市,靠近陶宰尔。(《地理辞书(第2册)》,第44页)

④奈菲特:非洲扎白的一座城市,人口混杂,从这里到陶宰尔要一天行程,到盖福塞则需要两天。(《地理辞书(第5册)》,第342页)

⑤尼夫扎沃:非洲的一座城市,巴克里曾说:从凯鲁万向西出发到这里需要6天时间,尼夫扎沃有一个泉眼,用柏柏尔语说是"تاورغي",这是一个深不见底的洞穴。该城有一座由石头和砖堆砌起来的建筑,此建筑有6个门,集清真寺、集市和厕所于一体。城里有大片的枣椰林,果树,周边还有许多泉眼,在它的前方是一座永恒的城市,名为麦地那。(《地理辞书(第5册)》,第342页)

尼夫扎沃由几座城池构成,最大的城区是居民区,叫作巴士尔,居民中有非洲土著,还有柏柏尔人,城区被周边的沙漠包围。

接下来的是萨席勒城——并非是在海滨,而因其有浓密的橄榄、参天大树、葡萄庄园,构成连绵不绝的绿色汪洋而得名,该城有两座城池,一个名为希禾,一个名为凯比什。

从萨席勒城到斯法克斯①经由希禾和凯比什,需要两段路程,该城是一座海滨城市,海岸线就是它的城墙,它也是最后一个沿海城市。

从艾斯法吉斯城到比塞大城②需要8天的时间,整个路程经由几个相互邻近的堡垒,居民是阿巴德人和木拉比特人。从凯鲁万到扎白需要10段路程,该地最大的城市是塔卜那③,那里是省长府邸所在,城中居民有古莱氏人、阿拉伯人、士兵、波斯人、非洲人、罗马人还有柏柏尔人。

扎白地域宽广,有一个老城叫作巴哈耶④,城中居民有军人、呼罗珊、罗马等外族人,还有柏柏尔人,还有一座山,名为奥雷斯山,山顶常年有积雪。

有一座城市名为泰格斯,周围住着柏柏尔人。还有一座城市叫米拉,建筑结实稳固,从未有人统治占领过这个城市,城中建有非军事用的堡

---

①斯法克斯:非洲的一座城市,如果从卡布斯出发,往西走就能到达该城市,从这能到达马赫迪耶,该城主要作物是橄榄。(《地理辞书(第1册)》,第200页)

②比塞大:非洲的一座城市,从这里到突尼斯要两天时间,临海,该城因为一个湖泊而独特,该湖泊平稳流向大海,湖中的鱼每个月的种类都和上个月的不同。(《地理辞书(第2册)》,第592页)

③塔卜那:应该是外来语,在阿拉伯语中"塔卜那"是一种游戏,写起来字形圆润,复数是"طبن"。塔卜那是非洲边上的一座城市。(《地理辞书(第4册)》,第23页)

④巴哈耶:非洲最远的一座城市。(《地理辞书(第1册)》,第386页)

垒,是伊本·艾格里布时代之前的穆萨·本·阿巴斯·本·阿卜杜·绥姆德建立的。该城市离海岸不远,有一个码头叫吉杰勒,一个码头叫赫塔布堡,一个码头叫阿斯金德,一个码头叫米拉,一个码头叫顿哈节。这里的山上和水源处都是绿树成荫,硕果累累。

有一个城市叫作塞提夫①,居民是伊本·艾格里布的后人,艾赛德·本·哈奇姆家族的人。有一个城市叫作巴尔扎木,居民是台米姆人以及他们的奴隶,他们当时与伊本·艾格里布发生过冲突。

有一个城市叫作恩高斯,城内建筑成群,收成富足,住着士兵,还有住在市中心的柏柏尔人,周边还有奥利亚人。塔卜那是扎白的一个大城市,位于该地区的中心,是政府长官府邸所在。

有一个城市叫马格拉,城内有许多堡垒,城中居民有达巴人,波斯人,柏柏尔人(据说是金达杰的后人),克孜比尔人,还有萨尔珊人。城中的堡垒名字分别名为拉斯、塔勒麦和基伯勒,那里的人是台米姆人,是赛阿德的后人,据说他们曾与伊本·艾格里布之间发生过战争,一部分人被艾格里布斩断手指,成为阶下囚。

艾哈城坐落在山上,城中人曾与伊本·艾格里布交战,赫拉特的萨安曼人、维尔吉利奥人等也反抗过他。

艾尔白城②是扎白国的最后一座城市,再往后就是摩洛哥,这已经是艾格里布人到达的最远的征地,如果从扎白国向西出发,就是比尔扎勒人的地盘,他们是宰娜坦的德穆尔人的后代。我们已经在单独的书籍中介

---

① 塞提夫:位于在塔希尔特和凯鲁万的喀塔麦山区,在摩洛哥柏柏尔人的土地上,这是一座小城市,但拥有农场、大片的草场,这里出了什叶派传教者,被称为迈赫迪。(《地理辞书(第3册)》,第248页)

② 艾尔白:摩洛哥的一座城市,扎白地区最大的一座城市,据说它周边有360个附属的村庄。(《地理辞书(第1册)》,第169页)

绍了非洲的征服史及其详细信息。

我们所处的这个国家曾被哈桑·本·苏莱曼·本·苏莱曼·本·侯赛因·本·阿里·本·侯赛因·本·阿里·本·艾比·塔利布攻占,攻占的第一座城市是哈扎,那里住着古柏柏尔人,据说他们是泽纳塔的帕那恩人,然后继续攻城掠地,一些居民是桑哈人和宰瓦沃人,因比利牛斯为人所知,他们修建华丽的建筑,精通农业和畜牧,此处隶属于哈扎,从这里到阿达纳①需要三天的路程。

接着是宰那台的台木尔人,他们的国家幅员辽阔,尽在首领穆达德夫·本·热迪尔的管辖之下,那里的人精于农耕和畜牧,从那里出发到哈扎有一段里程。从这里可以到伊本·凯拉姆堡,那里的人不经商,整个地区是一个农业区,后来被命名为麦提杰,那里大多数人是侯赛因·本·阿里·本·艾比·塔利布的后人,也有穆罕默德·本·贾法尔的后人。这个国家面积宽广,城市较多,且多有堡垒要塞,该国农业和建筑业发达,从这里到本格迪尔堡要花三天时间,然后就能到达大海。接着是麦德克尔城,穆罕默德·本·苏莱曼·本·阿卜杜拉·本·哈桑·本·哈桑·本·阿里·伊本·艾比·塔利布诞生于此。

然后是哈达拉城②,该城连接多个城市、要塞、村庄和农田,穆罕默德·本·苏莱曼·本·阿卜杜拉·本·哈桑·本·哈桑·本·阿里·伊本

---

①阿达纳:地理辞书作者在《阿宰纳》一书中纠正这一名词。艾哈迈德·本·耶海叶·本·贾比尔曾说:阿达纳在伊历141年或142年建成,呼罗珊士兵奉萨利赫·本·阿里·本·阿卜杜拉·本·阿巴斯之命在此安营扎寨,后来拉希德于伊历165年,在其父亲迈赫迪在位期间,在塞伊汉的靠近阿达纳边界的地方建立了宫殿。(《地理辞书(第1册)》,第161页)

②哈达拉:该城到米里亚纳有一天的路程,这座临河的大都市有众多园林,是非洲最富裕的城市之一。(《地理辞书(第2册)》,第430页)

·艾比·塔利布的后人攻占该地并建立众多城池要塞,严加防御,后来该城因此而闻名。他们占领的最后一座城市临近海边,有一个易卜拉欣市场,该城因一个叫尔萨·本·易卜拉欣·本·穆罕默德·本·苏莱曼·本·阿卜杜拉·本·哈桑·本·哈桑的人而出名。

接着便到了塔希尔特,这里最大的城市是塔希尔特城,该城面积宽阔,名声极高,自古有"西方巴格达"之称,城中人群混居,大多数居民为波斯人,据说是波斯人穆罕默德·本·艾福莱吉·本阿卜杜·瓦哈卜·本·阿卜杜·拉合曼·本·鲁斯塔姆的后人。

阿卜杜·拉合曼·本·鲁斯塔姆曾统治非洲,他的后人去了塔希尔特,于是全部都迁至易巴迪亚和易巴迪亚角,他们就成了摩洛哥易巴迪亚的统治者。塔希临近的一个国家因臣服于穆罕默德·本·艾福莱吉·本阿卜杜·瓦哈卜·本·阿卜杜·拉合曼·本·鲁斯塔姆而隶属塔希尔特。靠近红海的要塞被塔希尔特修建成港口,名为法鲁克港。

三十二、安达卢西亚岛及其主要城市

雅古比在《诸国志》中提到想要到达安达卢西亚①岛就要照他所记录的那样,首先穿过凯鲁万,到达突尼斯。安达卢西亚靠海,就要从距离塔希尔特四天路程的提奈斯②乘船渡海,航行③十天,平稳驶向安达卢西

---

①安达卢西亚:这个名字是外来语种的翻译,阿拉伯人之前从未使用过该名字,阿拉伯人也是在伊斯兰教出现后才直到这座城市。安达卢西亚是一个巨大的半岛,岛上有的地方人口密集,也有的地方门可罗雀,岛上大多是溪流、树木、椰枣、鲜嫩的绿植,各方面资源都很富足。(《地理辞书(第1册)》,第311页)

②提奈斯:非洲最西边的一个地区,从这里到奥兰有8天路程,往南要4天才能到米里亚纳,往塔希尔特要5到6天。(《地理辞书(第2册)》,第56页)

③海航:指采取海上的交通运输方式。

亚,或者从塔希尔特直接前往安达卢西亚,航行一天一夜以后到达泰德米尔①,该地区面积较大,有两座城,一个叫艾斯克尔,另一个叫瓦拉格,每个城市都有一个讲坛。

离开这里接着到达科尔多瓦②,那里的居民大多是伍麦叶人。历时六天游览这座城市周边村庄,建筑,广袤的草原、山谷、河流、山泉以及农田,在到达科尔多瓦之前,先从泰德米尔到了伊乐比尔③,那里先前的居民是来自木达尔部落的大马士革军队和他们的将领盖斯,以及不知名的阿拉伯部落,从伊乐比尔到科尔多瓦要两天时间,他的西边是里尔耶,约旦军队曾驻扎在这里。

西面是里尔④,有座城叫锡多尼亚⑤,霍姆斯军队曾驻扎在此,全军疲惫不堪。锡多尼亚城西边有一个城市叫阿尔赫西拉斯,这里有柏柏尔

---

①德米尔:安达卢西亚的一个小镇,毗邻吉安的阿瓦士,以其王后之名而命名。该地被称为东方的科尔多瓦,金属资源稀缺,筑有堡垒、城市,还有郊区,这里距离科尔多瓦要7天的行程。(《地理辞书(第2册)》,第22页)

②科尔多瓦:罗马词汇,在阿拉伯语中是"快速奔跑"的意思,科尔多瓦是安达卢西亚的中心城市,曾是王位所在之地。曾有伍麦叶人成为该国的国王,统治这个地区。(《地理辞书(第4册)》,第368页)

③伊乐比尔:安达卢西亚的一个较大的地区,该地区的城市与格布尔地区接壤,它的东面是科尔多瓦。这片土地河流众多,绿树成荫,有许多城市,包括凯斯提拉,格拉纳达。这里的金属资源有金、银、铁、铜等。(《地理辞书(第1册)》,第289页)

④里尔:安达卢西亚占地面积较大的一个地区,与哈达拉岛接壤,是科尔多瓦的一个部落。这里资源丰富,有城池、堡垒、田园,还有将近30个小镇。(《地理辞书(第3册)》,第131页)

⑤锡多尼亚:该城坐落于安达卢西亚,与莫祖尔接壤。(《地理辞书(第3册)》,第373页)

人,也混居着一些阿拉伯人。阿尔赫西拉斯城的西边是塞维利亚①,该城坐落于一条大河岸边,这条河就是科尔多瓦河,公元229年时,一群袄教徒攻进该地,在城中大肆烧杀掠抢。

塞维利亚再往西是一个叫作巴斯拉②的城市,在此居住的阿拉伯人是跟随塔利格到来的第一批阿拉伯人,再往西是一个叫作贝雅的城市,那里居住的阿拉伯人也是跟随塔利格到来此地的。再往西,大西洋沿岸有一座城市叫里斯本③,它的西边还有一个沿海城市,名叫阿索纳,这就是靠近里海的安达卢西亚西部地区。

从这里往东去是一个叫作梅里达④的城市,该城市临河而立,从这里去科尔多瓦需要四天时间,该城位于科尔多瓦的西方。

然后从科尔多瓦向东出发,是哈恩,它曾有过一支军队,士兵由梅阿达部落的阿拉伯人和也门人组成。哈恩北面有一座城市,名为托莱多⑤,

---

①塞维利亚:安达卢西亚最繁华的一座大都市,安达卢西亚国王的行官所在,阿拉伯人占领此地后,接着攻占了科尔多瓦。塞维利亚靠海,所以比安达卢西亚其他城市更有利于种植棉花,这里的棉花被销往安达卢西亚全国各地以及摩洛哥。该城所在之处的河流和底格里斯河以及尼罗河一样能够承载重型船舶。(《地理辞书(第1册)》,第232页)

②巴斯拉:穆斯林的一个军队驻地。(《地理辞书(第1册)》,第502页)

③里斯本:安达卢西亚的一座城市,紧邻靠近大西洋的圣塔伦,该城市沿海有一些宏伟建筑。(《地理辞书(第1册)》,第231页)

④梅里达:安达卢西亚的一个城市,该地区多产大理石,楼房建筑鳞次栉比,其中有许多名胜古迹,令人惊叹,值得去游览一番。从梅里达到科尔多瓦需要6天时间。(《地理辞书(第5册)》,第46页)

⑤托莱多:安达卢西亚的一座令人叹为观止的特色城市,坐落在罗马帝国的西边,曾是科尔多瓦国王的首府所在,首府建在塔霍河畔,河上建有一座拱桥。(《地理辞书(第4册)》,第45页)

这座城市固若金汤,是安达卢西亚岛上防卫最坚固的城市,该城居民曾与伍麦叶人抗争,城中混居着阿拉伯人、柏柏尔人还有毛利人,该地有一条大河,名为塔霍。

第四节 《诸国志》中记述的重要物产和矿产

古希腊历史学家希罗多德在《历史》第三卷中写道:"阿拉伯比亚是南方最后一块有人居住的陆地,且是唯一种植乳香、没药、桂皮、肉桂和马蹄树胶的地方"。(Herodotus,1995:135)雅古比在《诸国志》中同样也记述了麝香、龙涎香、沉香、香茅、丁香、肉豆蔻和金属砂金等香料和矿产,本节中将其所记述的重要物产进行相关考证与介绍。

一、麝香①

麝香是雄麝鹿生殖器与肚脐间麝囊中的分泌物,中国麝香以西藏、甘肃、青海所产最为名贵,用于制作香料和药用。早在公元5—6世纪,波斯人、阿拉伯人就开始通过丝绸之路从中国贩运,7世纪,大批波斯商人、粟特人、吐蕃人从事此项贸易,其贸易通道是吐蕃西南的迦湿弥罗(今克什米尔)之路和西域南道。因此,丝绸之路也被命名为麝香之路。曾经的拜占庭人、阿拉伯人和拉丁人都从波斯语 moushk 中吸收了 musc(麝香)一词,证明了对西亚和欧洲的麝香贸易是有波斯商人为中介的。在查阅

---

① 麝香:羚羊等动物的脐部香囊,质量最好的为西藏麝香,其次为中国麝香,再次的是粟特麝香,再次一等的是印度麝香,麝香的好坏,首先需要关注的是麝香的黄色色泽和气味,第二需要观察的是麝香的干燥度,好的麝香含水量低,麝香煮过后需蒸馏。(伊本·西纳:《医典》,穆罕默德·艾敏·杜纳威批注,黎巴嫩贝鲁特科学出版社,2001)

雅古比的《诸国志》时同样看到他在书中借用穆罕默德·本·艾哈迈德·哈利勒·本·赛义德·塔米米·穆盖迪斯译著《新娘口袋与灵魂香气》中的记载，麝香有许多不同类型，其中质量最好的是西藏麝香，这种麝香产自西藏和伊朗赞詹省的交界地带，两地间距离徒步时程两个月，后被人带回大呼罗珊。

书中还记述道我国西藏是麝香的重要产地，正如艾哈迈德·本·艾比·雅格比·莫赖·本尼·阿拔斯提道：一些研究麝香的学者说这种麝香产自西藏和其他已知地区。加蓬人在这些地方建造了像放置手臂骨上的烛台模样的房子麝来到这里，它们的脐带能产生麝香，当麝在和房屋摩擦时，脐带会自觉脱落。加蓬人在一年的这个时刻正好迁移到这里，它们认出这是麝香，并将其收集起来，带到西藏。

最好的麝香曾被认为是白麝香，生长在西藏和克什米尔地区①。雅古比认为最好的白麝香是西藏麝香，其次是粟特麝香、再次中国麝香。最好的中国麝香产自杭州，那是一座有名的城市，穆斯林商船常在这里靠岸停泊，将这里的麝香航运至离伊拉克较近的祖加格。因为麝香的香味浓重，商人无法藏香。一旦这种麝香离开商船，它的香气就更浓了。其次是印度的麝香，这种麝香产自印度迪巴勒，由海运运输回国。这种麝香相较而言，不如上面一种。排名在印度麝香之后的是云南麝香，这也是一种较好的麝香，但在质量、内核、色泽、香气上略逊于西藏麝香。这种麝香来自中国云南，生长在位于中国和西藏交界地带，因此人们常常将它错认为西藏麝香。质量较前面更次一等的是塔盖尔麝香，它是一种草木麝香，这是属于黑麝香的一种，多产自土耳其的塔盖尔地区，由商人带回，人们往往把这种麝香与其他麝香搞混，这种麝香无核无色较难磨碎，因颗粒较大而

---

① 克什米尔：印度中部城市。(《国家辞典(第 4 册)》，第 400 页)

难以被人接受。

质量上更次的麝香是卡萨尔麝香,这种麝香产自中国与印度交界的卡萨尔城,这种麝香在质量、内核、气味上略逊于中国麝香。豆瓣菜麝香是西藏麝香或者类似西藏麝香的一种,黄色、光滑无毛,有香气,再次一等的麝香为阿斯马尔麝香,这种麝香取自麝腺囊,是质量较差的一种麝香,一盎司重的麝香仅售价一个迪尔汗。再次的麝香为鹿麝香,这种麝香产自木尔坦和信德地区,它取自许多麝的腺囊,色泽较好,但香气相对较弱。麝香的种类还有很多,在呼罗珊、粟特地区的西藏商人将西藏麝香从西藏带到呼罗珊,之后又从呼罗珊推广至更广阔的地区。

二、龙涎香

据穆罕默德·本·艾哈迈德·塔米米①记述:"我父亲从他父亲那里听闻后,对我这样说道:'艾哈迈德·本·艾比·雅各布曾说龙涎香②有着许多品种类别,其来源千差万别,龙涎香的区分度在于其来源和内核的不同,品种最好、价格最高、色泽最纯正、内核最澄清、质量最好的龙涎香是灰龙涎香。这种龙涎香是取自从印度洋一带游至也门河谷平原一带的鲸鱼,许多人称龙涎香刚从鲸身上取下来时是琥珀和大石的形状。'"

鲸在海里游的时候,当遇到大风和强浪时,便会被冲至浅滩。浅海地区温度较高,鲸需不时浮至海面换气。如果这样的气候持续多日,对鲸无疑是致命的。鲸死后,岸边的人们便可以捕捉到它,将其制作成龙涎香。

---

①穆罕默德·本·艾哈迈德·本·赛义德·塔米米·穆盖迪斯,擅长植物药理学医生。

②龙涎香:当海浪卷至平原沙滩,这种龙涎香就会被带至那里,最好的龙涎香是萨拉哈特龙涎香,其次是蓝龙涎香,再次是黄龙涎香,龙涎香需干燥环境,稍微加热后,对老人身体有裨益。(《医典》,2001 年)

塔米米说："还可能有另一种情况。鲸吞下了漂浮在海面的龙涎香，因无法消化肠胃里的龙涎香而浮至海面换气，后死亡。死去的鲸鱼漂浮在海面上，海水将其冲到浅滩，沿海人民剖开鲸鱼的腹部，从鲸鱼腹中取出龙涎香。因此，龙涎香也被称为鱼龙涎香或被吞咽的龙涎香。"

塔米米说："还有这样一种可能。鲸排出一小段的龙涎香，黑色的像海燕一样的鸟发现后，晃动翅膀，并向下俯冲，用爪子和喙牢牢抓住，后这鸟又被鲸吃掉后，它的喙和利爪便留在鲸的腹中，由此也叫作喙龙涎香。"

雅古比在《诸国志》中记载"次于灰龙涎香的是津芝龙涎香，这种鲸鱼从津芝地区游向亚丁地区，是一种白鲸。排名在津芝龙涎香之后的是萨拉哈特龙涎香，这种龙涎香在品质上有所区别，其中最好的萨拉哈特鲸蓝脂、多油，可以被做成龙涎香和麝香的混合香料。次于萨拉哈特龙涎香的是阿克拉龙涎香，这种鲸身呈灰白，鲸腹龙涎香较少、产量较轻且干燥，龙涎香的气味、外观较好，它不如萨拉哈特龙涎香的一点是它不适合被制作成龙涎香和麝香的混合香膏，也不适合制作成涂抹香料和清新剂，但它适合被制作成香粉，阿克拉龙涎香取自从阿克拉海游向亚丁的鲸鱼。次于阿克拉龙涎香的是印度龙涎香，这种鲸鱼从内印度浅海区出发，游向巴士拉和其他地区。排在印度龙涎香之后的是津芝龙涎香，产津芝龙涎香的鲸鱼是从津芝出发的，它所产生的龙涎香与印度龙涎香很类似。

塔米米在其作品《新娘口袋与灵魂香气》一书中说道："他把津芝龙涎香排在灰龙涎香之后，同时他也把津芝龙涎香排在印度龙涎香之后。这种从印度出发的鲸鱼，它属于印度人民，但常被阿洛斯人民叫作盖尔格鲸，他们捕捉鲸鱼取出龙涎香，并将其带至阿曼附近售卖，一些来往船员会购买这种龙涎香。相较于上述几种龙涎香，更次的是安达卢西亚龙涎香。商人们将这种龙涎香带至埃及出售，安达卢西亚龙涎香在颜色上与灰龙涎香相近,因此常被弄混。"

龙涎香的研究者曾说过:"在纳帕山河谷有不同种类的鲸,因寒冬过强的风暴而受困,直至夏季来临也无法逃脱。"

三、沉香

沉香木有较长的成熟期,作者在书中提及沉香,认为有一种沉香比阿克拉沉香差一点,这种沉香被中国的边境地区的人们称为萨纳夫沉香,该地和中国以山为界,难以通行,他们中有人认为萨纳夫沉香较阿克拉沉香更胜一筹,因为这种沉香较烧的香而言是更好、更香、更安全,这种沉香也可以作烧香用。沉香还有一种类型,被称为段香,这种沉香木多汁、呈蓝色,它比盖特乌沉香还要香,但售价较低(中国最好的沉香是段香)。在中国还有其他种类的沉香,这些沉香不如上述的沉香,如蘼达香,这种树枝干较粗,黑色树脂,无节,它的气味并不好闻,也不适合制药、炼香膏和香油,还有叫吉拉沉香和来瓦费沉香,这几种沉香在质量上相近。

四、香茅①

至于香茅则有许多种类,最好的当属红香茅中的木赛勒香茅。这种红香茅通体无毛,当人用手掌触碰这种香茅一个小时左右,然后去闻一下,便会有类似苹果的香气残留在手上。

这种香茅在红香茅中颜色偏白,它的香味最好,是最好的香茅品种,还有另两种较差的香茅叫代加格香茅和吉拉勒香茅,这两种香茅油不在好香水中使用,香茅油原是一种干草,生长在印度和西藏地区。

据说香茅草生长在印度的河谷中,成熟后晒干,人们将其收割起来。传说生长香茅的河谷中有许多蛇,人们需穿着木头或铁制成的鞋才能快

---

①香茅:特伊布香茅和红香茅是稀有的香茅品种。

速通过。那些蛇都长着犄角,犄角里含有叫作附子的致命毒药。

香茅是生长在河谷中的植物,它有两种类型,一种叫窄叶越橘,这种在颜色上偏黄,它在质量上更好一些,另一种在颜色上偏黑,人们认识两种香茅,并对其研究充满兴趣。但是其中也有人对这两种香茅不甚了解。如果手心有汗的人直接接触这两种香茅,则很容易中毒死亡。

于是,雅古比提及乘坐轮船从印度出发前往其他地方去寻找并确认香茅的人,不要直接接触香茅,因为香茅上可能残存有毒药,来人需随身携带两把铁钳,不要随手触碰,收集完香茅后,统一放置在容器里清洗。

五、丁香①

《诸国志》中记载了丁香只属于一个科种,是质量最好的干花,不管是花还是果实,都香气袭人,它的花形状较小,在形态上,它的黑色树枝和枣椰树相像,至于它的果实,则容易和枣椰核和橄榄核弄混。据说,它的树很像酸枣树。

丁香被人从最远的印度低洼地移植带回,在丁香树栽种的地方有着浓郁的香味,且芳香传千里,只要在有丁香树的地方,人们便可以闻到甜美的香气。

六、麝香和龙涎香的混合香膏

穆罕默德·本·艾哈迈德·塔米米在他的译作《新娘口袋与灵魂香气》中对混合香膏描写甚多。这种麝香和龙涎香的混合香膏是专供哈里发、王子、贵族使用的,哈里发使用的混合香膏含有极其罕见的纯西藏麝香……这种混合香膏中还有等量的龙涎香,还被哈米德·图西、朱发的母亲使用,麦蒙也很喜欢这种混合香膏。

---

① 丁香:中国延边地区植物,丁香是这种植物的果实,它和茉莉花很像,但它的颜色更深一些,丁香的干核是最好的,香味浓郁,可明目。(《医典》,2001 年)

《诸国志》中记载人们为当时的权贵们制作这种香膏……

七、一种棕灰色的药剂①和褐色药剂②的特性

塔米米说这种是最好的药剂,来自褐色药剂,这种棕灰色的药取自成熟的质量较好的五味子。

八、肉豆蔻③

《诸国志》中记载肉豆蔻是夹竹桃类香木,能长成高大的肉豆蔻树,这种植物多生长在库法和麦地那。库法的肉豆蔻最好,可以提取香油等。至于麦地那肉豆蔻,麦地那人们常将它与好的香料一起煮……但这种香料不适合制成龙涎香和麝香的混合香料,因为从气味上来说,它比不上龙涎香和麝香中的任何一种。因此,国王只用这种香料作冬天的润手露使用,也有女子用它来制香水或酿酒。

九、苹果香水

至于苹果香水的制造原料多取自沙姆地区的苹果。

十、除臭颗粒

《诸国志》中关于蓖麻子种子(用于除臭)的性状,只提及塔米米在他

---

①褐色的药剂:产自中国,现在因该物种稀少,开始从五倍子和生椰枣中取材以制造。(《医典》,2001年)。

②棕灰色的药剂:性干冷,微涩,患水肿病时,与桃金娘水同服可健胃。(《医典》,2001年)

③肉豆蔻:种子较埃及豆大,比鸡蛋小,内有一个带有油脂的软核,取出后在几秒钟内便会变干,切开粗糙外壳,内核就会脱落,遇醋和水核便会张开,肉豆蔻去表壳后可用,表面有斑点,至于肉豆蔻核内部的油脂,置于软膏中,可以治疗顽固性疣肿,加醋可治疗疥疮,溃烂脓疮、面疮,加热可舒缓神经,减缓抽筋。(《医典》,2001年)。

的书里(《新娘口袋与灵魂香气》中亦有所描写,未做更多记述。

十一、金属砂金

那些想要金属的人们从阿斯旺到达一个据说位于两山之间的地方,然后是布依布,之后是红山、白山、阿法尔,最后是一个谷地。每一个有矿的地方,人们寻求的都是有价值的东西。阿莱格谷地就像一座伟大的城市,这里的人们道德高尚,汇集着阿拉伯人和非阿拉伯人,有商业和市场,人们从阿莱格谷地挖的井里饮水,很多的阿莱格人从叶玛姆①人那里学习建造建筑物。阿莱格谷地周围都是矿山,人们开发它,有来自苏丹的商人进行矿业开发贸易,提炼像砷一样的砂金,然后进行铸造。

从阿莱格到另外一个地方,要经过山谷,然后到达一个有葡萄的地方。然后到达一个地方,人们聚集在这里开发矿产,很多是来自叶玛姆的人们。从阿莱格到山谷要经过谷地的内部,从阿莱格到出去要经过2法尔萨赫,到矿区那里有山石流水,到达矿区要经过4法尔萨赫。从阿莱格到阿依宰布②有4法尔萨赫,阿依宰布是海滨城市,人们从这里可以到达麦加,汉志和也门地区,人们中也有做冶矿生意的。从阿莱格③到布尔科是另外一个有矿产的地方,穆斯林们到达那里要经过30法尔萨赫。从阿莱格到达一个地方,人们从这里要经过10法尔萨赫。从阿莱格到矿区要经过10法尔萨赫,从矿区出来到阿莱格也是经过这样的距离。从阿莱格到矿区据说有10法尔萨赫,人们到达这里的目的就是开矿淘金。

---

①叶玛姆:穆斯林哈立德·本·瓦利德开拓的它,在叶玛姆和巴林之间有十英里。它是纳吉德地区为数不多的山石地区。(《两国志》,第505页)。

②阿依宰布:在河岸的一个地区,是一个乘船码头,使人们到达高原地区。(《两国志》,第193页)。

③阿莱格:是埃及南部的一个堡垒要塞,在这里有金属砂金。(《两国志》,第163页)。

后　记

　　可以说,雅古比是中世纪地理学和历史学方面的集大成者,其著作《诸国志》所记载文字均按区域划分,以河流和道路里程为脉络编集而成。《诸国志》不仅是一部地理学著作,更是中世纪记录当时作者所游历国家和地区社会生活的人文资料,从而为后期以亲自考察撰写游记为主的描述地理学的产生奠定了基础。

参考文献

（1）［古阿拉伯］雅古比：《诸国志（阿拉伯文）》，荷兰莱顿博睿学术出版社，1861年。

（2）［古阿拉伯］雅古比：《诸国志（阿拉伯文）》，荷兰莱顿博睿学术出版社，1967年。

（3）［古阿拉伯］雅古比：《诸国志（阿拉伯文）》，穆罕默德·艾敏·丹纳 注释，贝鲁特科学书籍出版社，2001年。

（4）［古阿拉伯］伊本·胡尔达兹比赫：《道里邦国志》，宋岘 译，中华书局，2001年。

（5）［古阿拉伯］伊本·白图泰：《伊本·白图泰游记》，马金鹏 译，宁夏人民出版社，1985年。

（6）［古阿拉伯］马斯欧迪：《黄金草原》，耿昇 译，青海人民出版社，1998年。

（7）［古阿拉伯］苏莱曼：《中国印度见闻录》，穆根来、汶江、黄倬汉 译，中华书局，1983年。

（8）［英］伯纳·路易：《历史上的阿拉伯人》，马肇春、马贤 译，中国社会科学出版社，1979年。

（9）［美］希提：《阿拉伯通史》，马坚 译，商务印书馆，1995年。

（10）［美］普雷斯顿·詹姆斯：《地理学思想史》，李旭旦 译，商务印书馆，1982年。

(11)［法］布尔努瓦:《丝绸之路》,耿昇 译,山东画报出版社,2001年。

(12)［德］阿尔弗雷德·赫特纳:《地理学》,王兰生 译,商务印书馆,2009年。

(13)蔡伟良:《灿烂的阿拔斯文化》,上海外语教育出版社,1997年。

(14)郭筠:《中世纪阿拉伯地理学研究》,山东大学出版社,2016年。

(15)彭树智:《阿拉伯国家简史》,福建人民出版社,1999年。

(16)许序雅:《唐代丝绸之路与中亚历史地理研究》,西北大学出版社,2000年。

(17)张广达:《西域史地丛稿初编》,上海古籍出版社,1995年。

(18)伊本·西纳:《医典》,穆罕默德·艾敏·杜纳威 批注,黎巴嫩贝鲁特科学出版社,2001年。